互联网
挑战
银行
——谁是21世纪的恐龙

樊志刚 黄旭 胡婕 等/著

Internet
Challenge
Bank

中国金融出版社
CHINA FINANCIAL PUBLISHING HOUSE

责任编辑：张翠华
责任校对：刘　明
责任印制：丁淮宾

图书在版编目（CIP）数据

互联网挑战银行——谁是 21 世纪的恐龙（Hulianwang Tiaozhan Yinhang
—— Shuishi 21shiji de Konglong）／樊志刚，黄旭，胡婕等著．—北京：
中国金融出版社，2014.6

ISBN 978-7-5049-7526-3

Ⅰ．①互··· Ⅱ．①樊···②黄···③胡··· Ⅲ．①互联网络—应用—商
业银行—研究—中国 Ⅳ．① F832.33-39

中国版本图书馆 CIP 数据核字（2014）第 092203 号

出版
发行 **中国金融出版社**

社址　北京市丰台区益泽路 2 号
市场开发部　（010）63266347，63805472，63439533（传真）
网上书店 http://www.chinafph.com　（010）63286832，63365686（传真）
读者服务部　（010）66070833，62568380
邮编　100071
经销　新华书店
印刷　利兴印刷有限公司
尺寸　169 毫米 ×239 毫米
印张　20.25
字数　324 千
版次　2014 年 6 月第 1 版
印次　2014 年 6 月第 1 次印刷
定价　45.00 元
ISBN　978-7-5049-7526-3/F.7086
如出现印装错误本社负责调换　联系电话（010）63263947

人类已经进入互联网时代。互联网正在全面融入人们社会生活的方方面面，同时也在悄然改变着人们的思维观念。随着信息技术的革新和网络功能的延伸，新的金融服务需求和新的金融业态不断催生。以网络支付、网络借贷、网络理财等为代表的互联网金融模式，凭借积极创新的互联网精神、开放共享的平台化运营和高度注重客户体验的理念，实现了互联网技术与金融业务的全新整合，激起了互联网金融蓬勃快速发展的浪潮，引起了社会各界的广泛关注。

互联网企业跨界开展金融服务，已经形成一股颇具活力的金融创新力量，成为现有金融体系的一种补充。在特定历史时期下，在某些特定的市场，互联网企业具有较为突出的客户信息优势、产品创新优势、服务价格优势和监管政策优势，使其具备了"逆袭"传统金融和快速扩张的基础。从根本上讲，互联网企业的核心竞争优势可归结为对信息化社会的深刻理解和紧密追随——依托信息"入口"或者互联网平台，力图掌控用户经营、消费、社交、浏览等核心信息资源。大型互联网企业中，阿里的购物网站、百度的搜索入口、腾讯的社交平台，都具有跨入金融领域的强大应用力和推广力。

从信息的视角来看，现代金融与互联网具有天然的耦合性，因为它们记载和处理的核心都是"符号＋数字"。互联网与金融的融合是大势所趋，也是天性使然。事实上，中国的银行业始终是运用、融合互联网技术的先行者和推动者。在我国互联网企业出现之前，商业银行就已经建立起全国性的计算机网络。之后随着互联网基础设施的不断完善，商业银行更是实现了业务运作和经营管理的全面信息化、数据化，并将服务网络的覆盖面从国内延伸到了境外。从最初试点开办官方网站，到网上银行服务功能递次开发、业务电子化替代率节节攀升，从手机银行、微信银行的研发创新，到电子商务服务平台的快速搭建，商业银行的互联网金融实践一直在应时而变、应客户需求而变。

我们认为，无论是互联网企业金融化，还是金融机构互联网化，其根本的目的都是一样的，即推动互联网与金融的深度融合，以提升金融服务的效率、拓宽金融服务的渠道、丰富金融服务的模式。互联网企业的一些好的做法，例如"以人聚财"的经营理念和"以快打慢"的创新思维，值得商业银行思考、借鉴。但应该强调的是，互联网金融还是金融。互联网技术并没有改变金融业务的本质。因为互联网金融提供的服务仍未脱离存、贷、汇、投资理财等金融功能，其产品创新都建立在金融体系所提供的基础设施和基础服务之上，改变的只是金融服务的获取方式。

资金融通和风险管理是金融最核心的两项要素。社会融资不良比例并不会因为搬上网就下降。互联网金融离不开风控与管理，而这正是传统金融重视和擅长的领域。因此，互联网企业介入金融领域，一定是一条与传统金融机构融合共赢的道路。但，传统金融并不能固步自封。在互联网时代，信息技术的发展一日千里，唯有紧紧追赶，方能立于不败之地。

互联网金融的发展按照信息化程度可分为效率提升、效能改善和金融重塑三个阶段。运营集中和系统整合主要是提升效率，信息分享和数据挖掘才能真正实现效能的改善。当前国内商业银行尚处于第二阶段的初期，因此，信息化银行建设已成为商业银行最迫切、最重要的战略任务。信息收集、处理、分析和应用能力的提升，才能为商业银行服务客户、研判市场、评估风险和配置资源提供更多决策支持。

回顾历史，商业银行并没有因为新技术的出现而被颠覆，反而在不断地变化和演进中变得越来越强大、越来越高效。在互联网金融的新时代，银行业的发展也将呈现全新的图景，在经营理念、组织架构、运作流程、营销模式等领域进行全面优化和深度调整。银行业是不断变化和锐意创新的行业，商业银行不会等待别人来改变自己！若干年前，商业银行靠"互联网 + 砖头"战胜了纯粹的网络银行，这一次相信利用已掌握的客户信息、支付信息、融资信息，将资金流、物流、信息流三流有机整合起来，商业银行也一样能够锻造出新的竞争优势！

互联网金融风起云涌、客户需求不断变化、外部竞争日益加剧。未来，商业银行将以更加开放的姿态，大力推进金融创新，切实提升客户体验，增强金融服

务的平等性、开放性、普惠性。未来，商业银行将以移动互联为布局重点，以
"商业＋金融"平台生态系统为战略高点，努力做互联网金融的推动者和领跑者，
引领互联网金融健康有序发展。未来，商业银行将全面加快大数据分析体系和信
息化银行建设，实现金融服务与信息服务的完美融合，重塑中国金融、乃至世界
金融格局。

　　《互联网挑战银行——谁是 21 世纪的恐龙》一书用清晰的逻辑、犀利的行文、
翔实的数据、丰富的案例、独特的视角和深入的剖析全面系统地研究了互联网金
融的形成与界定、模式与前景、风险与监管，以及银行业的发展机遇、战略选择
和应对策略，并以此形成了独到的分析和判断。由于互联网金融尚在发展之中，
未来的走势和变化还有待观察，作者的观点和论断也有待时间的检验。但相信本
书能够为读者全面了解互联网金融的风云变幻提供有益的信息和思考。是为序。

姜建清

2014 年 4 月

互联网金融在我国迅速发展，对传统金融机构形成了一定的冲击；传统金融机构也加大了信息化建设的步伐，陆续推出更多的网络金融服务。互联网金融引发了各界人士的热烈讨论和广泛关注。在樊志刚博士等的新书《互联网挑战银行——谁是 21 世纪的恐龙》出版之际，应作者邀请，谈谈对互联网金融以及在互联网大数据时代的商业银行发展策略的一些理解。

一、互联网金融迅速发展

互联网金融既包括作为非金融机构的互联网企业从事的金融业务，也包括金融机构通过互联网开展的业务。互联网金融模式从诞生到呈业态发展，既是全球性的新 IT 技术革命浪潮推动的，也是我国目前发展阶段旺盛的金融需求催生的。新的 IT 技术革命以大数据、云计算、移动互联和社交网络等信息技术的推广运用为特征，极大地改变了人类生产和生活方式，重新塑造和改变着许多行业。大众消费、购买、交流等方式的改变推动了电商的蓬勃发展，电商发展推动网络金融的发展。当前我国正在从中等收入迈向高收入阶段，大力发展服务业，人民群众创业热情高昂，相关金融需求旺盛。互联网金融契合了党和政府鼓励创新、推动经济转型升级发展的政策方向，有利于发展普惠金融和包容性金融。在今年政府工作报告中明确提出促进互联网金融的健康稳定发展。

目前互联网金融的新业态主要包括以下三类：

互联网支付。互联网支付在整个支付业务中的作用越来越引人注目。2010 年中国人民银行发布《非金融机构支付服务管理办法》以及 2011 年非金融机构支付业务许可证（简称第三方支付牌照）的颁发，使得第三方支付行业得以进一步健康和规范发展。

互联网融资。互联网融资主要包括 P2P 网络借贷模式、众筹融资模式以及互联网小额贷款公司模式。2007 年我国出现首家 P2P 网络借贷平台。截至 2013 年末，全国范围内活跃的 P2P 网络借贷平台已经超过 350 家，累积交易额超过 600 亿元。众筹融资 2011 年逐渐起步，目前规模较小。

互联网金融销售。互联网行业通过搭建销售平台进入金融产品销售领域并展示出很强的渠道能力。传统金融机构也抓紧搭建互联网销售平台，比如工商银行"融e购"、建设银行"善融商务"、交通银行"交博汇"、招商银行"非常e购"等。基金公司开始创建销售平台，如汇添富基金的"现金宝"平台、华夏基金的"华夏基金管家"和"活期通"等。第一家网络保险公司"众安在线"也于 2013 年 9 月 29 日由保监会正式批复开业。

二、互联网金融对商业银行的挑战

2013 年以来自传统金融领域之外的互联网金融异军突起，尽管其规模仍然相对较小，但其发展速度却很快。作为新生事物，人们对其未来趋势见仁见智，莫衷一是。支持者认为它是金融创新的结果，有助于弥补传统金融服务的不足，为其鼓与呼；批评者认为它是中国金融特定阶段环境下监管套利的产物，是一个野蛮人和搅局者，对其鞭与挞。但对于商业银行而言，如何在互联网金融时代处理好与新兴互联网金融业态之间的竞争合作关系，更好地满足社会金融服务需求十分紧迫和必要。

商业银行日益面临着来自传统金融领域之外的互联网金融的挑战。借助信息处理和组织模式方面的优势，互联网金融快速发展对商业银行存、贷、汇等基本业务均有不同程度的影响。首先，存款方面商业银行面临资金分流的压力。近期，互联网理财业务借助于第三方支付平台、网络社交媒体等快速扩张。相当部分资金借助互联网金融销售平台从银行存款方流出，虽然多数仍以同业存款等形式回流，但对资金成本和流动性管理的影响已经引起社会关注。其次，在贷款方面银行面临互联网融资的挑战。互联网金融依托其掌握物流、信息流、资金流等信息优势，运用大数据技术进行信用风险管理和精准营销，在小微企业贷款方面展现了一定的竞争力。其三，第三方支付及其派生业务挑战银行中间业务。2013 年第三方支付处理交易笔数增长迅速。随着电子商务进一步发展、基于互联网的财富管理模式进一步创新，商业银行在网络支付方面还需要以更好的服务和更优惠的价格来赢得客户和市场。

商业银行面临继续促进自身信息化的挑战。尽管在很多方面互联网金融具有不同于传统金融的诸多特征，但互联网金融本质上还是金融，而商业银行作为金融行业的先行者，在很早之前就已经开始利用互联网和大数据改进银行业务流程、数据处理和业务服务，当前还应更好地把握金融业在互联网时代的发展机会。如何在互联网大数据时代把先行者的优势体现出来，促进自身信息化发展以适应网络时代的挑战是巨大的，创新理念、领军人才、激励机制、运行模式等方面都需要做出调整。

互联网金融作为新生事物在给传统金融机构带来挑战的同时，也给金融体系注入了新的理念和变量。互联网金融在负债端、成本端和销售渠道上已经展示出显著的优势，在资产端也采用一些新的理念和方法。互联网金融重视客户体验，高举普惠旗帜，积极满足"长尾"客户金融需求；注重控制 IT 成本、渠道成本，降低总成本。这些理念和做法都值得商业银行认真研究和借鉴。

三、把握互联网时代机遇，打造现代银行升级版

20 世纪末比尔·盖茨曾预言说，如果传统的商业银行不进行变革，就会成为 21 世纪里灭亡的恐龙。20 多年过去了，目前银行业面临着来自互联网行业严峻的挑战，其间还多次经历了金融风暴，但是商业银行也并未像预言的那样消失，其根本原因就在于，商业银行不断顺应时代发展积极进行自身调整。在新技术浪潮面前，互联网金融和商业银行机会是平等的。在从中等收入迈向高收入发展阶段中，经济发展和人民生活催生的巨大金融需求足以提供互联网金融和商业银行健康发展的市场空间。在互联网金融与传统商业银行的碰撞中，我们有理由相信，互联网时代中国金融业将迎来新的发展机遇。

互联网金融的冲击已经引起金融业决策层和管理层高度重视，业界人士和学者发表了许多有益的看法和建议，提出并采取了许多应对措施和改革思路。商业银行在风险文化、金融人才、客户积累、品牌美誉度等方面具有先发优势，其财务实力和抗风险能力也处于良好状态。以商业银行雄厚的财务实力、严谨的管理文化、卓越的执行能力，有理由期待商业银行在互联网大数据时代重铸辉煌。

网络改变金融，创新释放红利。商业银行应主动调整，积极变革，以体制改革迎接技术创新，以技术创新推动体制变革，努力获取制度变迁和技术革新双重红利，要把握新技术浪潮的历史性机遇持续创新；在稳健经营的基础上不断推进创新；利用现代信息技术改造经营模式、提高风控能力和金融服务能力；切实提高客户体验，保障消费者权益。

首先，把握持续创新与稳健经营的平衡。互联网金融的兴起与发展体现了技术与金融融合发展的趋势。在这一背景下，商业银行应顺应时代潮流，通过理念、产品、服务、渠道、营运、管理等方面持续创新以应对技术进步带来的竞争，更好地满足市场需求，提升自身核心竞争力，创造新的利润增长点。

商业银行在创新实践中应该把握三个原则：一是坚持服务实体经济。完善银行业在社会融资中的服务功能，将金融资源投放到实体经济最需要、综合效益最优的领域中，促进经济升级发展和经济结构调整。二是努力提高包容性。通过金融创新不断扩大金融覆盖面，努力提高金融服务的可获得性，满足个性化的金融需求；承担适当的社会责任，将金融产品和金融服务覆盖欠发达地区和低收入人群，特别是满足小微企业和"三农"的金融需求，不断提高金融服务普惠性。三是确保稳健经营。在控制金融风险的前提下、在稳健经营的基础上不断创新，获取持续增长的动力。

其次，利用大数据、云计算等新兴信息技术提高风险管理能力，重构服务模式。商业银行对风险的识别、定价与管理能力关系到商业银行的核心竞争力。大数据和云计算技术正在影响着个人和企业需求并对金融业产生巨大冲击。面对信用数据化、数据资产化趋势，商业银行可运用大数据、云计算等信息技术，深度挖掘企业和个人的实时交易数据和信用记录信息，不断提升风险管理能力，进一步降低经营成本，提高金融服务的便利性。通过服务模式的重构，促进自身的完善和发展，不断适应、满足客户金融需求，还要适当引导、创造客户金融需求。继续发挥先发优势，并利用互联网的优势为客户提供优质服务。不断拓展服务外延，为客户提供高附加值个性化金融服务。

第三，提高客户体验，切实保障金融消费权益。提高客户体验是商业银行应对互联网金融竞争的重要考验。在继续满足高净值客户财富管理需求的同时，要重视中低收入阶层投资理财保值增值的需求，提供安全、便捷、有吸引力的投资渠道和理财服务。在保障金融消费权益的前提下满足用户需求，提高客户体验。尽量为消费者提供简洁明了、结构清晰的金融产品。在为消费者提供金融服务时，应对相关金融产品进行充分的信息披露及风险揭示，使消费者充分认识和把握相关风险。

互联网金融的主要模式起源于国外，短期内在国内获得迅速发展，展示出极强的渗透力和生命力。目前互联网金融与传统金融互动、互联网金融与实体经济互动、互联网金融与民间金融互动、互联网金融与普惠金融互动还处于观察期和发展期，时间序列还不足以得出确定性结论。互联网金融的中国实践提供了许多理论和政策研究的现实素材，加强理论研究以指导实践是促进互联网金融健康发展的重要保障。相信本书的出版将有助于推动互联网金融的研究和讨论，进而促进互联网金融在中国的健康发展。

潘功胜

2014 年 5 月

前言

2013 年夏，随着"余额宝"的推出，互联网金融就像 6 月的天气一样，一天天热了起来。所不同的是，互联网金融并没有随着夏天的结束而降温，而是高温不退，持续热到了今天。

互联网金融是如此之热，以至于有不少人认为：互联网金融时代到来了，商业银行的好日子结束了，互联网金融必将颠覆商业银行存在的基础，未来商业银行将不复存在。对于这样的观点，当然不乏反对意见，认为互联网金融的产生和发展无非是出现了一种新的营销渠道或销售模式，这种模式商业银行一直在实际使用，今后还会在不断改进的基础上继续使用，所以，互联网金融怎么可能会颠覆商业银行？

面对着互联网金融的快速发展，耳听着关于商业银行命运的争论，不由得使我们又一次想起了当初比尔·盖茨的预言：商业银行将成为 21 世纪的恐龙！难道多年前的这一预言有可能实现了吗？

要回答这一问题，我们必须首先要弄清楚和商业银行相比，互联网金融的优势究竟在哪里？

为此，我们可以先来看看余额宝的情况。余额宝是阿里集团旗下的支付宝公司推出的一种新金融产品。从其推出到现在，发展十分迅猛，呈现爆发式增长态势。目前客户数已超过 8 000 万人，资金规模达 5 000 亿元以上。尽管像有人指出的，余额宝有这样那样的问题，但有如此成绩，背后必有其过人之处。简单总结一下，就可发现其有以下一些优点：第一，进入门槛非常之低，几乎没有限制；第二，操作也相当方便；第三，可以同时满足支付和投资功能；第四，收益高且比较稳定；第五，客户自身体验很好；等等。这是就一种金融产品的分析，如分析一下从事互联网金融的互联网企业，则可以发现它们也有自身的一些优势，比如客户信息优势、服务价格优势、产品创新优势等。正是这些优势，使之在与银行竞争的过程中，在某些方面或产品上占得一些先机。

如果我们再稍作深入分析就可以看到，国内互联网企业之所以能在发展互联网金融方面风光无限，不仅仅是依靠这些所谓优势，还得益于监管部门对金融创新的支持所抱的宽容态度、利率已经开始市场化但银行的利率还在一定程度上受到管制等这样的特殊条件。然而这些并不重要，所有这些都不足以支撑起互联网企业挑战商业银行的充足的能量。

透过看似绚丽多彩的互联网金融这片云雾，我们可以发现互联网企业正在抓着互联网这只雄鹰的尾巴并借势高高飞翔。飞翔的是雄鹰，是互联网，要说对商业银行的影响，要说对商业银行的挑战，只能是互联网。

互联网的出现是人类历史上具有里程碑意义的技术革命。这场技术革命已经、正在、还将深刻地改变社会，包括生产方式、生活习惯、消费行为、思维范式和文化特征等多方面。例如，基于互联网而产生的思维或精神，即互联网精神也全面深入地影响到了微观个人行为、中观企业行为和宏观社会发展。一般认为，互联网精神包括相互协作、客户参与、共同分享、亲密友善、平等开放、全面惠及等特征。这种互联网精神，或许将成为互联网时代最重要的企业文化和商业理念。

目前来看，互联网已经对许多产业形态产生了颠覆式影响，如媒体行业、出版行业等。同样地，互联网对金融行业的影响也是巨大而深远的，其中从金融消费模式看，体现为去中心化、碎片化、场景化，从金融供给模式来看，体现为迭代化、综合化和大数据化。所幸的是，金融界对于互联网的影响早就有十分清醒的认识。

举例来讲，多年以前，时任大通曼哈顿银行董事长兼 CEO 的威廉·哈里森就指出："处于领先地位的银行必须问自己的第一个问题是：'你是否真的相信正在进行一场互联网革命？是否真实？是否会改变本企业的竞争地位？'我的答案是：'我确实相信互联网革命的真实性和可持续性，一定会给我们的业务和未来带来非常大的影响。'无论是企业战略还是企业文化，所有这些都将是巨大的变革。在我宣布整个公司将以互联网为中心之后，我们采取了几个步骤来强化大通公司，打造成一家更具互联网驱动特征的企业。"为什么要这样做呢？因为"技术已经成为全球经济的关键驱动因素之一。互联网正进一步推动业已形成的发展趋势，并不断给金融业带来巨大影响。较之工业革命，互联网引发的技术革命将带来更加强烈的历史变革。如果你相信这一点，那么你也希望自己处于这种变革的过程之中。尽你最大努力让公司理解互联网的重要性，这也正是大通现在的努力方向。"

事实上，银行界历来对于新技术的采用是非常积极的，尤其是对互联网革命的意义在银行业更是早有共识。所以，进入 21 世纪以后，银行业普遍开始大规模地使用互联网，融入互联网，把银行建立在互联网之上。西方发达国家银行是这样，国内商业银行也是这样，正是由于银行自身主动利用互联网来改造自己的技术基础，越来越多把自身的运作与发展植根于互联网之上，才使得商业银行进入 21 世纪以后，不仅没有成为恐龙，而且还普遍迎来了繁荣发展的黄金时期。

据说，比尔·盖茨当年说商业银行将成为 21 世纪的恐龙时是有前提的，就是在互联网迅速发展的条件下，商业银行若不改变自己的话，就将成为恐龙。如此看来，比尔·盖茨的确无愧于当代伟大的商业精英的称号。

记得一本书里讲过这样的故事：在 20 世纪 70 年代，国外一家银行有一位员工满 50 年，总裁决定对他予以表彰时，在发完奖品以后，总裁请老员工讲一下银行 50 年里印象最深刻的变化是什么？老员工想了半天回答说："装了空调。"在那个年代，银行多年没有大的变化很正常。但在今天，互联网正推动着社会经济和日常生活发生着日新月异、翻天覆地的变化，商业银行过去所作的改变已经成为历史，如果要适应新时代、新形势，就必须积极去迎接互联网发展所带来的新的挑战，主动去改变，去变革。

西方学者莫格勒和埃森格在研究虚拟金融服务提供者（互联网企业）与传统银行竞争关系时指出，其竞争力水平由三种因素决定：一是传统银行体系留下了多大空间；二是新进入者品牌的市场影响力；三是新进入者现有客户群的价值。对照这三种因素在我国目前的具体情况，我们不难得出结论：以阿里集团为首的互联网企业在与商业银行的竞争过程中，的确是有一定的比较优势，再加上其出身于互联网所带来的天然优势，商业银行在竞争中决不能轻视，也更加不能忽视。

目前，我国商业银行所面对的经济形势，正处于增长速度换挡期、结构调整阵痛期和前期刺激消化期的"三期迭加"阶段，而且利率市场化加速推进、银行盈利增速下滑、转型压力加大等因素，进一步增加了挑战的严峻性。对此，我国商业银行需要进行全面深入地研究分析，认清形势，尽快推出行之有效的战略和策略。

本书是在多年来跟踪研究电子商务、第三方支付的基础上，结合对 2013 年以来互联网金融发展的研究分析，系统整理而成。全书分为三个部分：第一部分"互联网企业与互联网金融"，介绍了互联网金融迅猛发展的情况，分析了互联网概念及发展前景；第二部分"互联网企业要与商业银行掰手腕"，介绍了互联网金融各种模式与商业银行的竞争态势、挑战商业银行的急先锋是谁、商业银行当前的应对情况、互联网企业与商业银行竞争中的优劣势理论分析；第三部分"谁能笑道最后：互联网金融的明天"，介绍了国外互联网金融的发展、未来对互联网金融的监管政策趋势，以及商业银行的深层次变革和未来战略选择。

本书是集体创作的结果，是对互联网金融理论研究方面的初步尝试，书中所有观点和结论均是我们研究团队的研究心得，不代表作者所在机构看法。今后，我们还将继续对互联网金融进行跟踪分析和研究，对本书中存在的不足之处，我们会在今后的研究中予以补充和完善。

中国工商银行董事长姜建清先生、中国人民银行副行长潘功胜先生拨冗为本书作序，使本书添色生辉，深表感谢！

2014 年 4 月

目录 contents

第一部分

互联网企业与互联网金融

1　于无声处听惊雷：互联网金融的风生水起

2008 年，马云豪言"如果银行不改变，我们就改变银行"，当时仿若口舌之能；2013 年，马云旗下"余额宝"不断发飙，吸金之快宛若疾风，已撬动了中国金融业的格局演变。阿里、腾讯、百度等，这些似乎与金融无丝毫瓜葛的互联网企业，纷纷跨界金融，一夜之间，互联网金融，如平地惊雷，天下尽知。

1.1　风暴来袭：互联网企业之动物凶猛

自谢平 [①] 教授 2012 年提出互联网金融的概念，并认为互联网金融将取代现有商业银行、券商等中介机构成为一种新的金融模式之后，大批以电子商务、社交网络、移动终端为代表的互联网相关企业，似乎有如神助，如饮鸡血，纷纷涉水金融业，并且都取得了或多或少的收获。当互联网企业层出不穷地推出各种网络支付、网络借贷、金融产品搜索比价、金融产品超市等新业态时，一向沉默稳重的金融业也坐不住了，"狼来了"与"防狼打狼"之呼喊不绝于耳，"鲨鱼还是鲶鱼"的争论声也是此起彼伏。不管是陆上的狼，还是海中的鲨，互联网金融之动物凶猛及其掀起的阵阵波澜，引起了越来越多的关注。

1.1.1　风暴的中心：余额宝之最炫理财风

回顾 2013 年，全年最耀眼的互联网金融明星莫过于阿里巴巴 [②] 旗下支付宝 [③] 与天弘基金联合推出的余额宝。这只嫁接到互联网渠道上的名为"天弘增利宝"的货币基金从 2013 年 6 月 13 日刚一上线，就开始了令人难以置信的成长：

截至 2013 年第三季度末，"天弘增利宝"资金规模已达 556.53 亿元，超过华

① 谢平，1955 年出生，浙江温州人。经济学博士，教授、博士生导师。曾长期在中国人民银行任职，后担任中央汇金投资有限责任公司第一任总经理，2010 年 4 月起担任中国投资有限责任公司副总经理。
② 阿里巴巴集团由马云于 1999 年创立，现马云为董事局主席。集团旗下包括以下子公司：阿里巴巴网络（中国站、国际站、日文站）、淘宝网、支付宝、中国雅虎、口碑网、集团研究中心、快乐淘宝以及阿里妈妈、阿里云计算等。
③ 支付宝，全称浙江支付宝网络技术有限公司，由马云于 2004 年 12 月创立的第三方支付平台，是阿里巴巴集团的关联公司。

夏现金货币基金（当时规模 470.24 亿元），成为我国最大的公募基金和货币基金。

截至 2013 年 11 月 14 日下午 3 时，余额宝的投资账户数已经接近 3 000 万户，规模超过 1 000 亿元，相当于国内全部 78 只货币基金总规模的近 20%。

截至 2013 年 12 月 31 日，余额宝的规模达到 1 853 亿元，投资账户达到 4 303 万户，天弘基金排名升至国内基金行业第二。

截至 2014 年 1 月 15 日 15 时，余额宝规模已超过 2 500 亿元，客户数超过 4 900 万户，天弘基金凭借"天弘增利宝"这一款产品，用了 7 个月的时间，超越盘踞基金排名首位 7 年之久的华夏基金，成为国内新的行业第一。相比 2013 年末 1 853 亿元的规模，15 天时间余额宝规模就净增长 35%，用户数新增 600 万户，平均每分钟净申购 300 万元。

甲午马年春节过后，支付宝发布的数据显示，截至 2014 年 2 月 6 日，余额宝的客户数已经超过 6 100 万，与上一次的数据公布相比，仅仅 20 多天就增长了 1 200 万用户。据《上海证券报》报道，截至 2 月 14 日元宵节，余额宝已经站在了 4 000 亿元的规模之上。

截至 2014 年 2 月底，余额宝的规模已跻身全球十大基金之列，成为全球第七大基金和第三大货币基金。据预测，如果不出意外，余额宝很可能凭借其 8 000 多万客户，有望于 2014 年 6 月底成为全球第一大货币基金，年底成为全球第一大基金。

8 个月的时间，余额宝以"挟屌丝以令天下"的战略，从年轻客户[①]、自有资金并不阔绰[②]的客户需求入手，显现出了霸气十足的、让人惊叹的增长态势，也创造出了傲人的投资收益[③]。事实上，众禄基金网、数米基金网等互联网基金营销网站早在余额宝之前，就已推出了"众禄现金宝"、"数米现金宝"等互联网货币基金产品，然而直到余额宝的火爆，这些"先行者"们才开始真正走入大众的视线，跟着火了一把。

▶ ▶ ▶ ▬▬▬▬▬▬▬▬▬▬▬▬▬▬▬▬▬▬▬▬▬▬▬▬▬▬▬▬

① 天弘基金数据显示，余额宝用户平均年龄仅 28 岁，18—35 岁是最为活跃的用户群，占总用户数的 82.8%。其中，23 岁的"宝粉"数量最为庞大，达到 205 万人。

② 天弘基金相关负责人表示，余额宝设置投资上限为 100 万元，投资者全都是散户，阿里巴巴的加入是"天弘增利宝"货币基金迅速崛起的关键。

③ 根据 Wind 数据，截至 2014 年 1 月 14 日，天弘增利宝自成立日以来 7 个月时间每万元收益总值为 309.24 元，在所有 A 类货币基金中排名第一。

这一空前的成功，立刻激起了基金公司和互联网企业的浓厚兴趣，第三方支付企业、互联网企业、传统零售企业一拥而上，纷纷与基金公司合作，模仿余额宝推出余额理财产品。2013 年 10 月 28 日，国内互联网搜索业务的龙头企业百度高调宣布与华夏基金推出目标年化收益率 8% 的理财计划"百发"①；2014 年 1 月 15 日，苏宁云商旗下的第三方支付平台"易付宝"与广发基金、汇添富基金合作推出的"零钱宝"正式上线；2014 年 1 月 22 日，互联网巨头腾讯凭借移动即时通讯工具之王——微信推出了财付通，作为一款单品牌多产品的互联网理财产品，理财通将接入多个基金公司，首批接入了华夏基金、汇添富基金、易方达基金、广发基金四家公司。

与此同时，商业银行也陆续推出了银行系的余额理财产品。2013 年 7 月，广发银行与易方达基金合作推出"智能金账户"，整合了储蓄账户、货币基金以及信用卡三种金融功能，可通过网上银行办理；2013 年 7 月，交通银行联合易方达基金上线"快溢通"业务，可实现自动余额理财、自动申购赎回货币基金、自动还信用卡等功能；2013 年 9 月，交通银行与交银施罗德联合推出了"货币 T+0 实时提现"，支持 7×24 小时实时赎回、取现，单日提现额度高达 50 万元；2013 年 11 月，平安银行推出"平安盈"，与南方现金增利基金、平安大华日增利货币基金对接，1 分钱起购，转入与转出免费，T+0 实时转出，可通过网上银行和手机银行两个渠道办理；2013 年 12 月，建设银行联手建信基金推出货币基金 T+0，支持 365×24 小时实时到账；2014 年 1 月，浦发银行推出"微信银行闪电理财"，可即时完成资金在活期账户和开放式理财产品"天添盈"之间的转入或转出，通过浦发微信银行办理；2014 年 3 月，民生银行携手民生加银、汇添富两家基金公司推出"如意宝"，1 分钱起投，支持自动申购及 7×24 小时实时取现。

据不完全统计，截至 2014 年 1 月，市场上仅直接取名为"××宝"的理财产品已达 20 余只，"众宝"争鸣的局面中，是否有人能够挑战支付宝的"大哥"地位？本书认为，**余额宝的核心竞争力，不仅在于便捷的 T+0 到账、低至 1 元的申购门槛、超过活期甚至定期的利息回报，更重要的是，余额宝打通了消费支**

---

① 8% 的收益率引发业内争议，也被证监会点名批评。最终百度撤掉"百发"，推出与华夏基金合作的百度理财 B 和百赚，收益约为 5%，百度附赠一个 60 天期限的"百宝箱"。

付的应用场景，不仅解决了客户"有钱多赚钱"的需求，也满足客户"有钱方便用"的需求。利用手机钱包，余额宝可以随时随地与"12306"购火车票、缴水电煤气费、还信用卡、转账、当面付等生活场景无缝结合——在自己的客户群中形成了理财消费的"闭环"，方是余额宝最核心的竞争力。因此，从余额理财这一大类产品上来看，无论是后来紧随的金融新锐互联网企业，还是资深的银行系基金，要想超越余额宝，都必须在支付和理财两个方向共同努力，才能获得更多客户的青睐。

不得不承认的是，以余额宝为代表的"互联网企业＋货币基金"的余额理财产品确实引领了一股互联网金融风暴，使普通消费者和传统金融业都真切地感受到了互联网的力量。如果说把互联网企业掀起的这股金融变革比做风暴的话，那么余额宝们仅仅是风暴的一面，风暴的另一面，是互联网金融在传统金融各个子领域中不断演进的暗涌。

1.1.2 风暴的另一面：互联网金融之暗流涌动

2010 年 6 月，阿里巴巴的第一家小贷公司在杭州成立，次年在重庆开了第二家公司。截至 2013 年 12 月底，阿里小贷累计客户数超过了 65 万家，累计投放贷款超过 1 600 亿元；户均贷款余额不足 4 万元，户均授信约 13 万元，不良贷款率控制在 1% 以下。2012 年 3 月，京东开始筹划供应链金融，6 月与中行、工行等银行达成合作，正式上线供应链金融系统。截至 2013 年 12 月，京东供应链融资累计 80 亿元。2013 年 12 月，"京保贝"3 分钟融资到账业务上线。阿里小贷与京东"京保贝"产品的推出，剑指商业银行的核心业务——企业借贷。

在个人消费信贷领域，支付宝的消费者信用贷款业务已筹备一年有余，尚未上线。而 2014 年 2 月 14 日，京东联合旗下的第三方支付企业网银在线，在国内率先推出了向个人提供消费信用贷款的互联网金融产品"京东白条"，"京东白条"有"先消费，后付款"、"最长 30 天延期付款"及"3~12 个月分期付款"等特点，类似商业银行的信用卡业务。

2013 年 11 月 15 日，全国排名第二的商业巨头银泰百货宣布 29 个门店全部接入支付宝钱包，剩下的门店也陆续接入，银泰百货的顾客可以使用手机支付宝钱包客户端，在收银台使用声波支付或者二维码扫码支付；2014 年 2 月 19 日，便利店祐驿站宣布与支付宝合作，顾客可以在祐驿站便利店直接使用支付宝钱包付款，至此，全国已有 15 000 家便利店可以手机支付，包括喜士多、美宜佳、祐驿站、十足、红旗、左邻右舍等。这些看似不起眼的消息却显露了第三方支付企业的勃勃雄心——绕开银联，利用与各家商业银行一对一签订的快捷支付协议，在自己的金融生态圈中，构建一个自有的支付清算网络。截至 2014 年 2 月，阿里巴巴旗下的支付宝已经与 170 家商业银行签订了快捷支付协议，而腾讯旗下的财付通，也已经与 45 家商业银行签订了快捷支付协议，一张张独立于商业银行清算体系之外的清算网络，已在悄然布局。试想，如果越来越多的消费者选择更加快捷方便的移动支付，那么商业银行苦心经营多年的 POS 网络又该去何从？

1.1.3　风暴的背后：蜂拥而至的创业者与风投

在互联网金融快速演进的表象之下，是互联网企业为了发展与生存而展开的竞争和角力。一般来说，传统互联网领域的盈利模式可以归纳为三大类：广告业务、电子商务、游戏业务。但实际上，这三大业务每个客户创造的价值非常低，例如百度每次导流点击所产生的价值大约几元钱；相比之下，融 360、好贷网这样的金融垂直搜索平台，每次业务导流成功后的价值却可以达到 100 多元。面对金融领域这样的业务蓝海，互联网企业岂能禁得住诱惑？

对于创业者而言，互联网金融的多元化更是充满诱惑。互联网金融涵盖的贷款、支付、保险、理财记账、股票基金、信用卡、众筹合投、虚拟币 / 比特币、外汇期货贵金属等领域种类繁多，发展前景喜人，而且移动智能设备、微信等不断为互联网金融带来新玩法。在时代大潮之下，哪怕潮水退去短裤都输掉，创业者们依然蜂拥进入互联网金融领域。

以互联网金融的先锋和发展比较成熟的第三方支付为例，2013 年 7 月，央行颁发第 7 批 27 张第三方支付牌照，百度旗下的百付宝以及新浪支付等公司获得进入支付行业的许可证，甚至一家外资预付卡公司——艾登瑞德也获得了"预付卡发行与受理"的牌照。至此，央行共发放了 250 张第三方支付牌照。与 2011 年 5 月央行发放首批 27 家第三方支付牌照时相比，两年多的时间，第三方支付行业获得上岗证的企业已经增长近 10 倍。

虽然支付业的巨大潜力让诸多公司跃跃欲试，但实际上这个行业 90% 以上的市场份额牢牢掌握在支付宝、财付通、快钱、拉卡拉等首批牌照企业的手中。正如拉卡拉董事长孙陶然 2013 年 7 月所言："太多人想做支付，为拿到牌照而欢呼。其实有牌不意味着啥，也解决不了你任何产品市场或用户的问题。支付是一个专业系统工程，封闭在自己体系做只是一个中间件而已没有任何意义，就跟做一家代理自己广告的公司没有意义一样，你以为你在做支付，其实你在打酱油。"事实上，第三方支付长期以来一直是微利行业，处于盈利状态的企业仅仅包括阿里支付宝、腾讯财付通等互联网巨头和银行卡收单有规模的机构，大多数支付机构还在微利甚至亏损状态。

尽管如此，互联网金融的创业者们并不畏惧"前方是地雷阵还是万丈深渊"，可谓矢志不渝、前赴后继。根据网络媒体"IT 桔子"所收录的 245 家中小互联网金融创业公司信息，可以看到，创业者们已全面侵入金融行业。其中，创业公司数量最多的领域是贷款，占 30%，包括 P2P（Peer to Peer，即个人对个人的贷款方式，简称 P2P①）借贷、贷款产品的推荐和客户引荐等。其次是支付领域、理财记账领域，各占 13%。再接下来是股票基金、保险，占比分别为 11% 和 10%。信用卡服务等其他新生领域则相对均匀，占比为 2%—3%，值得注意的是，众筹、比特币等充满想象力的产品也开始在国内出现。

毫无疑问，这些创业公司志存高远，例如，网贷公司试图通过侵蚀传统金融的核心领域——借贷来分享国内银行业的"高利润"；理财和记账类公司在满足用户更高理财要求的同时，期望成为理财搜索领域的"去哪儿"②；股票基金类公司则服务于"人人是股神"的心态，开发了很多新的股票操作的工具、社区和"专家平台"。虽然这些创业公司的出现将对我国金融业产生一定的积极作用，比如，缓解小微企业贷款难的问题、提高小额支付的效率、引导个人贷款、疏导个人理财等。但互联网的虚拟性，使其中蕴藏的风险并不小。

如网络货币之比特币，2013 年相关的消息包括：10 多家淘宝店试水比特币结算；中国成为比特币交易最活跃国家之一；盛大网络集团地产项目接受比特币购房；中国最大比特币交易平台获风投 500 万美元注资；中国人民银行副行长易纲：

▶ ▶ ▶ ────────────────────────────

① 本书中 P2P 专指 P2P 网络借贷，除非另有说明。
② "去哪儿"是中国领先的旅游搜索引擎，目前全球最大的中文在线旅游网站，创立于 2005 年 2 月，总部在北京。

暂不承认比特币合法性；2013 年，比特币价格暴涨，1 比特币价格超过 1 盎司黄金。值得深思的是，一个投机属性大于支付属性的网络货币，在中国居然开出了一朵硕大的奇葩——2013 年 12 月中国比特币市场占到全球交易总量的 62%，"比特币中国"超越 Mt.Gox，跃升为世界上交易量最大的比特币交易平台；1 个比特币的价格从 2013 年初的 80 元人民币涨到了年底的 4 000 多元，最高曾达到 8 000 元。

互联网金融风暴的背后，既有充满期望的探索者，也有疯狂炒作的投机客，更离不开有着灵敏嗅觉的风险投资。近两年来，互联网领域吸引了大量资本，例如，"BAT 三巨头①"等在移动地图、手机打车、在线教育、在线旅游等互联网领域的疯狂圈地。而互联网金融企业获得的风险投资也有大幅增长。据"IT 桔子"的收录，2013 年相关投资事件有 20 起、2012 年 20 起、2011 年和 2010 年则有 18 起，投资主体包括 VC 机构、大公司、金融机构。

表 1-1　2013 年国内互联网金融投资事件（不完全统计）

时间	公司	行业细分	投资机构	融资金额	融资轮次
2013-01	铜板街	理财	华创资本	未透露	天使投资
2013-01	比特币交易网	虚拟币/比特币	未透露	100 万美元	天使投资
2013-01	易保网络	保险	凯辉投资；美国 FTV Capital	1 000 万美元	不明确
2013-01	大家投	众筹合投	深圳创新谷	未透露	天使投资
2013-01	卡小二	信用卡	蓝驰创投	数百万美元	A 轮
2013-01	哆啦宝	支付	未透露	未透露	天使投资
2013-01	钱方支付	支付	红杉资本	数千万元人民币	A 轮
2013-02	多钱网	贷款	3 家 VC 机构	数千万元	A 轮

① BAT 三巨头是指百度（Baidu）、阿里巴巴（Alibaba）、腾讯（Tencent）国内三大互联网公司，也有 TABLE 一说，是指腾讯、阿里、百度、雷军（Lei）的金山小米系企业和周鸿祎的 360 系企业。

续表

时间	公司	行业细分	投资机构	融资金额	融资轮次
2013-04	好贷网	贷款	同创伟业	千万元	A 轮
2013-05	点融网	贷款	东方资产管理公司	数千万元人民币	A 轮
2013-05	杭州捷蓝信息	支付	深创投	数千万元	A 轮
2013-06	雪球财经	股票基金	晨兴创投;红杉资本	1 000 万美元	B 轮
2013-07	盒子支付	支付	金沙江创投;国微技术	1 000 万美元	B 轮
2013-07	融 360	贷款	红杉资本;KPCB 凯鹏华盈;光速安振 / 光速创投	3 000 万美元	B 轮
2013-07	91 金融超市	综合 / 其他	经纬中国;宽带资本 CBC	数百万美元	B 轮
2013-07	MEIX 美市网	股票基金	创业工场	未透露	种子天使
2013-08	上海捷银支付	支付	平安集团	未透露	收购
2013-08	盈盈理财	理财	未透露	数千万美元	A 轮
2013-09	卡牛 /随手记	理财	红杉资本	千万美元	A 轮
2013-09	挖财	记账理财	IDG	千万美元	A 轮
2013-10	同盾科技	网络金融风险防范	IDG、华创资本	1 000 万元人民币	不明确
2013-10	点融网	贷款	北极光创投	千万美元	A 轮
2013-11	有利网	贷款	软银中国	千万美元	不明确

　　从表 1-1 可以看出，在风险投资的分布上，贷款、支付占比最高，分别是 7

笔、5 笔投资，合计占到 24 笔投资的 50%，这也是目前互联网金融创新最多的两个方向。其次是理财和理财记账，有 4 笔投资；再次是股票基金，有 2 笔投资；最后是保险、众筹、信用卡、综合平台、比特币等，这些领域分布比较均匀，对于投资人而言，更多是摸索和尝试。从投资人的分布上，多数是中外创投公司，但也包括传统金融企业，如平安集团、东方资产管理公司；也有互联网大佬，如阿里巴巴对拍拍贷的投资。从资金额来看，2013 年风投在互联网金融领域"烧钱"不少，17 笔金额可查的投资中，至少有 9 笔超过千万美元，其他除一两笔之外基本都超过千万元人民币。

总而言之，**在创新与利益的驱动之下，除了大而全的互联网企业巨头，小而美的初创公司也在互联网金融领域中开始了无畏的探索，巨头企业与创新企业纷纷卷入互联网，从而掀起了一场金融风暴，他们在竞争中共同瞄准了同一个目标——传统金融业务。**

有人不禁提出：传统金融行业能否禁得住这股互联网金融风暴的奇袭？中肯地讲，随着我国互联网基础设施建设的不断提高，智能手机的快速普及，大众接入互联网变得越来越容易和廉价，互联网已经快速融入消费者生活的方方面面，中国巨大的人口基数和尚处在成长期的金融体系也为互联网开展金融业务提供了良好的发展土壤。但互联网企业所主导的这一轮金融风暴，究竟能否够颠覆传统的金融行业呢？围绕这一话题，引发了全民热议。

1.2　全民热议：是颠覆还是融入？

对于"互联网企业介入金融业务后，能否颠覆传统金融？"这一问题，存在两种截然不同的看法，即明显分为"颠覆论"和"融合论"两个"派别"。

1.2.1　颠覆论者的论证

颠覆论认为，互联网跨界金融领域，开展金融业务，必将对传统金融机构所开展的各项业务提出根本性挑战，传统金融机构在这样的革新浪潮面前，除了被颠覆，没有其他出路。还有人大胆地提出，随着互联网金融的不断深入发展，银行、券商和交易所等金融中介都将因为不再被需要而消失，现有的间接融资和直接融资形式将完全被互联网所取代，甚至中央银行的货币发行功能也会被取代。颠覆论的论据总结如下：

第一，互联网的扁平化、透明化，将减少交易中间环节。有人认为，由于互联网的存在，让整个世界更加扁平化，让世界变得更小、效率更高，行为更加平民化，人与人更加平等、自由。早在很多年前就提过的地球村概念，在可以预计的未来将会实现。人们的信息变得更为透明，间接的交流（管理、交易等）行为将越来越少，直接的交流行为将越来越多。总之，社会运行效率将会大大提高、中间环节将越来越少，社会资源将会更加有效地配置，因此互联网企业从事金融，就天生具有高效、透明、平等的特性，必将颠覆封闭、傲慢的传统金融业。

第二，互联网技术引发商业模式的巨大变革。互联网技术的不断发展，改变了社会生产和商业模式的底层物质技术结构，这一改变促使商业模式发生了变化，而服务于商业的金融业也需要随之变化，这是互联网金融的发展趋势。当今，互联网已不能简单地概括为技术，互联网更是手段、是形态、是一个综合体。随着互联网技术的不断发展，商业模式将发生巨大变化，金融业如果不随之变化，就难免被边缘化。

第三，互联网金融更具普惠价值，更适合平等的互联网时代。有人认为，互联网金融其实就是"普世金融或平民金融"，在互联网金融理论体系下，人人都是金融家（银行家、投资家、保险精算师等），人人都是金融的受益者。在互联网金融里，互联网将会"去金融中介化"，也就是将来以银行为代表的金融中介将不再只是贵族血统了，充其量它们只是个牌照，一个工具罢了。

第四，互联网金融更加适应年轻一代的需要。目前银行的高端客户主要都是50后、60后、70后，如果有一天80后、90后这些伴随着互联网成长的客户群体成为银行高端客户的时候，如果银行不能适应这种变化，就必然被客户所遗弃，成为被颠覆的对象。

第五，现有金融体系中的一些低效率或扭曲因素为互联网金融发展创造了空间。例如，我国正规金融一直未能有效服务小微企业，而民间金融（或非正规金融）有内在局限性，风险事件频发；经济结构调整产生了大量消费信贷需求，很多这类需求不能从正规金融得到满足；在存贷款利差受保护的情况下，银行利润高，各类资本都有进入银行业的积极性。互联网企业的介入，将彻底改变这一情况，颠覆传统金融巨头的地位，让中国金融变得更加高效与透明。

第六，互联网金融更具适应时代的互联网思维。互联网已经通过改变人们的消费方式、行为方式、生活方式，逐步改变了社会形态，互联网将成为生活中的水和电，互联网思维将成为最根本的商业思维。这是互联网金融产生的大背景，在这样的大背景下审视互联网金融话题，得出的结论必将是谁拥有先进的思维，谁就获得市场的主导权。由此，拥有互联网信息处理先进理念和技术的互联网企业必将在金融领域获得主导。

第七，互联网金融更理解客户需求。有人认为，在大数据时代，新一代基于互联网DNA企业的核心能力在于利用新模式和新技术更加贴近消费者，深刻理解需求，高效分析信息并作出判断。传统金融机构若不能及时改变，很有可能沦为附庸。

第八，互联网金融能更好地融合金融与互联网。互联网以往都是在具体的某一类商务领域（例如信息、娱乐、图书等）发展融合，进而倒逼传统行业"触网"。互联网金融的发展可以理解为互联网发展到深水区之后，与金融业的深度融合。传统金融机构虽然也在利用互联网，却没有领悟到互联网精神的实质，仅仅将互联网当做通讯工具，因此必将被颠覆。

第九，互联网金融的成本优势。例如，Lending Club通过开放平台和精细的模型设计，通过融合借款人当前信用、交易数据、线下行为历史、信用历史、收入、线上行为等信息，将商业银行从事信贷业务时5%左右的运营成本控制在2%左右，这不仅是Lending Club的核心竞争力，也是很多互联网企业所独有的核心竞争力，在这样的成本对比之下，传统的商业银行难以招架。

第十，传统金融的保守。在传统商业银行应用互联网的时代，金融产品只是放在网上宣传、推广或出售，互联网的角色只是渠道或者流量来源；而近两年由互联网企业所主导的互联网金融，则是让互联网和传统行业的金融双向渗透融合，让互联网企业利用互联网的渗透力去打破金融领域信息不对称、交易效率不高、"高富帅"的专属特性，从而赢得普通大众的青睐。

1.2.2 融合论者的反驳

融合论则认为，互联网企业的融入，有助于金融体系的完善，但还达不到

"**颠覆**"的程度。融合论者认为，互联网金融是建立在互联网的通信技术与大量充分的数据基础之上，创造出新型的风险管理方式，并基于此开展金融领域的相关业务。将来，传统金融机构不会被互联网金融所取代，互联网金融也不会被传统金融机构所消灭，二者都将成为未来金融体系的有机组成部分。相关论据包括：

第一，互联网金融的本质还是金融。尽管互联网有可能重塑金融机构、金融工具、金融市场和金融制度等金融要素，但未改变金融的本质。传统金融机构交战互联网企业，其现金业务、信用风险管理模式、简单金融产品销售等有可能被替代和颠覆；支付体系、网点功能可能被改造；但理财咨询、资管、投行、托管等业务不易被替代。因此，融合发展是互联网企业与传统金融机构的终极发展形态。

第二，互联网金融能改变现有金融体系，但并不足以取代。互联网金融业的发展进一步促进信息消费市场和电子商务发展，并缓解中小微企业的融资难题，同时也为加快经济结构调整，转变经济发展转方式提供重要支撑，但尚不足以挑战传统金融的体系架构。目前在互联网金融监管机制缺失之下，很多所谓的互联网金融创新，都是"踩红线"式的创新，如果没有"游戏规则"约束，未来将会给金融体系带来灾难性后果——这种灾难性的"颠覆"显然是我们不愿看到的。

第三，互联网金融如果不加监管，将有可能引发难以预测的风险。尽管互联网加速融入各个传统行业这一趋势不可避免，但是互联网金融业务的开展必须以管理和风控作为核心，要对客户的资金负责。例如，P2P 平台技术门槛不高，但是如果忽视了风险控制和管理，必然会引发巨大风险；2013 年共有 47 家 P2P 平台倒闭，这都是忽视风控和管理的恶果。而风控与管理的回归恰恰是传统金融的回归，因此，互联网企业介入金融领域，一定是一条与传统金融机构融合共赢的道路。

第四，互联网借贷的核心经营理念与银行一致，颠覆无从谈起。全球第一家 P2P 借贷平台 Zopa 的创始人兼 CEO Phillip Riese 曾经告诫中国的互联网金融从业者：从事 P2P 借贷业务，必须牢牢把握以下几点：最核心的是要拥有世界水平的风险管理能力；要有完全的公开透明，每一个出借人要知道所投资的资产综合性质的损失率、可能得到的收益，借款人需要清晰地知道付出的利息和费用明细；

充分了解市场、销售渠道；关注客户的体验。如果能够把握住以上四点，特别是前两点，就能够突破地域进行快速扩张，获取有黏性、有活力的客户。而上述四点并没有脱离传统金融的经营理念和经营思路，因此根本谈不上颠覆。

第五，某些互联网金融创新对传统金融的发展反而有利。例如，互联网金融在大数据运用上的创新，对于商业银行信用卡业务来说并不是挑战或颠覆，而是利好，通过互联网和大数据技术可以从智能化客户群识别、发卡风险审核、持卡客户价值评估等方面提升信用卡的业务水平。商业银行通过与第三方数据处理机构合作，使用客户的手机地址、身份证号、微博号等各种渠道的身份 ID，与银行客户数据库进行客户匹配，进而进行线上线下融合的数据挖掘，是对传统的评分机制的有益补充。

第六，互联网金融与传统金融业务并非是完全替代关系。有人认为，美国 P2P 业务与银行就并不存在实质上的竞争，例如，美国主要的 P2P 平台 Lending Club，其借款人的主要用途是信用卡还款，实际上是银行客户欠账的再融资；而平台的投资者中也出现了一些银行机构客户，甚至是银行批量将客户介绍到合作 P2P 平台。商业银行与 P2P 平台的关系还有可能朝着"批发商"与"零售商"的关系发展。

第七，互联网金融热存在泡沫，不可持续。当今互联网企业介入金融的热潮，与媒体的渲染不无关系，同时，地方政府密集地出台对互联网金融的扶持政策有揠苗助长之嫌。完全依靠政府扶持的企业，犹如温室里的花朵禁不起风雨，过多的关爱和支持难免有违背商业逻辑之嫌。一个行业发展初期，是不适合揠苗助长的，尤其是金融行业，在趋势未定的情况下，无论是创业者还是社会，都是需要相对客观冷静地思考走向，而不是被媒体和专家一忽悠，蜂拥而上。否则其结果必然是一地鸡毛。

总而言之，**颠覆论者与融入论者各占山头，隔空对战，甚是喧嚣。但是，一路高歌猛进的互联网企业并不仅仅甘于"融入"的命运，互联网企业所主导的这一轮互联网金融大潮，绝不仅仅是为了"改变目前的金融领域版图"这么简单。互联网企业志存高远，所图甚大，甚至将目标锁定在彻底颠覆传统商业银行的经营模式、盈利模式和生存模式。**马云 2008 年说过"如果银行不改变，我们就改变银行"，这个"我们"远远不只是阿里，百度、腾讯以及其他科技龙头企业均已经涉足金融领域——面对金融业的大蛋糕，所有的互联网巨头都想结合自身的优势抢得一块。2014 年马年春节前后的微信"抢红包"、滴滴打车与快的打车的补贴费用之战就显示了互联网企业涉足金融和快速扩张的决心，同时也反映出互联网行业惨烈的竞争。

对于普通大众来讲，互联网企业的跨界竞争意味着更优质低廉的金融服务。从这个意义上来说，互联网企业跨界金融，或许能够在行业内外激烈的竞争中将实惠带给金融消费者，这对于提高我国金融行业的竞争力，也是大有裨益的。互联网金融有利于推进普惠金融，这一点，无论是颠覆论者还是融合论者，都是共识。但在互联网企业的凶猛攻势面前，传统金融机构会束手无策、坐以待毙吗？答案显然是否定的。互联网金融是颠覆还是融合传统金融，值得我们继续思考、探索。

2　真理越辩越明：互联网金融界定与前景之争

2013 年，互联网金融仿若一夜之间冒出来的新鲜事物，那么互联网自诞生后的 20 余年时间里，传统金融机构难道就一直闲着，对这一科技新宠视而不见吗？显然不是的。事实上，早在国内任何一家互联网企业出现之前，中国人民银行和商业银行就已经建立起了覆盖全国主要城市的计算机网络。为什么商业银行这个互联网金融的"先行者"却站在了当前互联网金融的对立面，成为被颠覆的目标？要回答这个问题，我们需要首先理清所谓的"互联网金融"与"金融互联网"的概念之争。

2.1　互联网金融：概念界定之争

2013 年以来，互联网金融的话题一直炙手可热，热点层出不穷，但是无论是媒体还是学术界，对于互联网金融的概念和具体业态还是没能给出明晰的区分。对于很多问题，大家都没有给出明确的答案，例如互联网金融究竟是什么？是不是互联网企业涉足了金融业务就是互联网金融了？传统金融机构十几年来孜孜不倦地利用信息化手段提高数据处理能力的行为算不算互联网金融？互联网金融的界限到底在哪里？

回答上述问题，就必须想办法明晰"互联网金融"这一概念。

"互联网金融"这一概念，是谢平于 2012 年 6 月在中国金融四十人论坛上最先提出的，随即引发了社会各界对互联网金融的热切关注。谢平认为，在一般均衡定理的经典表述中，金融中介是不存在的，目前之所以存在金融中介，是因为金融中介具有规模经济和专门技术以及专业的信息处理能力，以缓解储蓄者和融资者之间的信息不对称以及由此引发的逆向选择和道德风险问题。而随着互联网技术的发展，在网络支付、社交网络和搜索引擎、云计算三大支柱的支持下，使得市场信息不对称程度、资金供需双方在资金期限匹配以及风险分担上的成本非常低，中介机构将因为没有存在的必要而消失。这种依靠互联网摆脱了金融中介机构的金融新模式，就是互联网金融。

在谢平之后，很多学者都提出了自己对于互联网金融的定义，归纳起来可以分为三个流派：一是支持谢平的"未来派"，即将互联网金融定义为未来社会可能出现的一种不同于当今的金融形态；二是"网络企业派"，即将互联网金融定义为互联网企业开展的一系列金融业务形态；三是"融合派"，强调将传统金融机构利用互联网进行技术与服务革新也纳入互联网金融的范畴。

追根溯源地讲，商业银行的全面信息化，是这轮金融革新的重要基础；脱离传统金融机构的信息化而单谈互联网企业的金融化，显然是不够全面的。

金融的本义就是资金融通，从狭义上讲，金融仅仅是指货币的融通，通常分为直接融资和间接融资两种方式；从广义上说，金融还包括货币的保管、兑换、转移、发行等多种业务形态。不难看出，谢平所提的互联网金融，其实可被归类到直接融资，因为它并不改变"资金融通"这个金融的核心。

综合上述分析，我们认为按照如下描述定义互联网金融比较中肯：**互联网金融，是使用互联网的技术来实现资金融通的行为总和，是在互联网技术高速发展、信息传播扁平化的大背景下，为了满足人们日益丰富的金融需求而创造出的一系列金融新概念、新产品、新模式、新流程等**。在这个定义之下，传统金融机构利用互联网提高自身的效率的行为，也属于互联网金融的范畴，互联网金融还包括但是不限于第三方支付、网络借贷、网络资产管理平台等模式。

需要指出的是，尽管"互联网金融"这一概念在 2012 年才被广泛认可，但商业银行从 20 世纪末数据大集中时代开始，就已经成为第一轮互联网金融革新的发起者和推动者。

纵观近两年来媒体和学术界的讨论，有一种分类方法也得到了大家的认可，这种分类方法将传统金融机构应用互联网技术的各种举动统一定义为"金融互联网"，而对互联网企业大局进军金融领域的种种业务统一定义为"互联网金融"。

我们认为，无论是本书提出的"互联网金融"概念，还是媒体提出的"互联网金融 + 金融互联网"的区分方式，都是对目前互联网行业与金融行业的交叉领域所发生的事件进行的概括。为了让读者更加明晰"互联网金融"这一概念的内涵，不妨按照"互联网金融 + 金融互联网"的区分方法，对互联网金融的发展历程与现状进行分析，相信以下的总结和归纳可以让读者对"互联网金融"有更明晰的理解。

2.1.1　金融互联网：拥抱互联网的金融先行者

大众对"金融互联网"普遍接受的定义是：传统的金融机构使用互联网等技术手段从事金融业务的种种方法和手段。也就是说，只要行为主体是传统金融机构，那么无论开展怎样的业务，只要是通过互联网来进行的，都属于"金融互联网"的范畴。

从这个角度出发，回顾国内外金融业的发展历程，我们可以发现，商业银行是拥抱互联网最早的"先行者"，甚至在我国互联网企业出现之前，国内大型银行已建立了自己的全国性计算机网络。经过多年发展，我国商业银行早已通过公共互联网与总行、各地分行网络的对接，实现了业务运作和经营管理的全面信息化、数据化，并进而将覆盖面从国内延伸到了全球[①]。可以说，商业银行早就掌握了互联网金融的核心技术——信息化、数据化。

以中国工商银行为例，在信息化方面，虽然工商银行现在有 17 000 余家营业机构，但目前通过网上银行、电话银行、手机银行、自助银行等电子化渠道处理的业务量已占到全部业务量的 78%，发挥的作用相当于 30 000 多个物理网点。工商银行自主研发的核心应用系统支撑了海内外庞大经营网络的平稳运行，目前日均业务量为 2 亿笔，每秒处理业务的峰值达到 6 500 笔。2012 年全年的电子支付结算金额达到 332 万亿元人民币，结算笔数超过了 130 亿笔。

在数据化方面，而对海量的各类数据，工商银行通过多年的努力，已经搭建起了以数据仓库为核心的经营管理数据体系，实现了客户信息、账户信息、产品信息、交易信息、管理信息等的集中管理，形成了数据标准、数据质量、数据架构、元数据、数据生命周期、数据安全以及数据应用等全流程的数据信息管理机制。积累的数据规模将近 300 个 TB，利用这些数据，建立了 4.1 亿个人客户和 460 万法人客户的信息视图和星级评价体系，开发了 34 个法人客户评级模型、75 个零售信用评分模型、16 项市场风险内部计量模型和 17 类操作风险资本计量模型。客户违约率和违约损失率数据的积累长度均在 10 年以上，已达到巴塞尔资本协议Ⅲ的要求。

此外，工商银行还建立了独立的模型验证团队，对数据应用的有效性、准确

▶　▶　▶ ────────────────────────────

① 杨凯生：《关于互联网金融的几点看法》，载《第一财经日报》，2013-10-10。

性进行持续验证和监控，内部审计部门对验证情况进行审计。工商银行早在 20 世纪 90 年代就开始将客户评级结果用于信贷准入和贷后监测，2005 年开始按照新资本协议的最新要求对信用评级方法、系统与流程进行了全面优化，2008 年开始将风险计量结果用于风险管理全流程，2010 年起进一步将有关结果正式用于贷款质量分类、拨备计提和经济资本分配，并在此基础上开始实施法人业务和零售业务的 RAROC（风险调整后的资本收益率）管理，实现了按风险与收益均衡的原则进行授信审批和定价。就拿最近媒体热炒的网络信贷而言，实际上工商银行早在 2012 年就已经建立网上贷款系统"网贷通"，截至 2013 年 8 月末，工商银行以小微企业为主要服务对象的"网贷通"的贷款余额已超过 2 150 亿元，累放额已近 11 000 亿元。

以上所说的还仅仅是工商银行，事实上，这些年来我国其他的银行特别是大型银行也都在 IT 系统的开发和信息化、数据化建设方面投入了大量的人力和物力，取得了长足的进展。

因此，**中国的银行业并非如有些人所想象的那样，不会运用互联网技术，缺乏对各类数据的分析整合能力。中国的银行在运用信息网络技术提供金融服务、实施内部管理方面不仅没有落伍，而且在世界上也位居前列。**

此外，应该指出的是，互联网企业介入金融业务实际上很少能脱离银行的基础服务而自行处理，例如第三方支付企业的客户身份认证还是需要通过银行的客户信息进行的，资金划拨和清算也是要通过银行系统完成的，等等。总之，当我们对这些问题有一个全面的认识和了解后，便可明确，离开了传统银行机构，就不可能有什么互联网金融。

2.1.2 互联网金融：金融业的"外来者"

作为互联网技术普及和升级的主要推动者，互联网企业有意无意间抓住了"信息"这一市场经济与货币经济的核心要素，逐渐成为提高市场信息效率、增加信息透明度、缓解市场信息不对称的重要力量，同时获得了自身的快速扩张。

由于"信息"具有类似公共品的属性，导致互联网企业的产品和服务也具有了类似公共基础设施的属性。由于这套无形的基础设施仍在不断快速地革新演进，并越来越深地与现实世界相融合，因此一个又一个的传统行业被改变、重构甚至颠覆——近年来互联网企业跨界开展金融业务，正是互联网这一无形的基础设施与金融产品与服务"融合"的结果。

互联网对国内传统行业的渗透始于零售、通讯、传媒等，随着互联网的日渐渗透，以电商平台、社交平台、搜索平台为代表的互联网企业逐渐接近、掌握了商业的核心——客户（或者说是接近客户的渠道）。当客户的"衣"通过淘宝、京东等电商购买，"食"通过大众点评等网站预定，"住"通过搜房、赶集等网站查找，"行"通过携程、去哪儿等网站安排预定，当客户有疑问时通过百度、360、搜狗等搜索引擎查询，当客户有想法时通过新浪微博、腾讯微信等社交平台发布，亿万客户已在不知不觉之中被互联网这张大网捕获。

随着互联网对民众越来越大的渗透率，以及用户浏览行为分析技术的提高，更关键的是，商业银行等传统金融机构在信息化、数据化方面的基础铺垫，一些互联网企业利用传统金融覆盖面的不足，并凭借其对"客户"及客户需求的把握逐渐开始经营金融业务。这一渗透或融合始于电子商务的支付领域，随后，在借鉴欧美等国的网络金融产品创新经验的基础上，互联网企业逐渐扩张到了网络借贷、网络资产管理、民间资信审核与征信平台等更多金融领域。

（1）第三方支付。互联网企业在支付领域的渗入源于国内电子商务的发展需要，而商业银行及银联等传统金融机构的作为不够、合作不深，为互联网企业攻下金融领域"第一城"提供了机会。

我国电子商务的快速发展，与第三方支付机构最初的执着专注密不可分。在网络购物尚未被大众所接受的阶段，以支付宝为代表的第三方支付平台提出了"担保交易"的概念，将第三方支付平台打造成为一个信用和资金托管中介，在控制了网络购物交易风险的同时，尽可能多地照顾到了客户的购物体验，并没有增加过多的中间手续。

2003 年，支付宝在支付领域率先提出了"担保交易"方式，借鉴 PayPal 的虚拟账号体系，将原本针对进出口贸易的信用证业务移植到自然人的网络交易上，解决了网络上买卖双方的信任问题。通过 10 余年的发展，以支付宝为代表的第三方支付机构已经成为网络购物领域事实上的交易信用中介，**逐步渗入、挤压商业银行的"汇款"业务**。目前，支付宝和财付通等企业还在积极布局声波、二维码等无卡、无钞支付技术，以进一步挤压 POS 网络的业务空间。

（2）**网络借贷**。目前互联网企业主要通过两个渠道进入网络借贷或者小额借贷领域，一是电商借贷，二是民间借贷的网络化。对于中小微企业的借贷业务，商业银行并非不愿加大力度，因为与大企业信贷相比，中小微企业的议价能力相对较低，有可能带来更高的利差收益；而商业银行传统的业务模式尚没有一套高效、低成本的方法来应对风险分散化、多样化的挑战。互联网企业的进入，在技术和业务模式两个层面上进行创新，把过去没有信用记录的人群纳入金融服务体系，这就使他们接受通过互联网金融这一过渡业态转而接受传统金融服务成为可能，为解决上述难题提供了新的手段。

在电商借贷方面，随着京东、苏宁、淘宝等电商平台不断扩张，上游供货商或网店经营者的账期压力越来越大，为此，电商平台借助积累的大量真实交易数据，推出了电商信用贷款，创造出了审核成本低、放贷效率高、违约率低的新型借贷模式。

在民间借贷网络化方面，随着网络空间上交易信任的逐步建立，一些小贷公司开始尝试业务的网络化，以宜信、翼龙贷、贷帮网为代表的 P2P 公司开始出现；同时，以 Zopa、Lending Club、Prosper 等国际 P2P 平台为原型的本土化企业惠而信、点融网、拍拍贷等 P2P 平台也开始上线；另外，以天使汇为代表的众筹平台也在尚无明确法律支撑的前提下开展业务。据估计国内目前已有近千家各类 P2P 平台与近百家众筹网站。电商信用贷款、P2P、众筹等新兴业态，对传统的以银行为核心的借贷业务提出了新的挑战，正在逐步**挤压商业银行的"贷款"业务**。

（3）**网络资产管理**。网络资产管理源于金融产品的比价搜索、在线销售。随着互联网的兴起和迅速发展，客户了解、比对、购买金融产品和服务的过程已经基本实现了网络化。Google 在 2011 年的一项调查研究表明，欧洲和美洲市场中，有 88% 的网民会通过网上搜索引擎来调研和对比金融产品，其中更有 66% 的客户会在完成调研后，直接在网络上申请或者购买相关服务。Forrester 的一份调研报告也印证了上述观点，2012 年英国人网上调研和申请金融服务至少一次的比例上升到 50% 之多，而 2007 年仅在 22% 左右，像汽车保险、消费贷款的网上申请已成为英国金融市场的主流模式①。

▶ ▶ ▶

---

① 张洁：《融 360：垂直金融搜索意欲成为银行业主销售渠道》，载《中国建设报》，2013-05-15。

基于此，互联网的网络资产管理平台在国内外应运而生。网络资产管理平台是指利用计算机网络技术，帮助客户找到合适的产品，分析评估投资风险，建立不同的投资组合的一个虚拟的网络交易综合平台。它就像一个网上卖场，每一个金融或非金融机构都是一个"商家"，这些"商家"将其金融产品摆放到这个交易平台上，消费者（即金融产品购买者）根据自己的偏好、商家信誉、产品的风险程度、产品的收益率等方面进行综合比较、选择，再下单购买。

目前国内的网络资产管理类平台已经出现了金融产品比价搜索、理财记账、余额理财等多种类型。例如，最初为了"破解支付宝沉淀资金问题"而设计的余额宝，截至 2014 年 2 月底已经把超过 4 000 亿元的储户存款从商业银行中搬移出来，而后续的百度百发、腾讯理财通等不论是针对个人的理财产品，还是面向商户的余额理财项目，进一步加剧了商业银行存款的流失。网络资产管理业务的推出，暴露了互联网企业企图**动摇商业银行基金理财销售主渠道地位和"存款"业务的野心**。

从以上对"金融互联网"和"互联网金融"的总结、分析，至少我们可以得出以下结论：第一，传统金融机构早已拥抱互联网，甚至多数"互联网金融"平台或产品诞生之前，以工商银行为代表的大型商业银行已经建立了基于互联网的全国信息化经营体系，并在数据大集中和数据挖掘及应用（如信用风险管理）等方面进行了长期有益的尝试。第二，互联网企业兴起的"互联网金融"，其缘起和发展得益于互联网在社会经济领域的广泛渗入，并借助对信息和渠道的掌握，以传统金融未能覆盖的领域为突破口，全面进入金融领域。第三，"金融互联网"实则是"互联网金融"的基础，互联网金融的加速发展离不开传统金融机构多年的信息化、数据化的积淀；而"互联网金融"可以说是"金融互联网"在信息技术运用上的进一步深化和创新。

"金融互联网"和"互联网金融"最大的不同在于，**"金融互联网"以资金流为核心，"互联网金融"以信息流为抓手。而互联网时代最具威力的商业模式，应是资金流、信息流和物流的三流合一**。谁能首先做到三流合一，谁就可能成就互联网时代的商业帝国。从这一点出发，当前掌握信息流优势的互联网企业和掌握资金流优势的金融企业谁能脱颖而出，还有待时间的检验。那么，在现实给出足够的检验时间之前，让我们从互联网金融的核心要素——信息这一角度出发，通过理论分析来预测一下两者的前景吧。

2.2　互联网金融理论溯源

尽管本轮互联网金融的热潮从 2012 年开始，而其背后的经济学理论探讨和争论，学术界早在 20 世纪中叶就已经开始，探讨的核心，就是"信息"在市场经济中的地位和作用。

经典经济学的一个基本假设是**完美的资本市场**，即将信息交流成本、不完美信息等因素完全抛开[①]，而这一假设与现实世界中的金融市场格格不入。

针对上述缺陷，很多经济学家都提出了新的理论和方法加以修正[②]，经过多年的持续研究与讨论，"信息"在市场经济和货币经济中的重要地位被逐渐揭示和广泛认同，其基本观点是：

第一，价格并不能够准确传达市场的所有信息，市场信息总是不完美的。

第二，信息的不完美造成信息的获得、汇总和传播都需要付出成本，因而市场通常不是帕累托有效的[③]。

第三，市场的效率只能逼近于帕累托有效，逼近程度取决于**信息的"完美"程度与效率，因而信息效率是市场经济的核心优势之一**[④]。

第四，市场上各种带息货币的利率都取决于"信用"的可获得性。而获取"信用"恰恰是围绕"信息"的收集、处理与传递而展开。因此，**信息是货币经济的核心**。

第五，信息本身拥有许多公共品的性质，因此对**信息投资的收益会随着信息生产、利用规模的增加而增加**[⑤]。

▶ ▶ ▶ ────────────────

[①] 诺贝尔经济学奖获奖者阿罗和德布鲁指出，在完美信息和完备市场条件下，竞争性市场通常都是帕累托有效的。这实际上表明，市场的有效形式是有前提条件的，这个前提就是完美的信息和完备的市场。

[②] 其中最突出的，是以斯蒂格利茨为代表的经济学家，提出以"信息"为核心的"经济学新范式"，并由此获得了 2001 年的诺贝尔经济学奖。

[③] 哈耶克（Hayek，1945）指出经济学的核心问题是信息问题，斯蒂格勒（Stigler，1967）和后续的相关研究认为资本市场的不完美可以追溯到与信息相关的交易成本，格罗斯曼和斯蒂格利茨（1976，1980）证明并分析了"信息是有成本的"这一论点。

[④] 斯蒂格利茨：《信息经济学：基本原理》，北京，中国金融出版社，2009。

[⑤] Radner, Roy and J. E. Stiglitz, A Non-Convexity in the Value of Information , 1984.

20 世纪 90 年代以前，由于互联网不够发达，普及率低，上述结论并没有足够的实证数据来支撑（Roach，1991；Oliner and Sichel，1994；Jorgenson and Stiroh，1995）；近十多年来，随着信息技术的快速发展，互联网技术在消除市场信息不对称、提高市场效率方面的积极作用日趋明显，互联网在经济增长中的作用也日益显现（Jorgenson，2001，Oliner and Sichel，2004，Jorgenson and Stiroh，2000）。

Repkine（2008）研究认为，信息通讯技术 (Information Communication Technology，ICT，与书的"互联网技术"所指相同) 基础设施作为一种社会资本，能够方便人们获取信息并且使共享信息更加便利，这样可以有效减少市场的交易成本，形成外溢效应和正外部性等，最显著的则是为市场交易者增加套利机会和降低搜寻成本，因此，ICT 最终会提高总体生产效率。

谢平等人（2012）以计量经济学的方法，根据 1993 ~ 2010 年度数据，研究信息通讯技术（ICT）对中国经济增长的影响，得出两条结论[1]：第一，ICT 对于经济增长的贡献明显，互联网上网人数和移动电话的影响尤其显著。第二，ICT 对于经济增长的贡献主要通过金融包容性水平这一渠道实现；在现实条件下，ICT 对于金融包容性建设的积极作用，主要是通过移动电话来实现的，这主要得益于移动电话的高普及率和丰富多彩的功能。

谢平等人（2012）基于上述结论，进而提出了一种不需要商业银行、券商等中介机构的金融新模式[2]，其基本观点是：互联网金融模式将从信息处理、支付系统、资源配置、风险管理、监管形态 5 个方面重构金融。

信息处理方面，资金供需双方信息将通过社交网络揭示和传播，被搜索引擎组织和标准化，最终形成时间连续、动态变化的信息序列；由此互联网将可以给出任何资金需求者（机构）的风险定价或动态违约概率，而且成本极低；正是上述这种信息处理模式，替代了现在商业银行和证券公司的主要功能。

支付系统方面，所有个人和机构（法律主体）都将在中央银行的支付中心（超级网银）开账户（存款和证券登记）；证券、现金等金融资产的支付和转移将

▶ ▶ ▶

[1] 谢平、邹传伟、刘海二：《互联网金融模式研究》，北京，中国金融四十人论坛，2012。
[2] 由谢平、邹传伟、刘海二主笔的中国金融四十人论坛课题报告《互联网金融模式研究》，被认为是互联网金融的"开山之作"。

通过移动互联网络进行（具体工具是手机和掌上电脑）；支付清算将完全电子化，社会基本不再需要现钞流通，就算有极个别小额现金支付，也不影响此系统的运转；二级商业银行账户体系将不再存在。

资源配置方面，将实现信息充分透明，定价完全竞争；资金供需信息将直接在网上发布并匹配；供需双方或多方交易将可以同时进行，而不需要经过银行、券商或交易所等中介；不认识的人（企业）将通过"借贷"形成社交网络关系。

风险管理方面，对于市场风险可以通过信息系统，帮助储蓄者控制逆向选择和道德风险；同时通过选择多个融资者以充分分散风险，互联网金融模式能拓展交易可能性集合，因此风险分散将能达到传统直接和间接融资模式无法企及的程度。对于信用风险，与集中型贷款组合相比，分散型贷款组合更不易遭受信用风险造成的极端损失。对于衍生品市场的风险转移，由于信息不对称程度大幅降低，风险识别、计量和定价将更有效率；风险被充分分散，总的效果是风险对冲需求减少，衍生品市场会向简单化、标准化的方向发展，市场透明度和有效性会提高。

监管形态方面，由于金融机构中介作用的逐渐弱化，金融机构破产或遭受流动性危机而产生的负外部性将变小，针对现有金融机构（比如商业银行、证券公司和保险公司）的审慎监管将随之淡化，互联网金融模式下的监管形态将以行为监管、金融消费者保护为主。

这里需要指出的是，虽然"互联网金融"这一概念谢平在他的论文中最早提出，但是基于互联网的金融业务却最早出现于欧美金融市场，相关的研究也是由欧美学者最早公开。20 世纪 90 年代，随着互联网技术的迅速普及，欧美市场出现了基于互联网平台的金融业务，"电子金融"、"电子银行"（Electronic Bank,E-bank），"互联网银行"（Online Bank）等概念和业务形态开始出现。

概括起来，西方发达国家关于电子金融的集中研究可分成两个阶段，第一个阶段是 20 世纪 90 年代中期到 2005 年，主要针对电子金融的业态、概念、发展方向等进行研究；第二个阶段是 2008 年至今，主要是针对互联网特别是移动互联网的飞速发展对电子金融带来的新机遇和新挑战进行分析研究。

Claessens、Glaessner 等于 2002 年在世界银行的一份报告中给出了电子金融生态环境中的 7 种角色：网上银行（Online Banks）、网络借贷（Online Lenders）、资金整合（Aggregators，类似于资金管理平台的概念）、网上经纪（Online Brokers）、金融门户（Financial Portals）、信息技术解决方案供应商（Enablers）、在线支付（E-payments）。该报告指出，互联网交易成本远低于实体网点、电话银行、ATM，同时大胆预测：随着金融服务的不断细化，金融业务与非金融公司的融合将是大势所趋，相关的监管难度也将更加复杂。

Setsuya、John 2001 年提出了电子金融的几个关键问题，包括电子金融对贸易和金融的影响、电子金融对金融脱媒的影响、电子金融对支付系统的影响、网络效应及监管、对中央银行的启示五个方面。

Schmid、Stanoevska-Slabeva 等 2002 年通过对电子商务运行模式和银行等金融机构的分析，提出电子商务具有改变银行和金融系统的潜力。

Cecchini、Heinemann 等 2003 年提出，信息技术的变革是影响金融市场整合的核心因素。

Fight 2004 年对当时的电子金融业态进行了总结，在给出电子金融定义的同时，特别针对客户管理、SWIFT、电子基金交易、网上银行、智能卡技术以及电子金融与互联网商务之间的关系进行了阐述。

Rabontu 2009 年指出，科技创新和银行之间的竞争，将产生更广泛的银行产品和服务，并可通过互联网交付快速推广；因此需要银行根据业务基本特征和电子银行带来的挑战，以审慎的态度解决和管理银行业金融机构。

Petter、Geoff 2009 年以哈瓦拉银行的金融犯罪为案例，对有组织的电子金融犯罪进行了研究，为防范相关问题提供了参考。

Chen、Derek 等 2010 年针对各种智能手机操作系统的电子金融应用开发平台进行了横向比较，为开发者提供了有价值的建议。

Bojan、Mutu 等 2010 年在对电子银行产品进行测试的基础上，指出互联网在金融服务的发行和推广方面所具有的优势。

Narayanasamy、Rasiah 等 2011 年以马来西亚为研究对象，采用访谈的形式归纳出影响电子金融发展的几大要素，即安全性、收益成本比、技术架构及全球化服务。

Cecchini、Heinemann 等在 2003 年，Vennila 在 2011 年研究了智能手机对电子金融带来的变革，提出基于智能手机的电子银行、记账软件、第三方支付等工具将对现有金融模式造成一定的影响。

Muritala、Taiwo 等 2012 年通过 20 份问卷调查，分析阻碍用户使用电子银行的因素，并建议电子银行开发者应该更加注重用户体验，增强用户的自我认知，并应增加 IT 相关的客户服务人员。

总而言之，不管是西方经典经济学家笔下的"信息经济学"，还是西方现代学者所提出的"电子金融"，抑或是中国学者文中的"互联网金融"，都是从"信息"在市场均衡中发挥的重要作用入手，评价、展望、预测信息技术对市场效率的作用。这方面的理论研究虽然尚无定论，仍在继续进行，但是依然可以对我们研究、分析和理解当前的互联网金融现象提供有益的参考。

2.3 前景判断之争

在互联网金融的发展前景这一问题上，学者和业内人士给出了不同的判断，最具代表性的莫过于"互联网金融"的提出者谢平和中国工商银行前行长杨凯生先生的观点，通过对他们观点的分析，有助于我们更好地理解互联网金融。

2.3.1 互联网金融是一种全新的金融模式

谢平认为，互联网金融是第三种金融模式。

从谢平的互联网金融开山之作《互联网金融模式研究》，我们就能看出谢平的超前观点，谢平也在其他场合提出了对互联网金融的积极态度和预期。

谢平认为，互联网金融是一个弹性很大、充满想象空间的概念，其兴起有深刻的宏观背景。在这些背景中，有些是全球性的，有些则为我国所特有。

第一，互联网对许多不需要物流的行业都产生了影响，金融也不会例外。过去 10 年间，互联网对通讯、图书、音乐、商品零售等多个领域均产生了颠覆性影响。一个突出的例子是，E-mail 兴起后，传统书信很快就接近消失了。而且从本质上讲，金融本身就是数字（在金融机构资产中，固定资产占比很低），与互联网有相同的数字基因；所有金融产品都可以看做数据组合，所有金融活动都可以看做数据在互联网上的移动。

第二，整个社会走向数字化。目前，全社会信息中有约 70% 已经被数字化了。未来，各种传感器会更加普及，在大范围内得到应用（比如，目前智能手机中已经嵌入了很复杂的传感设备或程序），购物、消费、阅读等很多活动会从线下转到线上（3D打印普及后，制造业也会转到线上），互联网上会产生很多复杂的沟通和分工协作方式。在这种情况下，全社会信息中有90%可能会被数字化。这就为大数据在金融中的应用创造了条件。如果个人、企业等的大部分信息都存放在互联网上，那么基于网上信息就能准确评估这些人或企业等的信用资质、盈利前景。

第三，一些实体经济企业积累了大量数据和风险控制工具，可以用于金融活动中，典型案例比如阿里巴巴、京东等电子商务公司。不仅如此，共享经济（Sharing Economy）正在欧美国家兴起，我国也出现了一些案例。电子商务、共享经济等互联网交换经济与互联网金融有天然的紧密联系，既为互联网金融提供了应用场景，也为互联网金融打下数据基础和客户基础，体现了实体经济与金融在互联网上的融合。

在互联网与金融的发展前景上，经济学家吴晓求与谢平的看法相似[1]。吴晓求认为，互联网有如此大的价值和如此大的冲击力，显然有它的特殊性，它最重要的特殊性就是它对信息的整合，完全解决了人类社会的信息不对称，同时极大地节约了成本，它克服了原有的商业模式包括金融模式物理空间的约束和成本的约束。最重要的是通过信息整合可以重造一个新的竞争格局，这是它的魅力所在，它引导了物流的变动，解决了新的商业模式。而互联网进入到金融之后会影响货币流动的变化，甚至会影响货币形式的变化，会进行货币的调整，从而引起重大的变革。

互联网对商业模式是一种历史性的颠覆，而金融和互联网的技术是天生的基因匹配的，因为金融的核心功能有四个，这四种功能如果嫁接到互联网的平台上效率会大幅度提升。

一是支付的功能，传统的支付系统非常缓慢，甚至转账两天以后资金才能到对方的手上。而互联网根本没有这个过程，极大地提升了资金的效率，同时也克服了风险。

▶ ▶ ▶

[1] 杨中华、孟俊莲：《吴晓求直批金融垄断》，载《华夏时报》，2012-11-01。

二是资源配置功能，也就是吸收存款和发放贷款的功能。这个过程中如何识别风险是最重要的，金融最重要的风险是信用风险。传统金融时代的信用风险主要是靠一种物理化的东西来鉴别，如通过"房子有多大、利润有多少"等来缓释风险。而利用互联网，对风险的评估会跨越物理时代的风险评估，会通过数据的挖掘，通过高频率交易知道哪些是好的交易对手，找到有很好信用记录的客户，从而可以提高资源配置效力，降低信用风险。

三是资产管理功能。互联网发展之后财富管理得到了迅速的提升。以前老百姓是储蓄，而互联网金融介入之后，余额资金就由储蓄化变成了资产化，收益远远高于储蓄的收益，这将极大地改变整个金融资产的结构，也可以有力地推动资本市场的发展。因为互联网金融给储户提供一个较高的收益率显然需要一个资本平台，同时，这也间接推动了资本的发展和金融的市场化改革。

四是信息传递功能。互联网的信息发布效率远远超过金融体系的信息发布。

因此，吴晓求教授认为，互联网这种技术和金融的结合是天生吻合的。现在只是雏形，虽然有余额宝等这些模式，但它的功能是单一的。面对新的金融结构和形态法律应该有所调整，监管标准也要跟上时代的步伐。互联网金融不是非法集资的平台，也不是吸收储蓄的平台，它是一个新的金融形态。在监管问题上，如果拿传统的标准来监管，那么互联网金融可能永远不会发展起来，仅资本充足率就把它制约了，商业银行至少 8% 的核心资本充足率，如果加上附加值要达到11%，互联网企业不可以有这么多的资本金。所以监管标准以及监管手段同时要修改、创新，应该敞开胸怀让互联网金融进入到金融体系中。

2.3.2 互联网金融不可能颠覆传统金融

对于互联网金融的现状与展望，杨凯生先生在《第一财经日报》上撰文，发表了自己的观点，文中的主要观点可以概括为[①]：

第一，互联网金融根本不是颠覆传统金融行业，其所谓"颠覆"只不过是夸大其词的噱头，通过夸大其词吸引更多的关注，争取更多的发展机会而已。第二，互联网金融的诞生及在中国超常规的发展，反映了"民间对金融服务的关注

▶ ▶ ▶

① 杨凯生：《关于互联网金融的几点看法》，载《第一财经日报》，2013-10-10。

与渴望"，与金融的本质无关，与互联网模式也关联不大。第三，某些互联网金融鼓吹"金融脱媒"，只不过是"脱了银行的媒"，"加上了自己的媒"。第四，真正的互联网金融的核心应该是利用互联网技术的"纯粹的""风险交易市场"，其他模式均是传统金融的互联网变身。第五，凡是利用自身信用担保、创造信用、利用金融杠杆的企业，不管是传统金融还是互联网金融，都必须有必要的监管措施。

同时，杨凯生先生也认为银行确实需要继续更新观念，继续跟踪新技术，继续学习新方法。例如，目前银行在互联网应用和 IT 系统建设方面存在的主要问题，一是在数据的采集方面，结构化数据采集能力较强，客户与银行之间的交易活动数据积累较多，例如账号、金额变动情况、存款情况、贷款情况、违约情况、姓名、身份证号、电话号码等；而对非结构化数据采集不够，处理能力有限。二是在数据的应用方面，银行习惯于将数据的分析结果用于风险评估和管控，虽已在一定程度上具备了客户识别和分层能力，但运用其有关成果开拓市场、营销客户做得还不够，而电商企业在这方面的主动性很强，积极性很高。银行需要努力学习和借鉴电商企业在业务处理上十分强调便捷和注重客户体验的理念。三是银行在业务流程的设置中，要进一步扬弃单项业务往往单一化运营的模式，充分利用互联网的创新功能，加强组合性的信息应用和业务处理，例如线上线下联动、支付融资联动、资金流和信息流、物流的融合等。四是银行在数据分析师队伍的建设方面，人员虽不少但集中不够，分散在各专业条线，发挥整体合力不够。据了解，有的网络金融公司，虽然只有不到 1 000 人，但专门集中从事数据分析的人员占比超过了三分之一。这些都需要银行进一步深入研究和认真改进。所以，银行必须与时俱进，顺势而为，方可继续在社会经济生活中发挥更大更好的作用。

应该肯定，随着云计算、大数据、物联网、定位功能等科技手段的不断进步，凭借社交网络、电商平台等积累的用户群体及其交易数据，互联网企业可以较高效地了解用户在金融服务方面的需求和偏好，这在创新、整合和定制化服务方面给银行等金融机构的传统服务模式既带来了不小的挑战，也带来了不少的启发。银行应该从管理理念、业务流程等方面对互联网金融进行深入的研究和认真的学习，取其所长，弃其所短，不断研发和推出更贴合用户需求、操作界面更友好、处理流程更高效的金融产品和服务模式，并且主动加强与电商企业、电信运营商以及各类互联网企业的业务合作，只有这样才能进一步保持和巩固银行业多年积淀下来的客户基础优势、资金实力优势、品牌信誉优势以及稳健经营的文化优势。

在诸多的专业人士当中，陈宇[①]的观点也颇为中肯。

陈宇认为，谈互联网颠覆金融，不如谈互联网改变金融或者重造金融可能更适合和贴切，回头看几千年的历史，任何一种新技术的产生，都改变了很多业态。这种改变其实是底层生态的改变，是所有的行业都会面临的改变，是环境变量，所以，是一种威胁的同时，也是一种机会。IBM 创立至今 100 多年，但是其间从没有因为某种技术改变而使它消失，最终消失的是那些故步自封、墨守成规的企业。

对比而言，自从真正意义上的现代银行制度确立之后，其实也面临了很多的技术性变革的危机，但是金融机构利用了技术性的变革不断地自我升级和进化，反而导致比尔·盖茨认为 21 世纪的银行不但没有成为恐龙，反倒成为更强大的存在。通过技术，金融机构也不断地进行机构调整、业务调整和服务调整。

回顾银行业的发展历史，很多存在过的部门的确都消失了，但是金融机构却从没有消失，也反映了这个判断。大家都看到传统金融机构从过去的手工记账到90 年代的电算化，再到之后的数据后台集中化、网络化，都是传统金融机构利用互联网自我革新和升级的表现，互联网的出现，给了传统金融更好的武器和工具来自我优化和升级，以及提高效率，这个反映的是互联网和金融的融合趋势。

事实上，金融的本质存在于人类社会资源的稀缺性，有效进行资源分配是金融的基础，可以说，在人类实现按需分配之前，金融就有存在的基础，从这个角度来看，金融本身是不会消失的，也不会被颠覆。

综合本章的观点引述和探讨，我们认为，**互联网金融如果仅仅是界定为"未来的全新金融模式"，那么当下的讨论就失去了现实意义。颠覆者的依仗之一是未来互联网利用数据挖掘就能给出任何贷款人的风险定价和违约的概率，就能降**

① 网名"江南愤青"，财经评论人士，"互联网金融千人会"主要发起人之一，本土私募股权 50 强企业德弘资产管理有限公司创始人。写作的《我看互联网金融的现状与未来》、《互联网金融之争》等文章被网络媒体广泛转载，还著有《支付的革命——互联网时代的第三方支付》。

低信用风险。且不论大数据是否具备这一功能，单是数据积累就需要很多年。谢平先生也是这种说法，"20年后，可能形成互联网金融模式"。

而"金融互联网"和"互联网金融"的区别，给人的感觉就是互联网企业开始经营金融业务了就是互联网金融，就是创新和普惠；而传统金融早在多年以前就已经致力于利用互联网技术提高经营效率、改善金融服务，这些应用和创新仅仅是把互联网作为一种工具就白干了？这种界定很容易将传统金融机构钉在"保守、落后"的十字架上。而且，也容易被一些擅长炒作的企业家加以利用。

因此，在这个界定之下，我们主张应将互联网金融界定为"使用互联网的技术来实现资金融通的行为总和"。传统金融显然是互联网金融的先行者，但是，能否成为未来的领导者，还有待观察。

目前，对于互联网金融的前景，学术界、专业人士和社会上还存在着明显分歧，这不由得让我们发出这样的疑问：在互联网金融的挑战下，商业银行会有怎样的命运呢？能否继续保持其金融的核心地位呢？这首先需要我们对互联网金融的各种经营模式进行剖析。

3　金融花园来争春：互联网金融的新模式

在互联网技术高速发展、信息传播扁平化的大背景下，互联网企业创造出了一系列金融新概念、新产品、新模式、新流程。可以说，创新是互联网企业的灵魂。概括来讲，互联网企业开展的金融业务包括但是不限于第三方支付、网络借贷、网络资产管理平台等模式，而且每种模式之下也有很多细分类型。通过对国内外互联网金融产品的比较，可以发现，目前的互联网金融具有一些突出的优点，如更加尊重客户体验、注重交互式合作营销和开放平台等特征，另外更加强调互联网技术与金融业务深度整合的运作模式。

3.1　第三方支付：互联网金融急先锋

3.1.1　第三方支付定义及类型

第三方支付有狭义也有广义的定义，国内学术界和监管部门对其界定并不完全一致。用得比较多的是狭义的定义：所谓第三方支付，指的是具备一定实力和资质的第三方机构提供的交易平台。在交易中，买方选定商品后，先向第三方机构支付款项，然后由第三方支付机构通知卖方发货。当买方收到商品后，即可通知第三方支付机构将款项转至卖家。狭义的定义仅包括第三方互联网支付（即网络支付或线上支付），并未包括预付卡发行与受理以及银行卡收单等线下支付。

也有学者对广义的定义进行了探索。2010 年 6 月，人民银行发布了《非金融机构支付服务管理办法》，其中将第三方支付界定为非金融机构支付，并给出了定义：非金融机构在收付款人之间作为中介机构，通过网络支付、预付卡发行与受理、银行卡收单业务完成的部分或全部货币的资金转移服务，以及中国人民银行规定的其他服务。依据中国人民银行的定义，第三方支付机构指的是依据《非金融机构支付服务管理办法》规定取得"支付业务许可证"，并提供支付服务的非金融法人企业。广义的定义既包括网络支付，也包括预付卡发行与受理、银行卡收单等线下支付业务。

截至 2014 年 2 月，央行累计发放了 250 张第三方支付牌照（其中 83 张互联网支付牌照、100 余张预付卡牌照）。互联网支付的总量大约是 6 万亿元，大概占整个支付的 0.5%。虽然规模还小，但是其互联网的长尾特性明显，单笔金额很小，交易海量，未来的成长空间还很大。

目前，第三方支付公司可以分为以下 4 种类型[①]：

（1）**平台依托型**。这类互联网金融企业具有大型的电商平台作为依托，并拥有大量的客户，通过和银行以及通信服务商等深度合作，实现既覆盖线上也覆盖线下的支付渠道，利润主要来源于手续费，也在逐步推广其他增值服务。典型的代表有支付宝、财付通和盛付通，其中支付宝依托于阿里巴巴、财付通依托于腾讯、盛付通依托于盛大集团。

（2）**行业应用型**。这类互联网金融企业注重对行业的深度挖掘，致力于为供应链上下游提供一揽子服务，包括金融服务、行业解决方案以及产品的营销推广等，并从中收取服务费或者信贷滞纳金。典型的代表有汇付天下、易宝和快钱等。

（3）**银行收单型**。银行卡收单是指最终持卡人在银行签约商户那里刷卡消费，银行结算。收单银行结算的过程就是从商户得到交易单据和交易数据，扣除费用后打款给商户。这类互联网金融企业一开始通过 POS 终端和电子账单处理平台为商户提供收款、账户直充等业务。随着支付牌照的获得，这类互联网金融企业逐步转为银行卡收单模式。其中，典型代表为拉卡拉。

（4）**预付卡型**。预付卡是指由发行机构发行的，可在商业服务业领域使用的债券凭证，具体表现为购物券或消费卡，体现了持卡或持券人作为消费者对发行机构享有的债权。发行机构通过发行面向企业或者个人的预付卡，向购买人收取手续费，与银行产品形成替代，挤占银行资源。代表企业包括资和信、商服通、百联集团等。

广义上来说，在众多的第三方支付平台中，以下几项创新受到了广泛关注。

首先是支付宝虚拟信用卡业务（2014 年 3 月暂被叫停），该业务是网络支付的一项创新，客户可以在没有任何实体信用卡的情况下，由支付宝根据其交易历史，在一定模型计算的基础上，给出具体的信用额度（最高 5 000 元），还款期限

---

① 叶冰：《互联网金融时代，商业银行怎么做》，载《银行家》，2013（3）。

38 天。已有超过 134 万家店铺默认开通，根据支付宝官方网页披露，符合虚拟信用卡开卡要求的买家已达 8 000 万家。

其次是腾讯旗下财付通与微信平台的深度整合。财付通和微信虽然均隶属于腾讯公司，但二者原本是相互"隔离"的。随着财付通和微信之间的应用通道被打通，微信用户可以通过扫描二维码进行付款（也于 2014 年 3 月暂停），并享受折扣优惠。未来，还将实现微信用户之间的转账。这将有力地推动移动支付的发展，并对人们的消费、支付习惯产生深远的影响。

对于第三方支付这一互联网金融的业态，其虽然在创新、渠道等方面具有优势，但是最终的客户结算和基础金融服务依然要靠银行，客户仍绕不开银行。但同时由于其所具有的优势，目前第三方支付机构已经对银行形成了倒逼之势。

3.1.2 第三方互联网支付市场发展状况

以下对狭义的第三方支付，即互联网支付市场予以介绍。

（1）交易规模。互联网支付交易规模增长快速，2013 年第三季度实现交易规模 14 206 亿元，同比增长 50.8%，环比增长 26.7%。2013 年第四季度实现交易规模 18 126 亿元，同比增长 70.2%，环比增速 27.6%。总体看，2013 年第三方互联网支付市场交易规模达 53 729.8 亿元，同比增速 46.8%。

表 3-1　第三方互联网支付交易规模及增长率

	交易规模（亿元）	环比增长率（%）	同比增长率（%）
2012 年第二季度	8 761	12.9	91.9
2012 年第三季度	9 418	7.5	53
2012 年第四季度	10 650	13.1	38.9
2013 年第一季度	10 181	-4.4	31.2
2013 年第二季度	11 217	10.2	28
2013 年第三季度	14 206	26.7	50.8
2013 年第四季度	18 126	27.6	70.2

资料来源：艾瑞咨询。

（2）**竞争格局**。2013 年第三季度，支付宝以 48.8% 的市场份额稳居榜首[①]，财付通以 18.7% 的市场份额排第二，然后是好易联（7.4%）、快钱（6.7%）和汇付天下（5.9%）[②]。目前拥有互联网支付牌照的企业有 90 多家，而交易规模最大的前两家的市场份额为 67.5%，前五家占 87.5%，其他互联网支付企业的市场份额仅为 8.4%。可见，第三方支付市场行业集中度较高，同时竞争激烈。

表 3-2 2013 年第三季度第三方互联网支付主要企业市场份额

互联网支付企业	市场份额（%）
支付宝	48.80
财付通	18.70
好易联	7.40
快钱	6.70
汇付天下	5.90
ChinaPay	4.30
易宝支付	3.40
环讯支付	2.90
其他	1.90

资料来源：艾瑞咨询。

（3）**跨境支付开拓海外市场**。近年，随着国际贸易的蓬勃发展，中国贸易额巨大。据中国海关总署的统计数据，2013 年中国进出口贸易总额高达 4.16 万亿美元，同比增长 7.6%，中国超过美国位列全球第一贸易大国基本成定局。随着国际贸易的发展，跨境支付已经成为国内外第三方支付、电商争夺的一片蓝海。世贸组织数据显示，2013 年全球跨境 B2C 电商实现 1 000 亿美元的交易额，其中中国的交易额为 300 亿美元；预计到 2018 年全球将有 300% 的增长，而中国则可能实现 500% 的增长。在这种背景下，利用国内居民强大的购买力打开跨境支付的窗

▶ ▶ ▶ ▬▬

[①] 从广义的第三方支付定义，即从互联网支付、银行卡收单、预付卡等整体看，银联商务以 46.3% 的市场份额领军各支付企业，占据行业综合排名第一的位置；支付宝以其互联网领域的绝对优势紧随其后，以 17.8% 的市场份额位居第二，汇付天下、通联支付、财付通分别占据行业综合排名三到五位。

[②] 艾瑞咨询：《2013 第二季度中国第三方支付市场季度数据发布》，2013-07。

口，是非常好的时机选择。

2013 年 9 月有 17 家第三方支付获跨境支付牌照，随后跨境支付牌照的发放逐步增加。2014 年 3 月，京东旗下的第三方支付网银在线获得跨境支付牌照。后续，其他大型电商也会逐步向跨境支付介入。京东等大型电商跨境支付牌照的获批，对于完善跨境支付市场、塑造中国电商和支付企业的形象、给用户提供商品人民币计价和结算等一系列便利、优化用户体验等方面具有重要意义。

（4）**移动互联网支付崭露头角**。2012 年以来，我国移动互联网支付得到了全新的发展。易观智库数据显示，2013 年第二季度，中国移动互联网支付市场交易规模达到 1 224 亿元，与第一季度相比增长 76.6%。

移动互联网支付形式以纯软件形式的客户端、应用内支付以及刷卡器支付模型三种类型为代表，市场具有高度集中性。2013 年第二季度，支付宝、拉卡拉和财付通分别以 57.3%、21.2% 和 5.7% 的占有率占据逾 80% 的市场份额[1]。近年来，移动支付领域的创新可谓层出不穷，二维码支付、NFC 手机钱包、摇一摇转账、短信支付、图像识别支付、语音支付、超声波识别支付、随身刷卡器等一系列全新支付模式，为人们带来了前所未有的支付体验。

3.1.3　国际第三方支付发展情况

美国是发展电子商务最早的国家。第三方支付也起源于 20 世纪 80 年代美国的独立销售组织（ISO）[2]制度。30 余年来，美国的第三方支付业务取得了突飞猛进的发展。欧洲第三方支付增长势头强劲，但是欧洲各国的发展差异较大，整体看，北欧的丹麦、挪威等国家处于领先地位，中欧的英国、德国、法国等国家处于中等水平，南欧的希腊、意大利等国家发展相对滞后。亚洲国家中，日本的第三方支付的业务处于领先地位，其次是韩国、新加坡等国家。

（1）**美国第三方支付市场起步早，PayPal 为典型代表**。1996 年，全球第一家第三方支付公司在美国诞生，随后涌现了诸如 Amazon Payments、Yahoo PayDirect、PayPal 等一大批第三方支付公司。其中 PayPal 的表现最为突出，目

---

[1] 易观智库：《2013 年第二季度中国第三方支付市场移动支付交易规模达 1 224 亿》，2013-08-25。
[2] 美国的独立销售组织制度（Independent Sales Organization，ISO），指收单机构和交易处理商委托 ISO 做中小商户的发展、服务和管理工作的一种机制。

前在全球拥有 1.53 亿个活跃用户，是全球最著名的第三方网上支付服务商之一。PayPal 公司于 1998 年成立，2002 年被 eBay 以 15 亿美元并购旗下。依托 eBay 的市场规模，仅用了 5 年时间，PayPal 就占据了美国消费类电子商务额的 9%，相当于全球的 5%。现在，PayPal 也不仅仅满足于 eBay 提供的支付服务，而是努力将业务扩展到更加广阔的电子商务领域。截至 2012 年，PayPal 已经在北美市场和535 家独立的 B2C 电子商务在线商城签订了合作协议。2013 年实现交易额 1 800亿美元，涉及商品和服务等各种交易达 30 亿次。

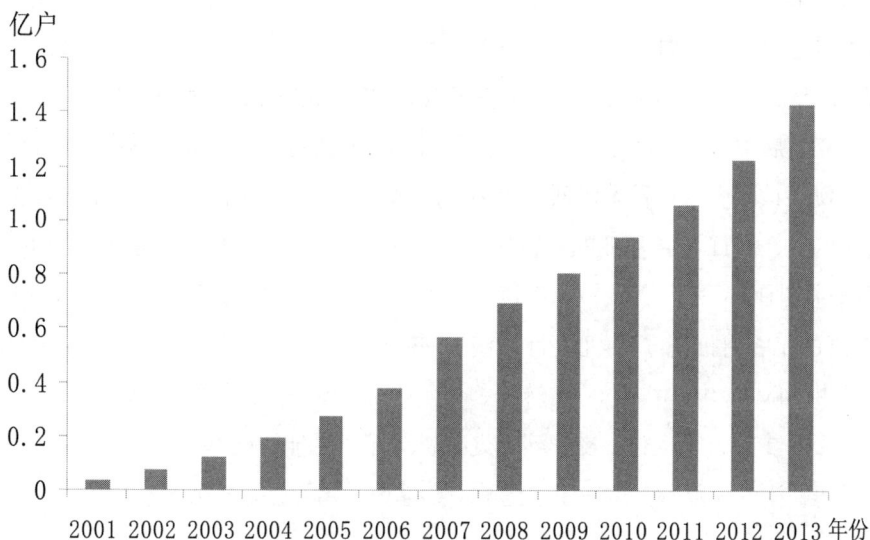

图 3-1　PayPal 全球活跃账户数量增长情况

PayPal 具有以下支付优势：第一，全球用户。PayPal 服务于全球 190 多个国家和地区，支持超过 25 种货币交易，拥有庞大的客户群。第二，品牌效应。PayPal确立在线支付行业标准，在用户心中具有良好的口碑，具有强大的品牌优势。第三，资金周转。PayPal 可以实现即时支付和即时到账，可以提高商家的资金回笼速度，提升商家的现金流效率。第四，使用成本。PayPal 仅向商家收取交易服务费，无其他费用，降低了商家的使用成本。第五，安全保障。PayPal 具有较为完善的安全保障体系、丰富的防欺诈经验，能极大地降低掉单率和支付风险。

但同时，PayPal 依然面临严峻的挑战。eBay 平台给 PayPal 带来的交易额始终处于重要位置，随着近几年电商行业的激烈竞争，eBay 的市场份额逐步被稀释，从而导致 PayPal 原有优势被逐渐弱化。同时，支付行业的竞争也在白热化，作为最早的第三方支付企业，PayPal 面临越来越大的市场竞争压力，极大考验着 PayPal 的持续创新能力。

（2）欧洲、日本及发展中国家以手机支付为主要特色。欧洲的典型代表是德国 Pay Box 公司推出的手机银行系统。该系统可以完成互联网到 Pay Box、Pay Box 到 Pay Box、手机到 Pay Box 等多种形式的业务操作。日本电子商务的快速发展与企业之间的纽带关系和良好的基础设施分不开。日本的中小企业一般围绕大的企业形成一种共荣共生的体系，例如当丰田等大企业凭借先进的技术和雄厚的资本推进电子商务时，会带动大量的中小企业参与进来。另外，日本传统的零售配送系统也发挥了巨大的作用，解决了电商中的配送以及支付的问题。

在发展中国家，第三方支付平台有着独特的优势。以非洲最具代表性的肯尼亚为例，该国金融普及率极低，大多数居民连银行账户都没有。而与此形成鲜明对比的是，2011 年肯尼亚的手机用户超过 2 500 万户，手机普及率突破 50%，远远超过该国银行账户普及率。在这种背景下，肯尼亚第一大手机运营商 Safaricom 于 2007 年 3 月推出了手机银行系统 M-PESA，该系统将金融应用集成到客户的手机 SIM 卡中，实现汇款转账、账户查询、手机支付等金融服务。目前，M-PESA 支持远程支付、交学费、发工资等多种功能，已然成为肯尼亚居民生活中不可缺少的一部分。这一模式已被坦桑尼亚、乌干达等多个国家复制。

3.2　网络借贷：触碰传统金融的核心地带

3.2.1　具有本土特色的国内网络借贷模式

目前国内网络融资可划分为以 P2P、众筹模式等为代表的网络直接融资模式，以及以阿里小贷等为代表的网络间接融资模式两种。网络直接融资是指民间出资人通过网络平台向他人提供小额借贷的金融模式。网络间接融资指依托于电商平台的信用贷款、供应链融资。

网络借贷以小额借贷为主，例如目前 P2P 网贷平台的信贷额度平均是 5 万元左右。P2P 贷款人主要是个人与小微企业，其中个人占 60% 左右。互联网企业切入这一细分市场，在一定程度上弥补了银行信贷的盲点。据统计，目前国内活跃的 P2P 平台已超过 300 家，2012 年整个 P2P 网贷的成交量达到 200 亿元，2013 年达到 1 058 亿元，增长可谓迅猛。此外，我国网络借贷在借鉴国外经验的基础上，衍生出了更多更具本土特色的经营模式。目前主要分为以下 5 种模式：

（1）保证本金 / 利息 P2P 模式。该模式是目前国内 P2P 网络借贷的主流模式，由网络平台向借款人保证本金不发生亏损甚至利息收益，其实质是间接融资。网络平台扮演担保机构和中介的双重的角色，不但负责寻找、筛选客户，还向借款人提供担保，进而进行资金匹配。这使得网络借贷平台不但成为了交易的信息中介和资金中介，也更成为了风险中介。在这种模式下，互联网只是起到了资金流量入口的作用，而在信贷交易的核心——信用风险控制领域，这类模式采取的依旧是银行普遍采用的线下审核的模式，并没有利用任何的互联网优势技术，也就是说，该模式采用与传统金融机构几乎一致的风控手段，却没有获得传统金融机构的制度性保障，因此更容易引发系统性风险。

（2）不担保 P2P 模式。该模式以拍拍贷为代表，P2P 发源于欧美，其目标对象是传统金融服务尚未覆盖的人群，平台一般不参与担保，纯粹进行信息匹配，帮助借贷双方更好地进行资金匹配。这种模式其实本质是直接融资，是金融脱媒的一种表现形式，改变了资金原先都通过银行等中介媒体汇集再给予资金需求方的模式。与其他网络借贷模式最显著的区别在于：P2P 借贷平台本身并没有资金介入借贷双方，而只是向双方提供一个信息交互的平台。

表 3-3　国内 P2P 借贷模式案例

典型公司	红岭创投	宜信	拍拍贷	人人贷
成立时间	2009 年	2006 年	2007 年 8 月	2008 年
创立地址	深圳	北京	上海	北京
注册资金（万元）	5 000	—	100	100
中介职能	信息媒介，不承担担保责任；VIP 会员提供本金保障；可提供担保服务	信息媒介，不承担担保责任；引入风险保证金服务（本金保障）	信息媒介，有条件的本金保证（计划有效期、金额 / 笔数要求）	信息媒介，无条件本金保证，引入中安信业担保

典型公司	红岭创投	宜信	拍拍贷	人人贷
风控模式	客户信息认证；逾期催收；纳入征信记录；风险保证金；黑名单制度	借款人面谈，验证客户信息并风险评估；逾期催收；还款风险金准备	将客户信息纳入信用评分，引入社会因素（社交信息、好友评价等）；曝光黑名单	客户信息认证和个人信用评级（Prosper 七级 AA、A~E、HR 划分）；计提风险准备金
服务对象	任何有小额资金需求的市场主体	学生、工薪阶层、白领阶层、小微企业主	任何有小额资金需求的市场主体	任何有小额资金需求的市场主体
抵押担保	纯信用借款模式；抵押担保借款等模式	信用借款，无须抵押担保	信用借款，无须抵押担保	信用借款，无须抵押担保
借款额度	纯信用模式（2 万~30 万元）；抵押担保模式（2 万~100 万元）	最高 30 万元，最长 48 个月（一般 2 万元以下）	3 000~10 万元	3 000~10 万元
利率水平	一般大于 15%	控制在银行同期贷款基准利率 4 倍以内	不作要求，10%~27%	不同信用评级 9%~17% 区间；平均 13%~14%
借款期限	12 个月以内	6~18 个月	1 个月~3 年（集中于 1 年以内）	3 个月~2 年（集中于 1 年以内）
网站收入	借款管理费；投标管理费；会员费，现场考察费；担保费用	账户管理费、服务费	成交服务费（6 个月以内 2%；6 个月以上 4%）；第三方平台充值 / 取现服务费	服务费（不同信用等级 0~5% 不等）；账户管理费（月均 0.3%）
放贷人风险控制	获悉借贷信息和评级，构建贷款组合；利用担保服务	构建贷款组合；还款风险金一定额度补偿	获悉借贷信息和评级，构建贷款组合	获悉借贷信息和评级，构建贷款组合；网站还款保证
违约率 / 不良率	—	平均坏账率 1% 以下	1%~2%	逾期 90 天以上约占总交易金额的 1%

续表

典型公司	红岭创投	宜信	拍拍贷	人人贷
发展规模	2012 年借贷金额 15 亿元，营业收入 2 266 万元	50 多个城市分支机构，过千人营销团队	—	2012 年累计借贷金额 3.57 亿元
其他	引入创业投资模式，担保公司为 90% 控股子公司	普惠金融（宜人贷＼宜农贷＼宜车贷）＋ 财富管理	国内首家 P2P 小额无担保网络借款平台	每季度披露网站运营数据

资料来源：根据 P2P 网贷研究网、网贷之家及各 P2P 公司网站整理。

（3）**证券化资产销售模式**。该模式以陆金所、有利网等平台为代表，是将金融机构或者准金融机构的信贷资产通过互联网的方式以极低的门槛对外销售的方式，这个低门槛的金额拆分比传统金融机构更零散，期限比传统金融机构更灵活。陆金所是平安担保产品的证券化的过程，规模的大小受平安担保的规模和担保能力的限制，坏账率直接取决于平安担保公司的运营能力。有利网是将大量的小额贷款公司的信贷资产打包成理财产品对外销售，这种模式的优势不在于互联网的优势技术，而在于突破了监管。理论上金额更小、期限更灵活的产品更容易进行销售，但是反过来，由于传统金融机构受到严格的风险监管，无法进行类似的操作，才衍生出了这种新的模式，因此这种模式实质上也是一种监管套利的行为。

（4）**众筹模式**。该类型的平台以点名时间、追梦网、淘梦网等为主要代表。维基百科把众筹（Crowd Funding，也称众投）模式定义为"一个新项目或企业向很多人（即众人）发出请求的融资方式。当这种请求面向全球时，即成为大众融资"。与传统融资方式不同，众筹不再依赖一两家大型机构，而是从很多人手中分别取得少量的资金。例如，传统方式从三位天使投资人那里取得 3 000 万元（每位 1 000 万元），而众筹是从 3 000 位私人投资者那里分别得到 1 万元。众筹作为现有融资工具的补充，很有可能会成为建立和发展新企业的融资工具之一。互联网平台为众筹业务提供了天然的信息平台。

表 3-4 国内部分众筹网站概览

网站名称	网址	上线时间	特点
点名时间	www.demohour.com	2011 年 7 月	国内最大的综合性众筹网站
追梦网	www.dreamore.com	2011 年 9 月	综合性众筹网站，对项目发起人免费
觉 JUE.SO	www.jue.so	2012 年 2 月	专注生活创意设计（具有文艺范倾向）
淘梦网	www.tmeng.cn	2012 年 3 月	国内最大的微电影众筹平台
亿觅网	www.emielife.com	2012 年 9 月	专注生活创意类
乐童音乐	www.musikid.com	2012 年 9 月	专注音乐行业的相关创意
好梦网	www.haomeng.com	2013 年 1 月	使普通人也能像天使投资人一样获得回报；重视诚信体系建设

资料来源：各网站材料整理。

（5）**交易平台借贷模式**。这种模式以阿里金融、京东供应链金融服务系统、苏宁小贷、民生慧聪新 e 贷、敦煌网 e 保通、网盛贷款通等为代表。其中又分为 B2B 平台、B2C 平台两类，前者定位于向平台上的中小微企业客户提供服务，后者面向平台上的供应链商家服务。这些机构都是通过构建交易平台，获取客户交易信息，在数据分析的基础上评估客户还款能力，并通过网络进行贷款审批和放款。

上述 5 种网络借贷模式中，以阿里金融的量化放贷模式最引人注目。目前阿里金融为淘宝和天猫上的商户既提供"订单贷款"也提供"信用贷款"业务，为阿里巴巴 B2B 电子商务平台上的诚信通或中国供应商会员提供阿里"信用贷款"业务。"订单贷款"和"信用贷款"的基础不同，"订单贷款"要以卖家已发货为基础，而"信用贷款"则完全以卖家的信用为基础。当前，淘宝、天猫的订单贷款和信用贷款的日利率分别为 0.05% 和 0.06%；阿里信用贷款日利率处于 0.05% 和 0.06% 之间。根据日利率 0.05% 计算，阿里金融的年化利率为 18%，远高于银行贷款的利率水平。

阿里巴巴连续多年对商户信用的记录以及根据丰富的电商经验精心设计的贷

前、贷中和贷后封闭的资金链条，有力地减少了搜寻优质商户的成本。这一模式已经具有核心竞争力，并有可能影响银行业务模式。

总结国内网络借贷这一业务形态，互联网企业借助信息整合、挖掘的方法和标准化、批量化的量化技术手段，提高了借贷效率和风控能力，降低了贷款成本。更重要的是，网络借贷平台还带来了一种新的微贷理念：信贷不再是一种权利，而是一种公平合理交易的商品和服务。2012 年 5 月，哈佛商学院发布报告《中国人人信贷概览及其在中国金融体系中的潜力》，该报告认为网络借贷创造了价值，并带来了模式变革：首先，网络借贷把传统意义上的人际借贷标准化，并且范围进一步扩大，不仅仅限于借贷者的亲戚、朋友，可以向外无限延伸；其次，借贷过程系统化，并且要通过信用评估；最后，借贷的透明度进一步增加，从而降低借贷过程中的信息不对称风险[①]。

3.2.2 监管之下稳健发展：国际主要 P2P 平台案例

（1）Zopa。Zopa 成立于 2005 年，是全球首家 P2P 借贷平台。Zopa 的创始人团队很多曾经参与过网络银行 Egg 的创立过程，由 Benchmark Capital 和 Wellington Partners 两家风投公司作为财力支持，是目前英国最大的个人 P2P 网络借贷平台。Zopa 成立之后业务量增长迅速，并很快实现了国际化扩张，其业务曾拓展至美国、意大利、日本等多个国家。但是自 2008 年美国 SEC 由于认定 P2P 网络借贷平台的交易形式属于证券交易，因此要求所有 P2P 借贷平台向 SEC 进行注册之后，Zopa 全面停止了其在美国的业务，此后 Zopa 的国际业务也大多售卖给当地的 P2P 公司，目前 Zopa 的主要业务仍然集中在英国本土。

（2）Funding Circle。Funding Circle 成立于 2010 年 8 月，是全球首家提供个人向企业贷款的 P2P 平台。目前，Funding Circle 是英国市场中最大而非唯一的一家提供个人向企业贷款的 P2P 平台。此类平台还包括 Funding Circle 之后成立的 ThinCats 等多家 P2P 平台。目前，Funding Circle 已经拥有超过 4 000 名注册会员，平均每月促成超过 1 000 万英镑贷款，平台自成立以来累计促成超过 1 亿英镑商业贷款。

▶ ▶ ▶

① 由曦、宋玮等：《交战互联网金融》，载《时代金融》，2013（1）。

（3）Prosper。Prosper 自 2005 年开始发放贷款以来，规模不断增长。截至 2008 年 9 月，已经累积发放贷款 1.76 亿美元。为了建立一个允许放款人交易权益凭证的平台，Prosper 向 SEC 递交了注册声明，但没有注册收益权凭证。此后直至 2008 年 9 月，Prosper 都在向平台上放款人出售收益权凭证。一直持续到 2008 年 9 月，此时 SEC 认为 Prosper 违反了证券交易法，出售未经注册的证券产品，因此向 Prosper 发出了暂停业务的通知，直至 2009 年 7 月才重新开始运营。2012 年 Prosper Funding LLC 的注册被批准，通过这一新的法律实体的结构设置，PMI（Prosper Marketplace，Inc.，Prosper 平台最初的法律实体）自身的运营风险被隔离，其运营风险与投资者的债券追偿不再具有联系。这为投资者提供了机构破产隔离保护，在一定程度上降低了 P2P 平台上的投资者风险。

（4）Lending Club。2007 年 7 月，Lending Club 开始发放贷款。截至 2008 年 3 月，Lending Club 共发放贷款 1.5 亿美元。2008 年 4 月至 10 月，同 Prosper 面临相同的监管问题，为了在 SEC 进行注册，Lending Club 暂停向放款人出售收益权凭证，但是在此期间 Lending Club 仍然用自由资金向借款人发放贷款。直到 2008 年 10 月重新营业后，Lending Club 开始迅速发展，尤其是 2011 年以来，其业务呈现爆炸式增长，年新增贷款增幅超过 100%，2013 年 8 月，该平台新增贷款接近 2 亿美元，预计 2013 年全年将发放贷款额超过 20 亿美元，目前 Lending Club 已经成为全球最大的 P2P 借贷平台。2011 年底，Lending Club 注册成立了自己的全资投资咨询子公司——LC Advisor，该公司通过 Lending Club 平台为高净值客户和机构高客户管理投资账户，并提供其他服务。

除了 P2P 借贷之外，国际上的网络借贷也有众筹模式。其项目类别以设计、科技、音乐、影视、漫画、出版、游戏、摄影等为主。与 P2P 借贷不同，国际众筹项目的回报内容不一定是利息、股权、债券、分红等形式，而通常是以产品、成果、服务等作为回报。因而对一个项目的支持属于购买行为，而不是投资行为。众筹模式最典型的代表是 2009 年 4 月在美国成立的 Kickstarter。该网站通过搭建网络平台面对公众筹资，让有创造力的人可能获得所需要的资金，使他们的梦想有可能实现。2012 年 Kickstarter 大出风头，Pebble、Ouya 等明星电子产品均在该平台获得数百万美元的筹资，而筹资速度最快的在线漫画网站 PennyArcade，更是在 6 分钟就筹集 525 万美元。

3.3　网络资产管理：聚沙成塔的金融炼金术

广义的网络资产管理不仅包括第三方资产管理平台，还包括金融机构自身建立的资产管理平台。本章仅对狭义的网络资产管理，即第三方资产管理进行分析。第三方资产管理，是指依托互联网为用户提供在线金融产品和增值服务的非金融机构网站。第三方资产管理以网络为媒介，通过自身的规模效应，将各家商业银行或其他金融机构的同类产品集中，进行横向整合、对比，为客户提供各金融机构理财产品的搜索、比较服务，并对客户财务状况进行系统分析、规划，提供个性化的理财方案，其表现形式为在线理财网站、第三方搜索比价平台等。第三方资产管理具有交易门槛低、金融产品内容丰富等特点，同时还可以降低消费者交易成本，满足消费者理财需求，从而吸引了大量的用户，具有很强的聚合金融资源的能力。

随着国内资本市场的发展及通胀压力增大，购买金融理财产品逐步受到普通民众的欢迎。面对琳琅满目的金融产品，消费者如何挑选出适合自己的金融产品？第三方资产管理正是基于这样的需求而产生。我国第三方资产管理平台诞生于2007年，目前已呈现出多种形态，主要包括四种类型：**一是基金产品的评价购买平台**，如东方财富网、数米基金网、好买基金网、众禄基金网等，后期跟进的"铜板街"专注于手机端业务，为客户提供"移动+碎片化时间"的理财服务。**二是借贷产品比价搜索平台**，如银率网、91金融超市、融360、好贷网等企业，将互联网"搜索"的功能介入金融，从撮合交易中获取佣金。**三是移动记账软件**，如随手记、挖财、卡牛等，以信用卡账单记录为切入点，以良好的客户体验获得用户，进而形成渠道优势。**四是余额理财产品**，包括余额宝、百度"百发"、"百赚"等面向个人的余额理财，以及汇付天下、易宝支付等第三方支付机构推出的面向商户的余额理财。

3.3.1　中国第三方资产管理平台典型案例

（1）淘宝理财和余额宝。2012年12月17日淘宝网正式以"理财频道"的方式发布个人理财类产品[①]，使用户可以在线浏览产品详情、下单并通过支付宝付款

▶ ▶ ▶

---

① 上线之初，淘宝理财引入国华人寿、光大银行、交通银行、泰康人寿等金融机构的理财产品和理财型保险。

购买。2013 年 6 月 13 日，天弘基金与支付宝联手推出"余额宝"，其实质是将基金公司的直销系统内置到支付宝网站中，用户将资金转入余额宝时，支付宝和天弘基金公司在后台为用户完成基金开户和天弘增利宝货币基金的实时申购。由于余额宝不限投资金额、投资期限，随时可支付和转出资金，操作简单方便，上线第一天就获得了 13 万客户的 5 000 万元的申购。

2013 年 10 月 31 日，淘宝网正式获得基金销售资格，成为国内首家第三方基金电商平台。2013 年 11 月 1 日，淘宝基金平台正式上线；截至 2013 年 11 月 11 日，淘宝理财共接入 17 家基金公司、9 家保险公司、1 家银行和余额宝。"双 11"当天，淘宝理财总成交额达 9.08 亿元，其中排名前三甲的分别是国华人寿、易方达基金和生命人寿官方旗舰店，成交额分别为 5.31 亿元、4.62 亿元和 1.01 亿元。

（2）**数米基金网**。数米基金网创建于 2006 年，是国内首批面向个人投资者的基金垂直网站。数米基金网致力于成为中国一流第三方财富管理机构，为投资者提供"一站式"金融理财顾问服务，服务内容涵盖基金数据、资讯、选基工具、论坛等，并在国内首家推出"基金宝"专业基金分析软件，具有一定的口碑。数米基金网于 2012 年 4 月获第三方基金销售资格，现有注册用户近 340 万户。

（3）**天天基金网**。天天基金网是东方财富网旗下的基金频道，于 2012 年 2 月与好买基金、深圳众禄、诺亚财富三家机构同时获得证监会批准，成为首批独立基金销售机构。鉴于东方财富网在国内财经网站中具有较大的影响力，天天基金网依托东方财富门户网站能相对便捷地把这些网民引导到其基金销售上来。天天基金网主要为客户提供基金资讯和数据，并开设了基金社区"基金吧"，成为中国最大的基金理财平台，为客户提供"一站式"基金理财服务。截至 2013 年 6 月，天天基金网共上线 51 家基金公司、995 只基金产品。2013 年上半年，天天基金网实现电子商务业务收入 1 027 万元，占东方财富营业总收入的 13.31%；实现基金认申购及定期定额申购交易 207 854 笔，基金销售额为 21.79 亿元。2013 年 6 月 26 日，天天基金网推出一款针对优选货币基金的理财工具"活期宝"。2013 年 6 月 26 日至 7 月 18 日，"活期宝"就实现申购交易 80 096 笔，销售额 16.48 亿元[①]。

▶ ▶ ▶

① 朱景锋：《第三方销售表现分化：天天基金网火爆，数米网平淡》，载《证券时报》，2013-08-21。

（4）**百度金融中心理财平台**。百度金融中心理财平台于 2013 年 10 月 28 日上线，并与华夏基金联合推出首款理财产品"百发"，该产品推出不到 4 小时便销售 10 亿元。2013 年 10 月 31 日百度理财推出第二款财富增值服务"百赚"，其实质是购买了一款由华夏基金提供的华夏现金增利货币的货币基金产品。该产品是基于普通互联网用户投资需求而合作推出的一款长期定制理财产品。百度利用其资源和技术优势，与金融机构相结合，表现出"产业联合 + 平台生态 + 领先技术 + 大数据"的创新模式。百度金融中心力图从金融产品设计、包装、销售、服务各个环节完善其互联网金融体系，把百度金融打造成一个互联网金融服务平台，成为互联网用户的贷款和理财中心，为客户提供操作简单、收益高的贷款和理财服务。

（5）**91 金融超市**。91 金融超市由先智创科（北京）科技有限公司创办，其定位是为消费者和金融机构搭建平台，是金融产品的"沃尔玛"超市。91 金融超市本身并不直接参与交易，而是引入银行产品及银行专业人员，在互联网用户和银行专业人员之间搭建起了桥梁。91 金融超市下设贷乐发、易贷天下、车险通三个重点频道，涉及 30 多种金融产品，覆盖数十家金融服务机构。其中，贷乐发旨在帮助用户快速找到适合、低成本的信贷产品；易贷天下为知名贷款机构的直接网销平台，为用户提供最合适的信贷产品；车险通则是为中国车险消费者进行服务。91 金融超市增加了用户的社交体验，用户不仅可以通过网站访问，还可以通过微博、微信等社交网络完成。

（6）**融 360**。正如"艺龙[①]"、"去哪儿"成为了人们出行度假订酒店、买机票的首选一样，融 360 是第三方搜索比价的典型代表，隶属北京融实际信息技术有限公司，成立于 2011 年 10 月。"融 360"在内部调研时发现，近 20% 的网民目前不需要教育，他们已经有搜索比较的习惯，这些群体具有一些共同特征：收入条件良好，善于调研和比较，对价格比较敏感，注重银行服务的便捷性和客户体验。针对客户的这种需求，"融 360"建立了一个搜索比价平台，这个平台对接贷款供需方，需求方是有贷款需求的小微企业和个人消费用户，供给方则是需要找

▶ ▶ ▶

① 艺龙，是中国领先的在线旅行服务提供商之一，通过网站、24 小时预订热线以及手机艺龙网三大平台，为消费者提供酒店、机票和度假等旅行产品预订服务。

到精准用户的各类银行和金融机构。与传统的信息型垂直搜索不同，融360更多地具有电商化特征。用户对金融产品进行搜索和比较之后，通过网上申请，信贷员可以直接通过电话跟进接洽。

对上述所列举的我国第三方资产管理平台及其特点总结见表3-5。

表3-5　我国第三方资产管理平台典型案例

	提供服务	具体业务内容	是否收费
淘宝理财	活期、定期理财产品服务	提供余额宝、保险理财、基金理财产品。用户可以在线浏览产品详情，下单并通过支付宝付款购买；也可以直接进入各家金融机构的旗舰店。	免费
数米基金网	"一站式"金融理财顾问服务	涵盖基金数据、资讯、选基工具、论坛等，并在国内首家推出"基金宝"专业基金分析软件。	免费
天天基金网	"一站式"基金理财服务	提供基金资讯和数据，并开设了基金社区"基金吧"，成为中国最大的基金理财平台。	免费
百度金融中心理财平台	"百发"、"百赚"等理财产品与服务	力争成为互联网用户的贷款和理财中心，为客户提供操作简单、收益高的贷款和理财服务。	免费
91金融超市	贷乐发、易贷天下、车险通	贷乐发帮助用户快速找到适合、低成本的信贷产品；易贷天下为知名贷款机构的直接网销平台，为用户提供最合适的信贷产品；车险通则是为中国车险消费者进行服务。	免费
融360	第三方比价搜索	直接对接银行信贷员和用户，建立线上搜索和申请、线下接受服务的金融模式。提供的服务主要包括经营贷款、消费贷款、购车贷款、购房贷款、担保咨询和贷款攻略等。	对上游合作金融机构收费，对中小企业与个人消费者免费

3.3.2　美国第三方资产管理平台典型案例

（1）Mint。Mint是专注于个人理财的网站，在美国享有盛誉。Mint成立于2007年9月，但3年后被财务软件公司Intuit以1.7亿美元的价格收购。Mint将用户个人所有的财务信息都纳入到用户所设立的账户中，如银行账户、信用卡、基金、个人养老账户、房贷等。Mint采用自动分类技术能自动识别通过上述账户发生的任意一笔交易，并自动将用户的各种收支信息情况划分为不同类型，如餐饮、娱乐等，并用图形展现出来使客户易于理解，从而使用户更全面综合地了解自己的财务状况和日常收支情况。通过对用户财务信息的了解，Mint设计了专门的搜索算法帮助用户制订个性化的理财方案。

Mint为用户提供个人化分类功能，加上其操作简单方便，对用户采用免费策略（其收入主要来自向用户推荐"帮你省钱"的金融产品佣金）使得Mint网站备受用户青睐。2009年Mint用户数为170万户，而到2012年Mint用户数已超过1 000万户。

（2）Personal Capital。Personal Capital成立于2009年，其创始人Bill Harris曾经担任财务软件开发商Intuit和国际贸易在线支付服务商PayPal的首席执行官。与其他公司相比，Personal Capital更注重于财富管理，个人客户和机构客户均可在该网站上注册用户。其业务主要分为两类，一类是为用户提供网上在线的投资分析工具，通过汇总用户的银行账户、信用卡、支出收入等信息，根据市场动态将市场主要经济指标与用户投资组合相比较为投资者提供投资组合分析，根据投资账户情况提供资产分配分析及风险审查等；另一类是为用户提供专职财富网络管理顾问服务，即通过电话和邮件两种形式为用户提供财富、理财服务，并提供专业意见。第一类业务对用户免费，而第二类业务对用户只收取低廉的年费。Personal Capital分别于2010年5月、2011年8月、2013年6月获得1 000万美元、1 500万美元和2 500万美元投资。截至2013年6月，Personal Capital已经拥有20多万用户，跟踪的资金超过200亿美元[①]。

（3）Wealthfront。Wealthfront推出的在线金融服务重点是吸引25~35岁对理财感兴趣的高科技专业人士，主要通过计算机算法对不同理财产品的风险进行分析和评估，并建立不同的投资组合，为客户量身制订投资计划。在计划执行过程中Wealthfront根据投资组合动态定期调整计划，合理控制风险。通过提供这种投资组合管理服务最终使客户的税后净收益最大化，因此Wealthfront受到不少科技人士的好评。与其他在线理财网站公司不同，Wealthfront根据用户的投资额

▶ ▶ ▶ ────────────────────────────────

① 《互联网理财规划：美国值得借鉴的四个平台样板》，载《CCTV证券资讯》，2013-08-23。

收费，对低于 25 000 美元的投资不收取任何费用，超过这个额度则每年仅收取 0.25% 的理财咨询费。

（4）Motif Investing。Motif Investing 提供投资组合服务，Motif 为其投资组合的名称，一个 Motif 包含具有同一主题的多只证券。用户可以根据自己的意愿，选择 Motif Investing 网站上已有的组合或者通过调整证券的比重进行修改，当然也可以完全创新新的 Motif 投资组合。该网站的创新之处在于：第一，提供了自主投资组合设计工具，用户可以根据自己的需求和偏好方便、快捷地修改、创建、评估 Motif 投资组合；第二，用户可以把自己的投资组合分享给好友圈，通过这一社交机制的引入，方便与好友一起对 Motif 进行探讨和优化，从而使得用户成为自己的基金经理。

Motif Investing 的收费策略是，无论用户的投资额是多少，还是 Motif 投资组合由谁创建，用户只要购买或出售一次组合，Motif Investing 都会收取 9.95 美元。当然，如果基金交易一只证券，则收取 4.95 美元[①]。

对上述所列举的美国第三方资产管理平台及其特点总结见表 3-6。

表 3-6　美国第三方资产管理平台典型案例

	提供服务	具体业务内容	是否收费
Mint	个人财务分析、个性化理财设计	将用户个人所有的财务信息都纳入到用户所设立的账户中，对这些财务数据进行统计分析，帮助用户制订个性化的理财方案。	对用户免费
Personal Capital	投资分析工具、财富管理顾问	一类是为用户提供网上在线的投资分析工具，另一类是用 E-mail 和电话提供财富管理服务。	一类业务免费，另一类业务收取低廉年费
Wealthfront	理财产品分析、投资组合服务	通过计算机算法对不同理财产品的风险进行分析和评估，并建立不同的投资组合，为客户量身制订投资计划。	根据用户的投资额收费

▶ ▶ ▶

① 《互联网理财规划：美国值得借鉴的四个平台样板》，载《CCTV 证券资讯》，2013-08-23。

	提供服务	具体业务内容	是否收费
Motif Investing	投资组合工具及设计	提供了自主投资组合设计工具，引入社交机制，用户可以把自己的 Motif 分享给好友或圈子，便于探讨和优化。	每按照 Motif 购买或出售一次股票／基金组合，网站收取 9.95 美元

可以看出，上述美国第三方资产管理平台具有以下几个共同特点：第一，依托于互联网为客户提供资产管理服务；第二，均设计了智能的算法帮助客户进行投资理财分析；第三，注重为客户提供个性化理财服务；第四，理财资金门槛较低，只需数百美元，不像传统的理财业务门槛需超过十万、百万美元；第五，操作简单易懂，用户即使缺乏丰富的金融知识也可独立理财。正是由于这五个显著的特征，使美国第三方资产管理平台吸引大量的用户，展现出较好的发展前景。

通过对我国第三方资产管理平台与美国的对比，可以发现双方有一些相似的特征，如都依赖于互联网为客户提供服务、理财所需资金门槛均比较低、操作简单方便等，都呈现出良好的发展态势。但与美国不同的是，我国第三方资产管理平台很少涉及为客户提供适合其资金、风险偏好等个性化需求的理财方案，也很少设计算法为客户进行投资理财分析，主要是以销售金融产品、发放贷款为主。

3.4　第三方资信审核：传统金融的好伙伴

第三方资信审核企业的主要业务是为无抵押信用贷款提供相应的风险评估服务，主要服务对象是商业银行，可以归纳为："让企业贷款更容易，让银行放贷更省心。"

以百分点[①]为代表的企业，业务重点在于自有网络数据库与银行信用卡数据库的融合挖掘，提高审批精准度，降低信用卡违约风险；以金电联行、富基标商等企业为代表的网络资信审核平台，定位于银行想做却又难以低成本实现的小企业资信审核问题，为商业银行提供汽车制造行业供应链上游企业的贷前、贷中、

▶ ▶ ▶

① 即北京百分点信息科技有限公司，成立于 2009 年，是一家推荐引擎服务商，专注于为电子商务企业提供站内流量转化和商业智能分析的整体优化解决方案。

贷后全流程批量授信新方法；金银岛等在线 B2B 大宗商品交易平台则利用交易链上积累的真实数据，为商业银行提供了类似的授信资质审核服务。

可以说第三方资信审核企业将是商业银行未来的重点合作对象，从欧美的经验来看，很多银行都是采取合作的方式，将信用卡风险判断、贷前风险评估等工作交给第三方企业完成，有效降低了人力成本，同时提高了审核效率。

此外，上海资信和鹏元、国政通、安融惠众等征信企业分别发力，在通用征信与行业征信两个子领域中，为小贷机构、P2P 平台提供共享、可靠的征信数据，有利于提升整个网贷行业的风险定价能力，减少系统性风险。

3.5　小型银行信息平台：想做银行的后台

2013 年 8 月，阿里巴巴集团提出"聚宝盆"计划，即阿里云拟为 2 000 多家未能开展网上服务的小银行提供云计算方案和网络环境，支付宝则提供金融方面的服务。同时，阿里云和支付宝还将联合金融产品解决方案提供商（金融 ISV[①]、Independent Software Vendors、独立软件开发商），由后者为这些区域性银行提供具体的服务开发与维护。

通过聚宝盆计划，上千家小银行成为阿里客户；同时，这些小银行则可为阿里小贷、信用支付等业务提供资金支持，也可将其三四线城市、农村的用户导入到阿里电商体系中。

据知情人士透露，为区域银行提供云计算方案只是聚宝盆的第一步，未来存在很大的想象空间，其中，阿里小贷资产证券化是其中一个重要方向。例如，阿里小贷可以通过小银行将债权变现，或者将债权打包成理财产品，通过银行售卖。甚至有互联网金融创业者猜测，聚宝盆可以为区域小银行提供金融产品解决方案。

也有分析人士指出，聚宝盆成为很多小银行不同产品的一个调剂性的中介。它将很有可能成为银行的银行，一个没有实体网点的大的互联网银行，千家小银行变成阿里面向用户的柜台。

▶ ▶ ▶ ───────────────────────────

① ISV 指的是加入淘宝服务频道或者开发平台的开发者或企业。

　　总之，互联网企业已经涉及银行的多项业务，在支付、贷款、理财、跨境服务等各个领域，给银行业带来不容小视的冲击与挑战。甚至在很多细分领域，都能看到互联网企业的身影。例如，在国际结算方面，人民银行已颁发第三方支付机构的跨境支付牌照；在国际汇兑方面，阿里巴巴也已涉足；在中间业务方面，淘宝理财已经实现基金和保险的销售。那么，互联网企业大肆进军金融领域的真正动因是什么呢？

4 生存、天性与欲望：互联网企业跨界金融动因

人们看到的互联网企业潮水般地涌向金融领域，只是本轮互联网金融大潮的表象，只有深入潮头之下的互联网及企业，才能拨云见日，看清互联网金融浪潮的实质。因此，客观评价互联网企业在金融业务中的优势，就具很强的实践意义。而要回答上述问题，就引出了一个新的话题：互联网企业跨界金融的原因是什么？近来大量的分析和报道都给以互联网企业为代表的非金融机构冠以"颠覆者"、"革命者"等称谓，给人留下了"互联网企业就是为了颠覆传统金融而生"的印象。那么，事实果真如此吗？

4.1 跨界动因之一：互联网企业生存与发展的需要

从互联网企业的业务演进来看，互联网企业跨界金融，大都是从互联网业务开展过程中客户的需求与问题出发，为了完善自身的业务生态圈，在企业成长过程中逐步进入金融业务领域的。目前信息技术已经不是 10 年前的高端技术，已经演化成为普适技术，互联网行业的竞争日趋激烈，盈利难度越来越大，因此，一条"通信工具→商务工具→金融工具"的演进路线就显得顺理成章、自然而然了。

为了明晰这一问题，以下分别从大型互联网企业、第三方支付企业、网络借贷企业、金融门户企业、第三方资信审核企业等几类对互联网金融从业者的跨界动因进行分析。其动因概要如表 4-1 所示。

表 4-1 互联网企业从事的金融业务

经营主体	对互联网金融的理解
大型互联网企业	由互联网业务的发展，衍生出了金融业务的需求。
第三方支付企业	1. 由支付业务的微利，在寻求利润增长点的过程中，发现了金融业务； 2. 在设法提高客户黏性的时候，开发了金融业务。

续表

经营主体	对互联网金融的理解
网络借贷企业	1. 服务于电商生态圈； 2. 将线下的小贷业务拓展到线上； 3. 消化集团内的相关负债业务； 4. 创造新型的网络借贷模式，用更低的经营成本参与金融市场竞争。
金融门户企业	让客户像网购皮鞋一样买理财、申贷款。
第三方资信审核企业	让企业贷款更容易，让银行放贷更省心。

（1）**大型互联网企业**。大型互联网企业大都是由互联网事业的发展衍生出了金融业务的需求。例如，阿里小贷的推出，是为了解决阿里系电商平台上商家的资金短缺问题，阿里巴巴的资产证券化也是为了给阿里小贷提供资金来源；支付宝设计余额宝的初衷是提高用户在淘宝、天猫上的支付体验，进而保证客户黏性；京东、苏宁介入供应链融资，也是为了给电商平台的供应商提供贷款，以应对账期带来的流动性压力，从而增强电商平台的业务稳定性；百度介入金融领域，一方面是希望通过金融业务完善百度的账户系统，另一方面也是为了提升百度广告业务客户的资金周转；腾讯介入金融，除了给旗下易迅电商进行供应商贷款，还可以应对游戏、道具等虚拟商品的金融需求；微信支付的推出，也是增强微信用户黏性的具体手段。

尽管互联网大型企业会借助其平台优势，衍生出大量新的金融业务形态，但其开展这些业务的初衷，都是将金融业务与自身的经营结合起来，意在促进整个电商生态圈的发展、降低经营风险。在强调大型互联网公司对传统金融构成威胁的同时，不应忽视这一主因。

（2）**第三方支付企业**。由于支付业务的利润增长空间有限，第三方支付企业在寻求新的利润增长点的过程中，发现了增值金融业务；同时在设法提高客户黏性的过程中，开发、发展、完善了增值金融业务。支付宝的余额宝就是提高客户黏性探索过程中的产物；易宝支付在航空售票垂直领域开展借贷业务，很重要的原因就是该业务可以带来更多的利润，同时还可以提高机票承销商的黏性；汇付天下即将推出的针对商户的余额理财业务和连锁店 POS 收单业务，也是出于相同的考虑。

快钱支付"支付＋短融"和 O2O 服务模式，汇付天下在航空领域、基金支付领域的业务拓展，环讯支付的应收账款抵押贷款、教育收款等服务，也是为了拓展新的支付场景，提高平台的使用率，寻求新的利润增长点。

可见，尽管第三方支付最早与商业银行基本业务形成交叉，并已经对商业银行的支付中介地位形成了挑战，但目前第三方支付在金融领域的业务创新，也都是基于其利润增长的需要。

（3）**网络借贷企业**。网络借贷企业的出现，确实对商业银行借贷业务构成了潜在挑战，但其核心业务都是从"小额贷款"这一领域切入，探求小额担保征信、纯信用贷款风险控制、债券转让等领域的新思路和新方法。

阿里小贷是为了阿里系平台的电商生态圈服务；以翼龙贷、红岭创投为代表的网贷企业，是为了将线下的小贷业务拓展到线上，从而降低客户获取的难度，提高经营效率；以陆金所为代表的企业，是为了消化集团内的相关负债业务；以拍拍贷、点融网、信而富、人人贷、宜信为代表的企业，是为了创造新型的网络借贷模式，用更低的经营成本参与金融市场竞争，其最初的出发点也是在互联网的应用场景创造上。

（4）**金融门户企业**。金融门户企业的业务理念可以归纳为："让客户像网购皮鞋一样买理财、申贷款"。天天基金网、数米网、淘宝理财等就是提供一个理财产品的比价购买一站式平台，希望成为理财产品领域的"一淘"、"我查查"；融 360、百度金融搜索、91 金融超市、好贷网、银率网等希望提供一个金融借贷产品的比价平台，成为贷款领域的"去哪儿"、"艺龙"。

可见，虽然金融门户在入口和渠道方面对商业银行的网点和标准化程度较高的产品销售形成威胁，但其业务的核心依旧是为客户创造互联网的全新应用场景。

（5）**第三方资信审核企业**。这类企业的主要业务在于利用数据挖掘、采集上的技术或优势，解决中小企业信息成本高、难以准确进行信用评价等问题。其主要目的就是帮助中小企业贷款，降低商业银行贷款风险，并从中获利。

可见，互联网企业跨界金融的原因与其跨界其他领域没什么大的区别，都是为了自身发展的需要，解决生存与盈利问题，从而形成了"借助强大的信息化力量，切入金融领域，拓展无限业务可能"的局面。

4.2　跨界动因之二：互联网融入金融的天性和潜力

互联网企业跨界金融的一个先天优势是他们作为"外来者"、"局外人"的创新优势——没有过多的条条框框，不用担心监管的种种约束。事实上这一优势已经在余额宝、百发、支付宝钱包等产品上获得了体现：余额宝的 1 元起购，突破了传统基金产品的申购限制；百发提出的企业补贴收益，打破常规，将广告费用贴补给客户（尽管这一做法后来被监管部门叫停，但创新的意识确有值得肯定之处）；支付宝钱包的小额免密支付，突破了传统金融机构"逢支付便输密码"的限制①。

除了"外来者"这一优势之外，互联网企业在金融业务上的创新，还有一个重要的原因，那就是金融与数字的亲密关系。

在程序员的眼中，金融具有天生的互联网本性，货币就是符号与数字的体现；这与互联网上信息的记载与处理十分类似，**核心都是"符号 + 数字"**。当年曾经率领花旗银行不断创新，顺利崛起的前董事长、知名银行家瑞斯顿早在 20 世纪 80 年代就说过：**银行就是处理信息的金融机构。**

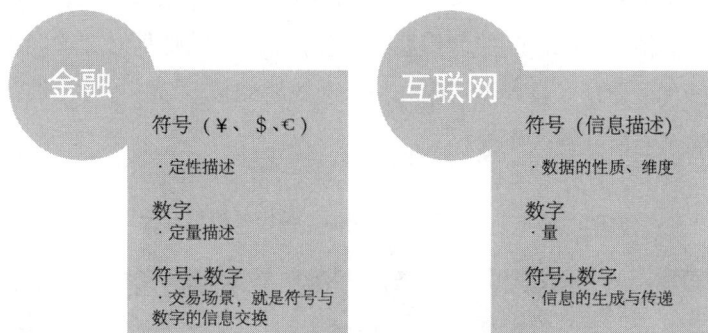

金融

符号（¥、$、€）
·定性描述

数字
·定量描述

符号+数字
·交易场景，就是符号与数字的信息交换

互联网

符号（信息描述）
·数据的性质、维度

数字
·量

符号+数字
·信息的生成与传递

图 4-1　金融与互联网的数字属性对比

正是由于金融具有上述天然的互联网本性，互联网与金融的结合就顺理成章、水到渠成了。如果我们顺着这一思路继续下去，就可以将互联网与金融的结合划分为三个阶段：**初级阶段**，信息化支撑效率提升；**中级阶段**，信息与金融融

▶▶▶

① 支付宝钱包小额免密支付理念是：在手机支付场景下，小额资金使用简单的登录密码确认即可，这样可以大大改善客户的支付体验，截至目前，这一做法也得到了用户的肯定。

合促进效能改善；**高级阶段**，信息与金融一体重塑金融。

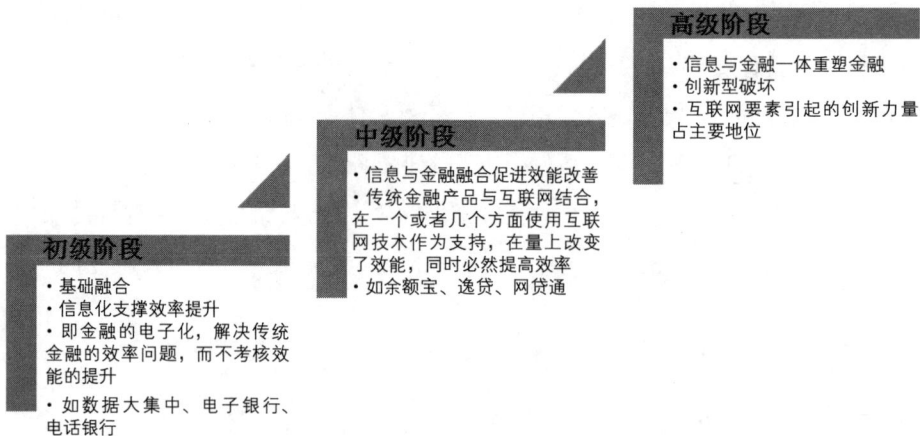

高级阶段
• 信息与金融一体重塑金融
• 创新型破坏
• 互联网要素引起的创新力量占主要地位

中级阶段
• 信息与金融融合促进效能改善
• 传统金融产品与互联网结合，在一个或者几个方面使用互联网技术作为支持，在量上改变了效能，同时必然提高效率
• 如余额宝、逸贷、网贷通

初级阶段
• 基础融合
• 信息化支撑效率提升
• 即金融的电子化，解决传统金融的效率问题，而不考核效能的提升
• 如数据大集中、电子银行、电话银行

图 4-2　金融与互联网结合的三个阶段

任何行业的信息化都会在效率与效能两个层次上带来提升：效率的提升是最直观的（例如商业银行的手工记账转变为大集中的自动）；而效能的提升则是能够在更大程度上形成优势的更高等级的信息化。

如果我们结合金融产品生命周期的概念，就可以清晰地对金融产品与互联网的结合程度加以衡量。互联网思想和技术融入的环节越多、程度越深，金融产品与互联网的结合程度就越紧密。

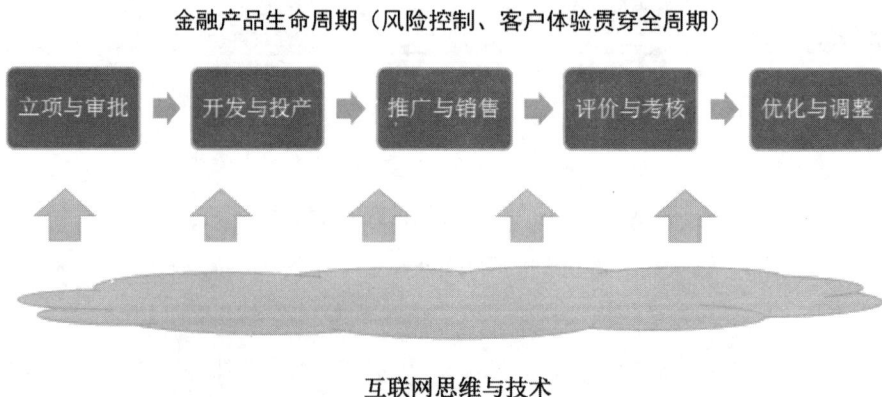

金融产品生命周期（风险控制、客户体验贯穿全周期）

立项与审批　➡　开发与投产　➡　推广与销售　➡　评价与考核　➡　优化与调整

互联网思维与技术

图 4-3　互联网思想、技术与金融产品生命周期的融合

由上面的叙述可以清晰地看出，近两年的互联网金融热潮中，即便是由互联

网企业为主导的一些金融服务创新，也未能脱离传统的金融架构，尚处于金融与互联网结合的中级阶段；另一方面，目前商业银行对于互联网的应用，大多也仍停留在"将互联网作为产品的传递、销售渠道"这一层面，**以效率而非效能为中心**，现有的一些创新尝试仍是按照传统的设计理念，而非互联网带动的。

因此可以得出结论：**到目前为止还没有出现具有全面信息化特征的金融产品与服务，金融与互联网的结合进程才刚刚开始，还远未结束——这就是互联网企业致力于金融业务的潜在动力。**

那么，从信息与金融融合的视角出发，互联网企业有哪些地方可以发挥其潜力呢？具体而言，包括以下几点。

（1）货币"信息"化催生的无钞、无卡支付场景。从支付中介的角度来看，支付的中介正由传统的货币转移到"信息"上来，表现在消费者的实际生活中，就是交易的无钞化。互联网企业的核心竞争力之一就是从用户的需求出发，不断创造无钞、无卡的支付场景，力求无与伦比的用户体验。

尽管传统金融机构一直在做大额无钞交易的推动工作。但在用户端，大众用户对于无钞交易的接受，还是需要依靠具体的应用场景。

从 PC 支付到手机支付，从卡密支付到快捷支付，从余额宝到虚拟信用卡，从面对个人的余额理财到面对商户的余额理财——互联网企业曾经和正在做的就是不断创造无钞、无卡交易的支付场景，依靠优越的用户体验获取客户，同时推动无钞、无卡交易的普及。借此，互联网企业就可以让曾经只能在银行渠道购买、申请的金融服务变得像在网上超市买东西一样，不仅可以随意比价，还可以自助获得。

（2）信息的获取、分析和处理功能。在信息经济时代，信息处理能力就是信用。互联网企业借助先进的信息处理理念，自主搭建信息处理软硬件平台，拥有了信息处理能力的霸权，并借此获得了网民的信任。

从技术的独立性来看，互联网企业的云平台具有性能高、扩展性好、成本低等优势，同时拥有完全自主的软硬件创新体系。而商业银行基本都是采购大型 IT 企业提供的软硬件一体化数据库解决方案，尽管银行一般都有自己的 IT 开发团队，但是往往仅从事软件开发，其底层的核心计算能力仍由大型 IT 企业掌握，因此难以有效控制 IT 成本。

从信息的处理能力来看，目前互联网企业的信息平台已经不逊于商业银行。

以 2013 年"双 11"为例，支付宝平台 24 小时内顺利处理 1.88 亿笔交易。比较而言，Visa 卡组织 2013 年第三季度的交易笔数为 155 亿笔，平均 1.7 亿笔/天；中国工商银行的平均处理能力为 2 亿笔/天。可见，从交易笔数上看，支付宝平台的处理能力已经与 Visa 卡组织与中国工商银行处在同一数量级。更值得关注的是，互联网企业对非业务数据的整合处理能力已经在商业银行之上。国内大型互联网企业的分布式数据仓库的规模已经达到数百 PB 级，而商业银行的数据仓库规模尚在数百 TB 级，相差近 1 000 倍；互联网企业将数据挖掘能力视为生存之本，除了在模型数量、应用场景、挖掘成本方面具有优势之外，在数据挖掘的集约化、自动化程度方面也占有优势。以电商平台为例，其产品推荐模型每 24 小时更新一次，客户的每次点击都会在 0.1 秒以内获得一次推荐结果，而客户"点击"这一动作本身又会被记录在数据仓库中，用于建立新的模型；而商业银行的数据挖掘流程往往需要横跨多个业务部门和业务条线，数据挖掘的需求分析、模型训练、模型应用、效果反馈等环节都涉及业务审批和人为干预，效率相对较低。

从数据的搜集角度来看，互联网企业在数据活性、粒度、维度等方面优于传统金融机构与卡组织。所谓数据活性，是指客户数据的更新速度，这取决于客户与服务提供者交互的频度。日常的常识告诉我们，普通消费者可能每周才使用一次网银或者前往网点办理一单业务，却可能每天使用多次微信、手机支付宝等 APP。所谓数据粒度，是指客户数据的精细程度。以电商平台的网购业务为例，商业银行数据库中记载的只是客户将一笔资金转到了第三方支付机构，却无法知晓这笔资金的使用详情。所谓数据维度，是指数据的丰富程度。商业银行的数据库记载的大多是与业务紧密相关的客户信息与交易数据，而互联网企业则记载了大量的非核心业务数据，进而将这些看似无关的数据整合、挖掘，就可获得许多客户的个性化信息，在产品设计、市场营销、风险评估等方面发挥作用。

（3）**网络平台拥有的客户信息规模效应**。银行对于客户的了解，除了客户在行内的账户交易及行内评级信息之外，就必须依靠征信报告和实地考察。而互联网企业，往往在网络生活的各个领域搭建便捷免费的应用平台以获取数据，进而发挥跨平台的信息整合能力，创造出一系列数据挖掘的应用场景，以期对客户个体（微观）和消费群体（宏观）两方面进行更加准确地刻画为客户"画像"，从而可以提供个性化的服务。

以腾讯为例，腾讯已经在社交、娱乐、支付、资讯等方面建立了底层打通的公共平台，目前微信拥有 3 亿客户，PC 端 QQ 拥有 7 亿客户，移动端 QQ 拥有 5 亿客户，财付通拥有 2 亿客户，加上 QQ 游戏、易迅网购、QQ 空间、腾讯微博、搜索等各类平台，这些平台的信息打通融合后，就可以获得每个客户的个性化信息，从而形成明显的数据优势。

由上述三点可以看出，**尽管传统金融行业在 10 多年前就已经开始了以内部业务流程信息化为核心的互联网金融进程，但是互联网企业的金融跨界，已将互联网金融推向了以外部业务流程信息化为核心的全新阶段。**互联网企业具备的数字属性、信息处理能力和信息获取优势使其具备了跨越金融的天性和动力。

4.3　跨界动因之三：互联网企业的扩张欲望和跨界基础

互联网企业进军金融领域的另一个原因是互联网企业对扩充市场的极度渴望。但能否实现扩张需要一定的前提、基础和切入点。

（1）**互联网企业扩张的前提。**在互联网企业的视角下，金融及金融服务呈现以下特点：

首先，金融服务虽然是一种特殊的商品，但其本质与商店、超市、集贸市场贩卖的商品没有差别。其特殊性体现在长期以来获取渠道的特殊、服务本身的"无形"。

其次，金融的核心是信用[①]。商业银行的业务，就是基于信用这个核心内容展开的——哪家商业银行能够发现、尊重并使用好客户的信用，就能获得更广泛的客户基础。从产品创新的角度来看，金融产品持续创新的基础与动力，就是信用的深度发掘。

最后，商业银行风险管理的核心是数据，是对客户信用数据的历史记录、当前状态、未来判断的整合、挖掘与决策。金融风险管理的过程，就是在对过去风

▶ ▶ ▶ ────────────────────────────────

① 事实上，在集贸市场买菜时的支付动作也是一个短暂的信用过程：小贩在买家付钱之前，先将蔬菜递给买家，这就是一个贷出动作，这个贷出动作就是基于买家的信用。

险数据进行规律化、模型化的基础上，使用当前的风险数据加以修正改进，进而对未来的风险进行预测判定的过程。

事实上，商业银行运行过程中的程序风险、决策风险和道德风险，都可以分别回溯到管理机制、工作人员行为和用户行为。因此，通过对上述三类数据进行收集、整理、挖掘，就会有很多新的发现[1]。

综合上述三个观点，**既然金融服务是商品，那么很多标准化程度较高的金融产品就可以放到电商平台上进行销售，互联网企业就可以利用这一优势开展业务；既然金融的核心是信用，金融产品创新的核心是信用的深度发掘，商业银行风险管理的核心是对信用数据的整合、挖掘与决策，那么承载信用的信息就显得尤为重要，而互联网企业天生就是从事信息的获取、存储、分析、共享服务的，为什么不能将相关的业务放到互联网企业已经搭建完毕的数据分析平台之上呢？**

（2）互联网企业扩张的基础。互联网企业要扩张市场，还需要一定的经济社会基础条件，我们可以将其概括为三点。

首先，互联网技术的快速演进提供了技术基础。在国际理论界，早在 20 世纪末就提出了"电子金融"的概念，并用其概括传统金融机构应用电话、计算机、互联网等信息技术进行的金融现代化尝试；而十几年后，整个信息技术发生了革命性变化，互联网已从当年的单向、低速、只能在固定地点访问，演进到双向、高度、可随时随地访问；数据处理技术也从当年的以集中的关系型数据库处理结构化数据，演进到以分布式的关系型和非关系型数据库联合处理结构化和非结构化的数据；大数据、云计算的相关技术更是为信息处理带来了崭新的理念和方法。

其次，商务模式的加速变化提供了业务基础。经过多年发展，互联网（特别是移动互联网）本身已由基本的通讯通道逐渐融入社会生活的各个层面，成为娱乐、资讯、社交、教育、行政、商务等诸多领域必不可少的一部分，越来越多的线下业务通过迁移到线上，资金空间再匹配的效率得到了显著提升。随着融合程度的不断提高，互联网已经逐渐改变了整个社会的物质技术结构，从而使得基于

---

[1] 例如，利用商业银行内部历史上信贷评审人员行为和信贷违约的关系挖掘，就很有可能发现信贷审核过程中的管理方案与评审员行为之间的微妙关系，进而改进当前的相关办法与标准。

互联网的新型金融服务成为一种自然的需求。

最后，支付中介的改变提供了底层基础。姜奇平先生曾在《互联网周刊》上刊文指出[①]：货币本身形态的发展历程，就是由高价值实物向低价值实物转变，进而向抽象的"信息"转变的过程。在货币经济向信息经济转型过程中，支付中介正在从一般等价物为主向一对一"情境定价"（Contextual Pricing）为主转变。这一转变是目前传统金融机构往往不能理解互联网企业的重要原因：商业银行认为支付的中介一定是一般等价物或其替代物，而互联网方面认为支付中介只不过是信息或是表现信息的符号。

简而言之，**互联网技术的快速演进以及由其引发的经济信息化、资金空间再匹配效率的大幅提升、商务模式的深刻变化和货币支付中介的充分转移，为互联网企业成功跨界金融领域提供了基础条件。**

（3）**互联网企业扩张的切入点。**有了前提和基础条件，互联网企业究竟是通过什么方式不断扩展业务、提高自身的市场占有率的呢？总体上看，互联网企业通过第三方支付、网络借贷及众筹、网络理财等平台，按照"汇"→"贷"→"存"的发展路径，快速挤占着传统金融机构赖以生存的业务空间。

那么，互联网企业究竟是如何逐步切入金融领域中的？不妨以第三方支付机构为例加以剖析。

支付机构之所以能够在跨境支付领域占有一席之地，首先是迎合了国内消费者和电商平台对于跨境支付不断增长的业务需求；其次是借助其业已形成的跨银行、跨国界的网络平台优势，整合出方便快捷的支付流程；再次是以试错创新的模式，在政策尚未明令禁止的领域中尝试性地开展跨境支付业务，同时培养用户消费习惯、逐渐锁定用户群体；最后是与监管机构积极沟通，将原来处于监管盲区的业务阳光化，为长远发展创造空间。

以支付宝为例，10年前[②]支付宝推出了担保交易方式之初，不过是从当时的互联网交易环境出发，为了解决国内网购买卖双方的信任问题而推出的，而这一

▶ ▶ ▶ ────────────────────────

[①] 姜奇平：《把握支付的基因变异——解析互联网金融的DNA》，载《互联网周刊》，2013-05-05。
[②] 支付宝平台先于支付宝公司出现，支付宝公司2004年12月8日成立，支付宝平台2003年10月18日正式上线。

出发点，**恰恰切准了第三方支付平台最核心的价值**。在最基本的担保支付方式获得逐步认可的同时，支付宝一方面不断深挖用户需求，推出了公共事业缴费、慈善捐助、信用卡还款、交通罚款、航空机票销售、彩票销售等便捷支付服务，另一方面与国内主要银行积极沟通，打通各个银行之间的支付通道，**通过深挖用户需求与打通银行渠道两个方面的努力，逐步打造出一点接入，多家银行互联互通的便捷化一站式支付平台**。

2003 年，支付宝诞生的第一个月，仅仅完成了 30 笔交易，总交易额仅为约 1 万元，至 2010 年 3 月，支付宝的日交易额突破 12 亿元，交易笔数突破 500 万笔，用户数量也超过 3 亿户——**在不到 7 年的时间里，支付宝在"无照经营"的灰色状态下快速发展**[①]。在此之后，成为"正规军"的支付宝进一步加大了平台的推广和支付产品的研发力度。2011 年 11 月 11 日，借助"双 11"购物节，支付宝创造了 24 小时内 52 亿元的交易额，刷新了一年前支付宝创造的单日 10 亿元的交易额纪录；一年之后，这一纪录又被支付宝以 191 亿元的单日成交额再次刷新；2013 年，支付宝更以 350 亿元、1.88 亿笔的单日成交额，用实实在在的数字，向金融业的老大哥发起了默默的挑战。

总之，大型互联网平台、小贷机构、创业企业等互联网企业，充分利用其占据的信息搜集、发布、交流、交易的优势，从商业银行的某个基本产品入手，深挖草根用户的需求，自下向上地开展业务创新和推广，逐步渗透至传统金融机构的核心业务，沿着"**换位思考，设身处地挖掘客户需求**"→"**借助网络，打通银行渠道创造一站式平台**"→"**试错创新，灰色地带推广积累用户**"→"**寻求监管，规范业务以求规模发展**"这一路径，在短短的 10 年间，逐步侵蚀了商业银行"汇"、"贷"、"存"的业务空间，同时还对商业银行的渠道、风险定价等核心竞争力构成了挑战。

从传统金融的视角来看，互联网企业的创新，大多都无法纳入"金融创新"的范围之内：支付宝的担保支付，只是在支付流程上略作改变；P2P 网贷，只不过是将原来的小贷业务放在了网上；余额宝的 T+0 无息实时赎回，只不过是在后台将垫付、记账、清算的手续在后台实现了自动处理；金融产品比价网站，只不

---

① 直到 2011 年 5 月 26 日，支付宝才获得了中国人民银行下发的支付牌照。

过是做了一个金融领域的搜索引擎——而恰恰是这些无法进入传统金融高贵视野的"土办法"，却有效地满足甚至发掘了普通消费者的金融需求，从而取得了细分领域的领先：担保支付，解决了非当面交易的双方信任问题；P2P网贷解决了小微贷款审核难的问题；余额宝满足了客户收益和流动性兼顾的需求；比价搜索平台解决了大多数客户不了解金融知识和理论的信息不对称问题。

究其根本原因，互联网企业切入金融，其相对优势，不仅仅在于某几项信息处理技术或是产品，更在于其互联网文化与信息处理技术的融合，例如**紧贴市场的敏锐嗅觉，客户中心的服务理念，突破既往的竞争策略，颠覆自我的持续变革**。这些特点共同构成了互联网企业的核心竞争力，也是互联网企业挺进金融领域的"底气"所在。

总结本章，我们会发现互联网企业跨界金融行业，也许是出于生存与业务发展的考虑，也许是出于对金融与数字的独特理解，也许是出于对市场占有率的扩张需求，也许是上述原因的结合——不管怎样，在传统金融机构忙着同业竞争的时候，不经意间一个陌生的竞争者已经由悄然进入转向高调宣战，一场激烈的竞争与自我变革已经在所难免。

5 时势造英雄：互联网金融风暴的非技术性因素

互联网企业对金融领域的高调宣战，除了信息发布、收集、处理等互联网技术的"底气"之外，其全方位冲击传统行业之"时势之利"、政策利好与监管宽容的"监管之利"以及熟练运用媒体和演技所至的"人气之利"，都为马云们加分不少，也助推了互联网金融的强力风暴。

5.1 时势之利：互联网企业的"裹挟之勇"

互联网时代，信息变得公开、透明，信息不对称的格局被打破，信息的传播速度和整合效率被大大提高。一定意义上，互联网的最大价值并不在于产生新东西，而是对已有行业的潜力进行深挖，运用互联网思维提振传统行业。随着互联网的"大行其道"，几乎所有传统行业都受到了不同程度的冲击，有些甚至面临退出历史舞台的可能。或许，"无互联网，不生活"是互联网对传统行业"无坚不摧"的最好写照。所谓"倾巢"之下，岂有完卵，互联网企业也正是趁此"东风"袭击金融业。接下来，以零售业、批发业、出版业、传媒业和广告业为例，一起来看看那些年被互联网"严重摧毁"的行业。

（1）**零售业、批发业**。零售业和批发业最大的问题是由于信息不对称，导致消费者担心价格不透明和质量不过关。但 C2C、B2C、B2B 模式的出现很好地解决了这一问题。基于网络，商品的定价透明无比，质量问题也通过"货到付款"和"用户点评"等得到保障。随之而来的是，淘宝网、京东商城、苏宁易购等网络公司的快速崛起，交易规模的迅猛增大。数据显示：阿里巴巴 2013 年"双 11"当天销售额突破 350 亿元，这相当于：王府井百货 2013 年三个季度销量的 2.4倍；2012 年家乐福中国 9 个月、沃尔玛中国 6 个月、华润万家 4.5 个月的销售额；2013 年国庆期间北京 110 家重点商业服务业企业销售额的 5.2 倍、广州 9 大商场的 46 倍、成都 9 大商场的 110 倍。

观察发现，零售批发业受冲击最大的品类往往具备一个典型特征：标准化程度高、用户亲身体验要求低。根据这一特征，可将互联网对传统行业的冲击程度进行简单对比（见表 5-1）。

表 5-1　不同品类物品受电商渠道的冲击程度

影响程度	品类	特点	影响渠道
最强冲击	3C、家电、书籍、音像等	标准化程度高 物流成本低	3C、家电连锁卖场、书店等
较大冲击	服饰、化妆品、母婴用品	具有一定体验要求 物流成本低	百货商店、专卖店、购物中心
一定冲击	食品、家居建材、装饰	具有一定体验要求 物流成本高	连锁超市、家居卖场
较小冲击	珠宝首饰、生鲜食品	体验要求高 物流难度大	连锁超市、专卖店
微弱冲击	药品、汽车、奢侈品	体验要求高、牌照限制、物流难度大	连锁药店、4S 店、高端购物中心

资料来源：平安证券研究报告。

（2）**出版业**。用"葬送"两字来形容互联网对图书等传统出版业的影响并不为过。传统的图书行业本来就被视为夕阳行业，电子书和网上书店的兴起可谓压垮了其"最后一根救命稻草"。

2007 年，亚马逊推出 Kindle 阅读器，随后涌现出各类电子阅读器，再加上其他智能终端设备的普及，电子书市场被迅速引爆，传统图书出版业则开始面临困境。亚马逊书店、当当网、京东图书等网上书店利用价格优势和日益便捷的物流配送，迫使一家家实体书店不得不关门。

美国图书工业研究会的数据显示，2008 年起，美国图书行业的净销售收入增长率已不足 1%，行业整体增长几乎陷入停滞；2011 年，巅峰时期销售额达到 40 亿美元、拥有 40 多年历史的美国第二大传统零售商 Borders 更是宣布破产。

中国的情况同样不容乐观。仅 2007 年到 2009 年短短的 3 年时间，民营书店就减少了近 10 000 家。随着第三极书店、风入松、光合作用等国内知名书店相继倒闭，实体书店的未来或已至"穷途末路"。特别地，中国出版社的相当大比例的收入来自各类教材教辅，若以后也都放到了 IPad 等电子设备上，肯定将引发更大一波书店"倒闭潮"。

（3）**传媒业**。近十年来，互联网飞速发展，以新一代数字技术、网络技术、信息技术为基础的新媒体，以微博、微信为代表的媒介形态，对传统媒体造成了剧烈冲击，各类传统媒体的市场占有率不断下降，网络媒介的势力范围却以几何速度不断扩张。与此同时，数据统计显示，2012 年以来，我国上网人群中 25 岁以下的占 50% 以上，30 岁以下的约为 70%。不难看出，我国网民年龄构成中年轻人占主导地位，与 80 年代以前出生的人们不同，他们更习惯于通过互联网等新兴媒体来获取资讯。

更加令人"不可思议"的是，2013 年末至 2014 年初，阿里的支付宝和腾讯的微信支付分别通过打车软件"快的打车"和"滴滴打车"抢占移动支付的市场份额，结果一定程度上导致出租车司机听交通电台广播的少了，都在听打车软件的订单，而在以往出租车司机是交通电台的主要听众。对此，网上有个略显夸张但不无道理的评论："想过广播有千种死法，没想到竟然死于打车软件。"

事实上，纵观新中国传媒业的发展史，就是一部活生生的互联网"侵略史"：20 世纪五六十年代，最具影响力的媒体是广播，"东方红"是它传播最为响亮的声音；七八十年代最具影响力的媒体是报刊，《中国青年报》《读者》是其经典；80 年代末到 21 世纪初，最具影响力的媒体是电视，《新闻联播》《焦点访谈》是其标杆；21 世纪头 10 年，最具影响力的媒体是门户网站，新浪、网易、腾讯是其杰出代表；近几年，最具影响力的是以新一代数字技术、网络技术、信息技术为基础的新媒体，网络电视、微博、微信是典型。更有专家预言，到 2020 年，最具影响力的媒体将是掌上媒体，是一种以手机为载体的传播媒介[1]。

（4）**广告业**。传媒业受牵连如此之大，与之相关的行业大多也未能幸免，其中，传统广告业就是一个"大苦主"。在互联网没有大规模应用前，电视、报纸、广播等传统媒体在我国广告市场中一直占据主导地位。而步入 21 世纪后，随着互联网的大范围普及，网络广告市场异军突起，传统媒体的广告份额则逐步被侵蚀。艾瑞咨询数据显示，2012 年网络广告规模已达 753.1 亿元，同比增长 46.8%，另有数据统计，网络广告从 2002 年到 2011 年年均增长 47.9%，传统媒体则不足 20%。

▶ ▶ ▶

---

[1] 杨秋意：《新媒体时代新闻传播格局变异》，载《中国新闻网》，2013-06-25。

在网络广告冲击下，传统广告业的三个主体（广告主、广告公司和媒体）中最笑不拢嘴的当属广告主，它们付出更少的广告投入却得到更好的广告效果。广告业曾有一句形容广告主的经典名言："你知道广告投入的一半都被浪费了，可你不知道究竟是哪一半。"随着互联网的兴起，随着网络搜索技术和数据挖掘水平的提高，这一名言正被改写。因为百度、Google 们为广告主提供的不仅是更加精准的广告效果，还有更加低廉的广告成本和几乎为零的渠道成本。

以上只是列举了几个典型行业，事实上互联网已经全方位地改变了人类社会，小到报纸、书籍、电视、电影、音乐等，大到汽车、房地产、电信、航空、酒店等，从社会生活到社会生产，无一不是受到了巨大影响。

5.2　监管之利：政府政策的宽松宽容

很难想象，没有国家政策的支持，没有监管当局的"容忍"，互联网金融能在创新土壤还很贫瘠的中国如此火热。

5.2.1　政策的"宽松"

互联网金融的火爆背后，与政府"或明或暗"的支持不无关联。特别是 2013 年以来，政策层面更是利好频现，并获得了政府高层和主流媒体的高度关注，下面列举的部分代表性事件足可窥其一斑[①]：

2013 年 3 月 13 日，央行行长周小川在出席十二届全国人大一次会议新闻中心"货币政策与金融改革"记者会时，谈及以阿里巴巴为代表的互联网企业正在开创新型的金融模式，表示支持以科技促进金融业发展。对于当前互联网金融的探索，央行应该给予支持。

2013 年 8 月 12 日，国务院办公厅对外发布了《关于金融支持小微企业发展的实施意见》。意见提出，充分利用互联网等新技术、新工具，不断创新网络金融服务模式。这对互联网金融在中国的发展起到了政策推动作用。

2013 年 8 月 13 日，在 2013 中国互联网大会——互联网金融 2013 年峰会上，

▶ ▶ ▶ ───────────────────────────────

① 资料来源，2013 年中国互联网金融大事，新华网，2013-12-27。

央行副行长刘士余表示，互联网金融不仅取得了强劲的发展，而且在传统的金融行业起到了巨大的推进和推动作用，并指出在坚守法律底线的前提下，应该鼓励和包容。

2013 年 8 月 30 日，石景山区召开国家服务业综合改革试点区互联网金融产业基地揭牌新闻发布会，宣布建立北京互联网金融产业基地。据了解，该区将每年安排 1 亿元专项资金用于支持互联网金融产业基地建设。

2013 年 10 月 19 日，北京市海淀区人民政府举行"互联网金融中心"、"互联网金融产业园"、"互联网金融基地"揭牌仪式，京东金融集团、百度小贷等 6 家互联网金融机构签约入驻。在仪式上，海淀区政府发布了《关于促进互联网金融创新发展的意见》，该意见提出了多项吸引互联网金融机构聚集的优惠政策。

2013 年 11 月 12 日，中国共产党第十八届中央委员会第三次全体会议通过《中共中央关于全面深化改革若干重大问题的决定》，正式提出"发展普惠金融，鼓励金融创新，丰富金融市场层次和产品。"

2013 年 12 月 3 日，由央行领导的中国支付清算协会牵头，在北京发起成立了互联网金融专业委员会，包括银行、证券、第三方支付及 P2P 等 75 家机构共同参与并审议通过了《互联网金融专业委员会章程》《互联网金融自律公约》，明确协会促进行业研究、交流、服务、自律等主要职责。该组织被业界称为"1/4 官方背景"，解读为央行将间接监管互联网金融。

2014 年 3 月 5 日，我国政府工作报告中指出："促进互联网金融健康发展，完善金融监管协调机制"。这是互联网金融首次被写入政府工作报告。

此外，中央电视台也先后多次正面报道互联网金融的动态：2013 年 5 月 11 日，央视新闻联播以"小微金融：网络新生态，融资新模式"为题报道了 P2P 网贷公司"翼龙贷"，央视新闻频道 6 月、7 月又连续报道了翼龙贷；2013 年 9 月 1 日，央视新闻联播以"经济新动力"为题报道了理财产品搜索平台"91 金融超市"；2013 年 11 月 15 日，央视新闻联播以"改革发展新景象"为题报道了国内众筹平台"天使汇"。值得一提的是，2013 年 10 月 31 日起，央视新闻联播、央视财经频道、央视新闻频道、北京卫视等主流媒体更是罕见地连续对互联网金融进行专题报道，其中一个重要原因或许是，被视为国内金融业发展风向标的北京国际金融博览会^①首次设立了互联网金融展区。

政府层面的大力支持，无疑为互联网金融营造了极好的氛围，而阿里、腾讯和百度等行业巨头的快速跟进则让互联网金融的关注度进一步飙升。

5.2.2　监管的"宽容"

由于互联网金融在我国刚刚起步，在互联网金融发展的众多商业模式中，只有第三方支付得到了严格监管，其他包括网络贷款、众筹融资以及正在试水的财富管理、理财产品等，无论是法律规定还是监管标准都存在较大空白。

以 P2P 网贷行业为例，作为"影子银行"体系的创新形式之一，我国 P2P 网贷行业已经进入了快速发展期。截至 2013 年底，我国 P2P 网贷公司突破 1 000 家，是 2012 年的 3 倍；放贷规模为 680.3 亿元，较 2012 年的 228.6 亿元增长近 2 倍。但这些漂亮数据的背后不容忽视的事实是：2013 年以来，P2P 公司倒闭事件频发。据统计，截至 2013 年底，有 74 家 P2P 平台公司倒闭或跑路，涉及金额约达 12 亿元。而出现问题的公司中，仅有 3 家为 2012 年成立，其余均为 2013 年成立，不少公司甚至成立当月就宣告倒闭。

然而，政府当前对 P2P 网贷的容忍度似乎很高，面对 P2P 网贷这样的新生事物，政府部门的监管体系显得尤为滞后：作为类金融机构，网贷平台应属银监会监管，而银监会只在 2011 年 9 月下发了《关于人人贷 (P2P) 有关风险提示的通知》，仅仅是提示具有大量潜在风险，并没有正式将其纳入监管范围；2013 年 2 月底，央行下发《关于小额贷款公司与融资性担保公司接入金融信用信息基础数据库有关事宜的通知》，新生的 P2P 网贷产业，依旧并未被央行纳入征信系统的建设范畴。而借款人信用信息的缺失，正在放大 P2P 网贷的经营风险。虽然有个别 P2P 网贷公司向央行等金融监管部门提出纳入征信系统的申请，但由于 P2P 网贷行业缺乏监管主体，这项申请一直没有下文。

再如，以余额宝为代表的各类互联网理财产品，吸引了老百姓们的巨量资金。这些理财产品"宣称"的收益大多是倚重货币基金，依靠的也是第三方支付系统。流动性风险和支付风险随时都有可能发生，这对社会的影响将不可估量，但政府

▶　▶　▶

① 北京国际金融博览会于 2013 年 10 月 31 日在北京召开，2013 年已经是第九届。

目前也并未采取足够有力的措施来监控此类风险。

的确，目前互联网金融还正处于野蛮生长阶段，政府的"宽容"其实是有利于行业的发展。随着行业的不断成熟，监管措施的出台就只是时间问题了。

5.3　人气之利：互联网企业的"表演天分"

并非只有演员才可以表演，也并非只有演员才需要表演。在我国，互联网行业并非国民经济的"主流"，一定意义上尚属于"草根经济"范畴。因此，不按常规出牌和恰当使用媒体实为互联网企业的不二选择。

5.3.1　媒体的"熟练运用"

互联网金融如此吸引眼球，除了靠马云他们业绩实打实地"做"，也离不开马云他们运用媒体时不时地"说"。其中，马云和阿里无疑是典范。如果要评中国表演界第一，恐怕非马云不可。

阿里巴巴不仅是商务平台，也是媒体平台，马云本人更是一个不可或缺的"自媒体"。正是阿里巴巴合理运用公关策略，加之马云本人的高调，马云和阿里一举一动才吸引着媒体的长期关注，这也是阿里成功的重要因素之一。

早在 2000 年，马云的精明就得到了全方位的展示。当时马云在浙江举办了第一次"西湖论剑"论坛，先是请到武侠大家金庸先生，硬生生造出个调侃而实在的噱头："网络新锐 + 老武侠"。随后邀请搜狐网 CEO 张朝阳、新浪网总裁王志东、网易董事长丁磊和 8848 董事长王峻涛共同"论剑"。要知道，当时网易、新浪、搜狐三大门户都已在纳斯达克上市，丁磊、王志东、张朝阳更被称为"三剑客"。通过这么一个论坛，创业才一年的马云便与"三剑客"站在了一个量级的舞台之上。从那以后，"西湖论剑"一直都是马云的重大舞台，包括美国前总统克林顿、联想集团董事局主席柳传志、雅虎 CEO 杨致远、富士康总裁郭台铭、软银投资总裁孙正义、腾讯 CEO 马化腾、百度总裁李彦宏等在内的政商名流先后到来，就跟最初的金庸一样，为马云背书，不断抬高他的量级。

与此同时，马云也频繁参加各类高层次社交活动和会议论坛，比如与微软总裁比尔·盖茨、通用总裁杰克·韦尔奇对话，被英国前首相布莱尔会见，拜会

"投资之父"沃伦·巴菲特和日本"经营之神"稻盛和夫等，比如去哈佛大学讲课、到达沃斯参加世界经济论坛、成为 APEC 中小企业峰会的轮值主席，担任中央电视台"赢在中国"评委等，如此种种不一而足。

马云的高调亮相，为其赚足了人气。截至 2013 年，马云是唯一一位同时登录过《福布斯》和《财富》两本世界顶级商业杂志英文版封面的中国企业家。

此外，马云的精明之处不仅在于博取媒体的关注，还正如阿里巴巴的使命"让天下没有难做的生意"和阿里金融的使命"让天下没有难贷的款"所传达的一样，马云已经把自己置于一种服务实体经济、彰显"普惠金融"代言人的角色。

因此，当马云大举进军互联网金融时，当他喊出"金融行业也需要搅局者，更需要那些外行的人进来进行变革"、"今天阿里巴巴做的金融业务不是改革，而是一场革命，一场金融的革命"这些口号时，当他面对李克强总理说出"我们比工商银行更了解工商银行的客户"时，各家媒体便开始了铺天盖地地报道和传播，人们自然也就信以为真了。

再如最近，2014 年 3 月 13 日央行发文暂停支付宝的二维码支付和虚拟信用卡业务，并发布《手机支付业务发展指导意见》（征求意见稿）提出限制手机支付的单笔转账金额和年累计金额。3 月 15 日，四大行相继下调支付宝快捷支付额度，单笔和月度转账额度大幅下降。对此，马云高调反击，以"支付宝、请扛住！"为标题发文指责银行对其联手封杀，言辞格外激烈，使用了"虽败犹荣、虽死犹生、死得其所"等词来述说支付宝的"委屈"和"悲壮"，用"举世未闻、匪夷所思"等词来指责"谁给了银行们权力，可以伤害储户支配自己资金的权力"。这些具有互联网炒作风格的文词颇具煽动性，并质疑四大行封杀的合法性，将支付宝比作冤屈难诉的受害者，大有发动群众斗银行之势。果然，此文引发支付宝用户的大量转发热情。纵使马云不一定能代表草根，也更不一定能代表草根的利益，但是，一场本来很正常的商业竞争已在无形中被炒作成了权贵欺凌草根的不仁之举。实际上，马云善于造势和宣传，不然他的所谓"内部"邮件、讲话和语录也不会满天飞；马云也乐得高调，有意无意将自己捧在了改革干将、创新先锋的神坛之上。这些媒体、宣传的熟练运用，确实为互联网企业"代表"草根阶层侵入"高大上"的传统金融行业提供了有力支持。

5.3.2 马云他们"善打擦边球"

互联网企业向来以"敢于创新和快速应变"来不断挖掘商机，这也是它们的立足之本。但是细细看来，马云他们的不少创新，其实打的是法律法规"擦边球"。

以马云的"余额宝"为例，简单来说，就是阿里金融创造性地通过支付宝，将众多用户的"散钱、零钱"集中起来进行理财。凭借这一创新，自 2013 年 6 月 13 日上线以来，规模和客户数均呈现了爆发式疯狂增长，仅数月就抢占了华夏基金雄踞了七年之久的公募基金最大规模的头把交椅。依据我国现行的监管要求，代销基金的行为主体并不包括第三方支付公司。为此，推出余额宝时，支付宝"巧妙"地将销售基金设计为"直销"模式，使得基金销售过程中的资金和资产转移不经由支付宝，但以"管理费"的名义向合作基金公司"天弘基金"费用，即支付宝为"天弘基金"提供的平台费用。此招绝对老道。因此，当证监会警示说"余额宝业务中部分基金销售支付结算账户未向其备案，也未提交监督银行的监督协议，违反了相关规定"时，余额宝已经赢得了足够的人气和拥有了众多用户，因此支付宝只需表态"会按照证监会的有关规定按时完成后续备案工作"，也就万事大吉了。

自从支付宝与天弘基金合作推出余额宝以来，易付宝、活期宝、现金宝、收益宝等各种"宝"纷纷登场，各种"宝"们也吸引了众多投资，它们无一不是大打"擦边球"。例如，根据《中华人民共和国证券投资基金法》规定，"对基金募集所进行的宣传推介活动，应当符合有关法律、行政法规的规定，不得虚假记载、误导性陈述或者重大遗漏；不得对证券投资业绩进行预测；不得违规承诺收益或者承担损失等。"证监会也已公开指明"百度联合华夏基金 2013 年 10 月推出的理财计划目标年化收益率 8%"不符合相关法律法规的要求，但百度理财于 2013 年 12 月推出第二轮"百发"理财服务时，却仍以回馈客户的名义承诺，称参与"团购"理财将保障 8% 的收益。并将入"百发"服务的宣传内容被放置在百度理财主页面的最显要位置。虽然这可以说是个很高明的营销手段，但事实上钻的却是规则空子。

再如某些 P2P 平台融资，例如 2014 年 3 月 24 日深圳的红岭创投发布公告为某上市公司融资 1 亿元"收购某公司的 100% 股权"，1 亿元拆分为 10 个 1 000 万元的项目，仅 3 个小时就成功完成融资。有人认为是 P2P 的重大突破，但也有人[1]认为这是典型的非法集资。按照我国法律对"非法集资"的定义，红岭创投的这次融资第一未经审批、第二保本保收益、第三向社会不确定对象宣传并吸收资金，完全符合非法集资的三个关键要素。而且其拆标行为，即将大标的物分拆销售流转的行为类似典型的资产证券化，有违反《证券法》的嫌疑。但因为我国对非法集资的界定和判决比较模糊，时常视结果而定——能够按期偿还就相安无事，一旦出事就是非法集资，所以像这种游走于"创新"与"违法"之间的大额P2P融资，稍有不慎，就是又一起重大金融案件，甚至有可能引发P2P的系统性风险。

再来看看马云的另外一个例子，这次，马云打的是道德"擦边球"。2009年6月和2010年8月，马云未经阿里巴巴集团两大股东美国雅虎和日本软银授权就私自转移支付宝的所有权，通过两次转让，支付宝由阿里集团控股变成了马云私人控制。虽然这一行为被人誉为"支付宝重返中国队"，站在了"国人利益"的高度，而且也有利于支付宝获得第三方支付牌照；但这种行为明显有违股东之间、股东与经理人之间的契约，违反了商业社会的基本原则。马云的这一事件"一石激起千层浪"，并引发了国人关于"中国企业契约精神"的大讨论。财新《新世纪》周刊发表的《马云为什么错了》一文就指出："单纯从企业发展的角度，马云的决策是正确的，但是，所有的商业合作都是利益合作，契约是保证各方利益的重要制约手段。为了获利而破坏契约，就是放弃了自己的商业信誉，破坏了商业道德。在这个问题上，马云赢了市场，输了诚信"。

客观地讲，一定程度上，以马云为代表的互联网企业经营者正是在将规则利用到极致的同时，为互联网行业杀出了一条不断前行的道路。他们的这种"表演"，其实是任何行业都需要的，因为这是在激发行业的活力，而非"胡作非为"。但是一旦互联网企业发展壮大到一定程度，甚至能对国家的金融安全形成影响、构成威胁之时，防范新型垄断、强化风险监管、鼓励有序发展、讲究契约精神，将成为互联网金融各个主体同台竞争的基本规则，那个时候，互联网企业与商业银行谁的手段更高明呢？

▶ ▶ ▶

[1] 引自"江南愤青"的"一家之言"。红岭创投的亿元众筹部室非法集资是什么，2014-03-28。

第二部分

互联网企业要与商业银行掰手腕

6　随风潜入夜：互联网企业动了银行的"奶酪"

　　互联网企业进入金融领域并在悄无声息之间发展壮大，当前已对国内商业银行构成实质威胁。互联网企业与商业银行之间 PK 愈演愈烈，虽然目前双方整体实力还不在一个数量级，但是实力不是一成不变的，某些细分市场发生"逆袭"大有可能。事实上，商业银行的"支付奶酪"、"信贷奶酪"、"理财奶酪"已被互联网企业悄悄撬动。而且，支付宝、微信支付、快钱支付等不断推陈出新，余额宝、活期宝、零钱宝等数宝争锋，人人贷、拍拍贷、红岭创投等激战正酣，互联网企业究竟还要抢走银行多少"奶酪"？

6.1　第三方支付 PK 商业银行

6.1.1　规模的 PK

　　从交易规模看，艾瑞咨询统计数据显示，2013 年中国第三方互联网支付市场交易规模为 53 729.8 亿元，其中，第三方移动支付市场交易规模为 12 197.4 亿元。

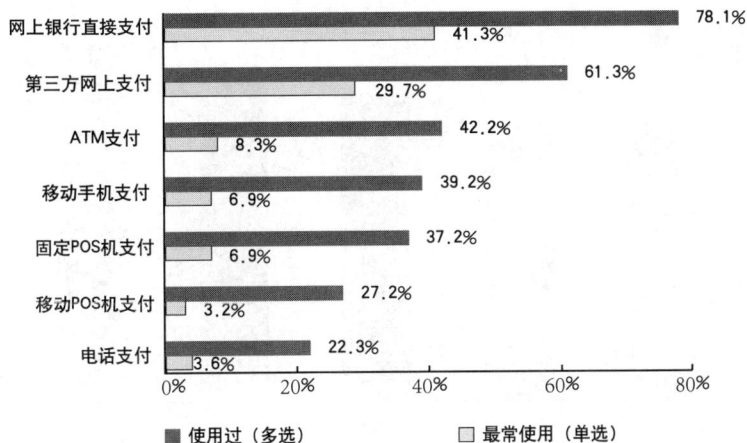

资料来源：艾瑞咨询

图 6-1　2012 年中国互联网支付用户最常使用的支付方式比较

根据易观智库统计，2013 年第四季度中国网上银行市场整体交易规模达 347.3 万亿元，换算为全年约为 1 390 万亿元。由此测算，第三方支付企业的交易规模大致为网银交易的 0.4%。出于安全、使用惯性等考虑，中国互联网支付用户目前最常使用的支付渠道仍为传统网上银行支付（41.3%），其次为第三方网上支付（29.7%）。

6.1.2 增长性 PK

2013 年中国第三方互联网支付市场交易规模同比增速为 46.8%，第三方移动支付市场交易规模同比增速为 707.0%。而 2013 年第四季度中国网上银行市场整体交易规模同比增长 27.2%。网上银行的交易规模虽保持了较高增长率，但互联网企业第三方支付的迅猛发展导致其用户活跃度有所下降。第三方金融认证机构 CFCA 发布的《2012 中国电子银行调查报告》显示，由于淘宝、拍拍等主要电商网站推出了属于自己的快捷金融支付方式，使利用网上银行进行付款活动的用户日趋减少，活跃用户数较上年同比下降了 7%。

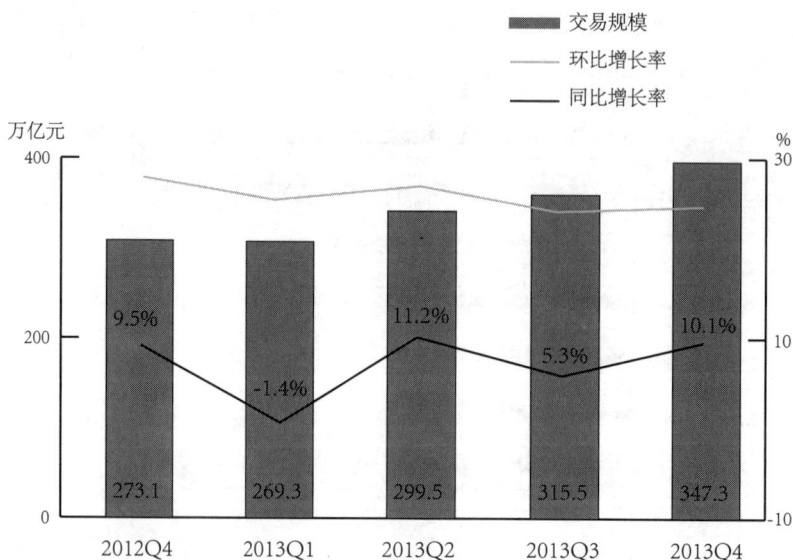

资料来源：易观智库。

图 6-2　中国网上银行交易规模

6.1.3　产品的 PK

在传统互联网支付领域，商业银行网银起步较早，网银支付能够满足网上购物、商旅机票、生活缴费、考试报名、交通罚款等多个领域的网上支付需求。而第三方支付机构则凭借后发优势，在支付的便捷性上下足功夫，业务范围基本覆盖互联网支付、移动支付、银行卡收单、数字电视等领域，并在一些诸如网购、网游、通讯、旅游等细分领域具有特殊优势。

为了迎合移动支付大潮的兴起，第三方支付企业在移动远程支付和近端支付等新兴领域，陆续推出了二维码支付、手机近场支付、手机刷卡器、声波支付、摇一摇支付、"撒娇"支付、手机红包等多种创新产品，着力满足客户对支付便捷性和社交化的需求。

比如"撒娇"支付这一模式就较有特色。该模式最初源于日本，当时日本某内衣品牌推出了一项代付服务，被称为"撒娇模式"，女性顾客可以在网站上挑选喜爱的内衣，放入"撒娇购物车"中，填写自己的收件地址和男友的邮箱，男友收到邮件后付款即可。支付宝在 2011 年 1 月推出了类似的"代付"服务，在付款页面勾选"代付"，即可将付款链接发给亲友。支付宝的数据显示，2012 年情人节的前一周，支付宝"代付"的日均交易笔数环比增长了 41%，交易金额增长了 30%。

商业银行在这方面则略显被动，尽管浦发、招行等银行陆续成立了移动金融部、电子支付室等机构，但行业整体动作较慢，主要围绕手机银行提供服务，并通过与电信运营商的合作在 NFC 近场支付方面抢占一定领地。2012 年下半年，建行、浦发、广发等银行分别与中国电信、中国移动等运营商合作推出了 NFC 近场支付 SIM 卡，保护近场支付阵地。

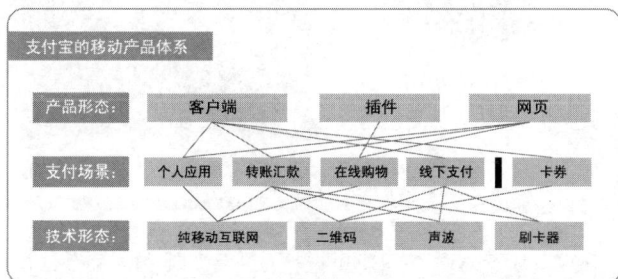

资料来源：艾瑞咨询。

图 6-3　支付宝移动产品体系

微信红包一炮走红

2014 年春节期间,"微信红包"一夜走红。在相互讨要、分发、哄抢、比拼手气等过程中拉近了人际距离,将社交网络的新时尚注入传统"红包"中。而收到红包后想要提现,则须绑定银行卡,这样一来,绑定微信支付的用户数量大增。有报道称,抢红包功能推出后,仅除夕当天就有 482 万人参与微信红包活动。

从操作过程看,红包发送方通过"新年红包"功能,选择发送红包的数量和金额,写上祝福的话语,通过"微信支付"将钱"塞"入红包,就可以发送给好友;接收方则在打开后获得相应收益,只需将储蓄卡与微信关联,就可在 1 个工作日后提现。

根据财付通的官方统计,截至除夕夜当天:

平均每个红包 10.7 元;

抢红包最多的人抢了 869 个红包;

除夕夜参与红包活动总人数为 482 万人;

最高峰出现在 1 月 30 日,即除夕夜;

瞬间峰值有高达 2.5 万个红包被拆开。

微信红包

与此同时，支付宝也推出了"新年讨喜"，该产品设计了 4 个选项，分别是"向老板讨"、"向亲爱的讨"、"向亲朋好友讨"和"向同事讨"。从支付宝公开的数据看，用户最多是发起了"向亲爱的讨"，占 33.7%。

6.1.4　第三方支付对商业银行的挑战

（1）**挤压商业银行中间业务收入。**第三方支付以较低的价格和较便捷的流程提供与银行相同或相近的服务，对银行的代理收付、结算等中间业务形成了一定替代效应。例如，快钱、支付宝、财付通、易宝支付等都能为企业客户提供大额收付款、多层级交易自动分账和一对多批量付款等资金结算产品。

（2）**分流银行存贷款。**从业务总量看，尽管第三方支付机构的部分资金会以各种形式最终回流到商业银行系统，但商业银行对存款来源的控制能力已不可避免地受到了削弱。在商务领域，目前大部分企业间 B2B 商务还主要依赖票据、汇款等方式进行支付结算，但随着第三方支付针对企业 B2B 商务流程的改进，对传统企业产业链上下游交易信息和资信记录的进一步收集，对数据采集、数据挖掘、数据分析等能力的进一步掌握，第三方支付企业开始尝试为中小企业和商户打造基于互联网的融资平台，并通过对网络商户融资和网络渠道融资两种模式为中小商户提供融资服务，抢占商业银行在中小企业信贷领域的市场。相较于传统银行对大型企业客户的偏好，第三方支付所提供的信贷融资等服务，由于更能适应中小企业融资"小"、"短"、"频"、"快"的需求特点，竞争力和增长潜力巨大[①]。

（3）**对银行创新提出更高要求。**第三方支付的快速发展，对银行传统 B2B 支付市场和服务方式带来冲击，要求银行加快创新步伐，以满足 B2B 支付的现实和未来发展需要。此外，**第三方跨境支付也给银行带来新挑战。**中国是跨境购物人数增长最快的国家之一，而互联网电子商务具有无国界的特点，给境内用户的海外购物和境外用户在境内网站的购物活动提供了大力支持，因此国际支付需求不断增加。支付宝在 2007 年 8 月就与中国银行等银行合作推出跨境支付服务。从2009 年开始，支付宝又先后和维萨（VISA）和万事达（Master）进行合作，实现双向的跨境支付服务。2013 年 9 月，支付宝、银联电子支付、汇付天下等 17 家

▶ ▶ ▶ ───────────────────────────────────────

[①] 王硕、兰婷：《论第三方支付的发展及其对商业银行业务发展的影响》，载《南方金融》，2012（9）。

第三方支付企业首批获得跨境支付业务试点资格。随着第三方跨境支付业务的不断拓展和对市场份额的蚕食，商业银行需在跨境支付的产品创新、服务便捷、客户体验等方面加快创新步伐，以应对挑战。

（4）给银行系统承载量带来挑战。目前第三方支付资金都是借助银行渠道来流动，支付交易量的大小直接影响到银行系统的稳定性。随着第三方支付业务的迅猛发展和客户群规模越来越大，第三方支付资金流动的快速变化为其业务的正常处理与银行系统安全运行留下隐患。例如，2011 年 11 月 11 日，淘宝"光棍节"促销，由于交易量的猛增，在促销开始仅仅一分钟，建设银行网银就崩溃了，随着支付笔数的激增，招商银行、中国银行、中信银行等诸多银行网银相继短时崩溃。

6.2　P2P 贷款 PK 商业银行

6.2.1　规模的 PK

2006 年，我国最早的 P2P 网贷平台成立，2011 年 P2P 行业进入快速发展期，近两年则进入爆发期。据安信证券统计，目前全国 P2P 公司已超过 300 家。百度百科、《中国经营报》则称，业内普遍认可的数字是，P2P 公司实际上已经有 2 000 余家。根据网贷之家估算，2013 年 P2P 行业总成交量约为 1 058 亿元，贷款存量为 268 亿元，平台数量在 800 家左右，出借人数超过 20 万人，但与银行贷款相比，仍十分微小。

目前，银监会监管的能够发放贷款的银行业金融机构包括大型商业银行、股份制银行、城商行、农商行、新型农村金融机构、外资银行等超过 700 家银行业金融机构。截至 2013 年 11 月末，我国金融机构贷款规模为 76.1 万亿元。此外，据央行统计，截至 2013 年末，全国有 7 839 家小额贷款公司，贷款余额 8 191 亿元。

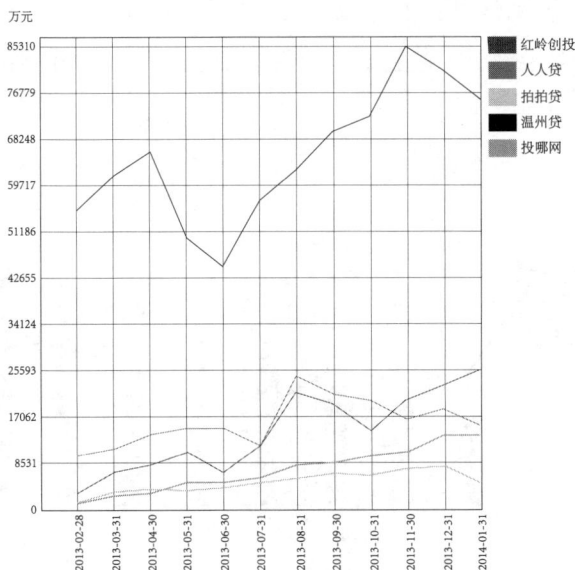

资料来源：网贷之家。

图 6-4　部分 P2P 贷款平台交易情况

6.2.2　增长性 PK

在全球范围内，P2P 贷款已发展了 8 年有余。在中国，P2P 贷款起步略晚，但由于中国小微企业融资渠道和个人投资渠道均较狭窄，因此 P2P 得到快速发展。根据艾瑞咨询数据，2010—2012 年，中国 P2P 贷款规模的增长率分别高达 913%、915% 和 271%。以国内较著名的人人贷为例，2013 年其网站成交笔数 32 789 笔，成交金额 15.7 亿元，同比增长 342%。

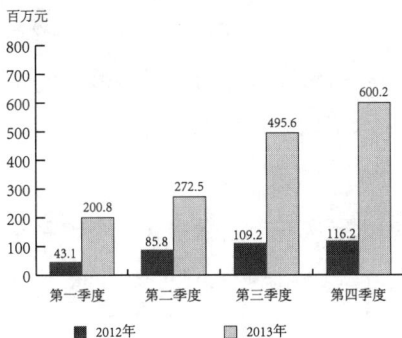

资料来源：人人贷 2013 年年报。

图 6-5　人人贷 2012—2013 年成交金额

与 P2P 贷款爆发式增长不同，商业银行贷款规模近年来一直保持着较为稳定的增速。根据银监会统计，截至 2012 年末，商业银行本外币贷款余额 67.3 万亿元，同比增长 15.6%。

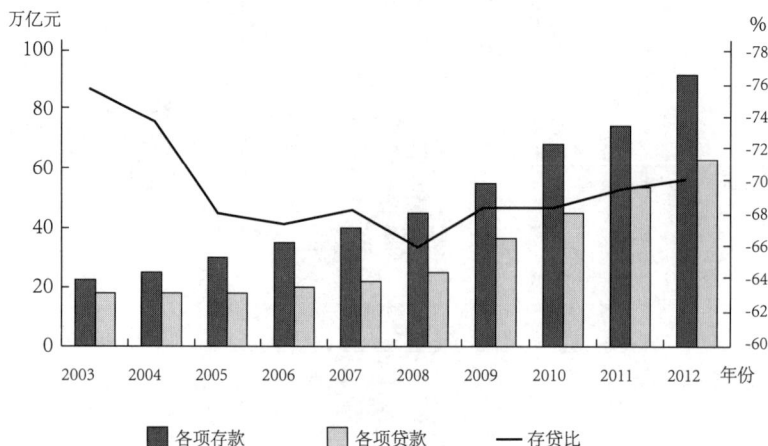

资料来源：银监会 2012 年年报。

图 6-6 近年来商业银行贷款规模增长情况

6.2.3 产品的 PK

（1）产品运营模式方面，在拍拍贷、人人贷等 P2P 平台上，借款人相当于开网店的卖家，借款人交易和按期还款次数越多，信用级别就越高。资金贷出方相当于买家，根据个人风险偏好和借款人的信用情况选择合意的借款人放贷。借款利率的形成是市场机制自由调节的结果，最终 P2P 贷款平台形成一个供需双方博弈之后的均衡利率。在借贷双方达成交易意向之后，P2P 平台公司会对借款人的借款用途等信息进行审核，审核通过之后交易才最终完成。为解决贷款流动性不足的问题，部分 P2P 平台还推出了债权转让区，资金贷出方可转让债权以获取流动性。

大部分 P2P 平台还引入了第三方担保机构、资金存管机构、风险评级支持机构、拥有筹资者交易数据的电商机构等关联方，形成了一个较为庞大的 P2P 贷款产业链。

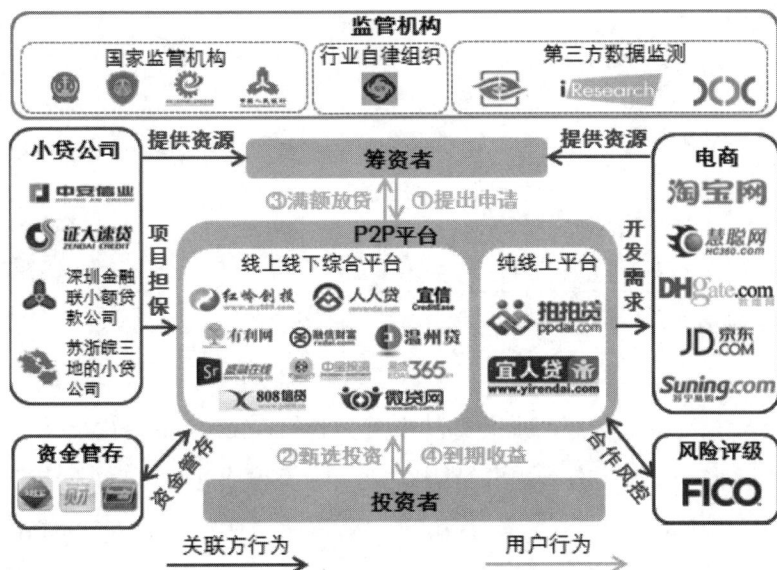

资料来源：艾瑞咨询。

图 6-7 P2P 贷款产业链及流程

（2）盈利模式方面，P2P 贷款平台主要靠交易撮合的佣金、相关资金管理费、担保费、考察费等中间费用构成，例如拍拍贷的资费标准分为常规费用和逾期费用两类，常规费用包括成交服务费［借款期限 6 个月（含）以下：本金的 2%，不成功不收取成交服务费，借款期限 6 个月以上的：本金的 4%，不成功不收取成交服务费］、第三方平台充值服务费（即时到账：充值金额的 1%，非即时到账：单笔 10 元）、第三方平台取现服务费［3 万元（含）以下：单笔 3 元，3 万—4.5 万元：单笔 6 元］；逾期费用为逾期本金 0.6%/ 日。而银行则主要靠存贷款息差盈利。

表 6-1 P2P 网贷与小贷公司、民间借贷、商业银行的比较

	P2P 网贷（典型网上模式）	小贷公司	传统的民间借贷	商业银行
业务模式	不吸储、不放贷	不吸储、以自有资本放贷	贷款人以自有资金放贷	吸储、放贷
盈利模式	收取中介费、服务费	收取中介费、服务费及贷款利息	收取贷款利息	息差、相关服务费

续表

	P2P 网贷 （典型网上模式）	小贷公司	传统的民间借贷	商业银行
贷款 利率	受信用等级影响，拍 拍贷平均约 18%	20% 左右	协商确定	一般 6% 左右
风控 模式	充分分散化投资、部 分有担保、抵押	担保、抵押	多为信用放款	多为抵质押放 款
借贷 范围	基于互联网，范围非 常大	较大，但一般具 备区域性	较小，一般基于亲 戚、朋友等关系	大，但门槛较 高、手续较慢

（3）安全性与知名度方面，网贷与银行贷款仍有较大差距。由于行业鱼龙混杂、消费者对网贷安全有所顾虑等原因，客户信任度成为制约 P2P 网贷的瓶颈。《2013 中国电子银行调查报告》显示，近半数网民没有听说过"P2P 网络贷款"，有 13% 的网民曾经登录过 P2P 网络贷款网站，仅有 2% 的网民成功竞标；13% 的 P2P 网络贷款投资者表示有项目未能收回本金，22% 的 P2P 网络贷款投资者的项目未达到预期收益。不愿意在 P2P 网络贷款网站投标的网民中，有 41% 愿意在银行 P2P 网络贷款项目上投标，但他们大多数只在银行担保的前提下才会投标。

6.2.4 P2P 贷款对商业银行的影响

（1）目前对大型银行的实质性影响不大。P2P 网贷吸引的客户群体主要是一些急需周转资金的小微企业和网店商户，以及需要消费贷款的个人，与审批流程较长、门槛较高的传统大银行客户重叠概率低，对大型银行的影响不大。但对以小微企业为主要目标客户的一些中小银行、未来的民营银行、小额贷款公司、消费贷款公司等将产生一定的替代作用。此外，在利率市场化、金融脱媒化的环境下，一些大中型银行将小微企业作为未来转型的目标市场，P2P 网贷的野蛮发展也正在分流银行的未来客户群体。

（2）对商业银行启发巨大，并促使其进一步改革完善信贷机制。P2P 作为一个有效的金融渠道，使个人和企业通过平台实现资金的最大效用，门槛低、收益高。更重要的是，其作为一个数据平台，从地域、资金规模、贷款时限、还款方式、利率水平等多个维度对我国居民和小微企业进行搜集和积累，并且通过以上几个维度的相互结合，挖掘出其风险承受能力、信用等级等指标。在大数据时代下，P2P 模式为商业银行的风险控制手段、信贷流程机制等的改革完善，打开了一扇窗。正是因为这扇窗，2011 年平安银行打造了陆金所，其与平安融资担保（天津）有限公司合作，提供有担保的可投资项目。招商银行紧随其后推出 e+ 稳健融资，为投资者提供利率较高的可投项目。此外，中国银行在深圳试点 P2P 平台"中银投融服务平台"，提供"一对一"的融资对接。

6.3　第三方资产管理平台 PK 商业银行

6.3.1　规模的 PK

中国目前已出现了淘宝理财、数米基金、天天基金、百度金融中心、91 金融超市、融 360 等多个第三方资产管理平台，通过互联网技术为消费者提供了一种全新的资产管理方式。据网传，目前国内第三方资产管理机构进行运作的财富管理公司有近万家，假设其中仅有 10% 通过互联网渠道销售，则目前有互联网资产管理平台近千家。以淘宝理财为例，其不但与天弘基金推出了"余额宝"，还接入了 17 家基金公司和 9 家保险公司。"双 11"当天，淘宝理财总成交额达 9.08 亿元，其中排名前三甲的分别是国华人寿、易方达基金和生命人寿官方旗舰店，成交额分别为 5.31 亿元、4.62 亿元和 1.01 亿元。

而商业银行作为目前最大的资产管理平台，与互联网第三方平台相比，规模要大得多。社科院陆家嘴研究基地预测，2013 年银行共发行了 4.9 万只理财产品，资金规模有望突破 25 万亿元。以工商银行为例，其金融超市及网银销售 30 多只理财产品，60 多家基金公司的基金产品，12 家保险公司的保险产品，还可购买账户贵金属、实物贵金属、外汇、国债等资产管理产品。

6.3.2　增长性 PK

在资产管理这片肥沃的土地上，互联网公司和商业银行的发展速度都非常快。以"余额宝"为例，在上线后 5 个月时间内，就捧红曾经默默无闻的天弘基金公司，使天弘增利宝一跃成为国内规模最大的货币基金，创造了我国基金业的历史纪录。截至 2014 年 2 月中旬，余额宝规模已超过 4 000 亿元，客户数量超过 6 100 万户。而 2013 年 10 月 28 日百度理财平台正式上线首推产品百度理财 B，则创下了 5 小时销售超 10 亿元、参与购买用户超 12 万户的纪录，秒杀余额宝。

　　根据 Wind 数据统计，截至 2013 年末，银行理财产品发行量达到 4.9 万款，而 2012 年仅有 3.2 万款，增幅高达四成。其中，平安银行和广发银行 2013 理财产品发行量年增幅超过 100%。2013 年，银行理财产品的资金规模将同比增长四倍。作为第三方资产管理平台，商业银行提供的其他资产管理产品，如基金、保险、贵金属、账户原油等其他类型产品部分受到资本市场低迷的影响，增速不及理财产品。

6.3.3　产品的 PK

　　第三方资产管理平台通过创新型资管产品、专业分析软件、一站式理财规划、比价服务等差异化产品策略，各显神通，实现发展。淘宝理财的拳头产品"余额宝"是将基金公司的直销系统内置到支付宝网站中，用户将资金转入余额宝时，支付宝和天弘基金公司在后台为用户完成基金开户和天弘增利宝货币基金的实时申购，客户若在非赎回时间使用余额宝，则由支付宝先行垫付，这种创新型的"联姻"使得其比货币基金更具有流动性，比活期存款更具有收益性，投资门槛更低、使用也更为便捷，获得市场的追捧。数米基金网致力于成为中国一流第三方财富管理机构，为投资者提供"一站式"金融理财顾问服务，服务内容涵盖基金数据、资讯、选基工具、论坛等，并在国内首家推出"基金宝"专业基金分析软件。天天基金网则是通过为客户提供基金资讯和数据、开设社交社区"基金吧"，为客户提供"一站式"基金理财服务。融 360 则通过第三方搜索比价吸引客户，并提供贷款类服务。

　　商业银行的资产管理服务主要分为自营类和代销类产品，对于高端客户还提供专业理财规划等服务。客户既可以购买银行理财产品、账户黄金、银行自有实物金等，也可以购买银行代销的基金、保险等产品，工商银行等商业银行还提供在线财务统计及在线财务规划等服务。与互联网企业相比，商业银行的在线资产管理产品投资门槛和安全性相对更高，但在客户体验、收益率、营销模式、社交化等方面还存在一定不足。

"余额宝"的成功营销与产品定位

背靠大树，"钱荒时节"上市。在以淘宝为首的网购已逐渐成为一种潮流的情况下，支付宝作为支付工具通过多年耕耘累积了 8 亿多客户。余额宝背靠着"支付宝"这棵大树，利用其品牌号召力和客户信任度以及支付宝的隐形信用背书，加深投资者对产品的信任程度，加上货币基金产品的风险低、流动性高，同时借助 6 月钱荒带来的收益率飙升，让中国的草根们实现了理财梦想。

宣传口号"可视化"。余额宝使用"万元一天一块钱"、"百元一天一分钱"的宣传口号，脱离了货币基金专业宣传术语的羁绊，消费者不需要在心里计算一万乘以年利率 5% 等于多少，能够迅速对该产品的收益率有直观认知。很多原本连货币基金是什么都不知道的网民，都成了余额宝的第一批客户。

渠道配套。与网站销售配套，手机支付宝钱包也支持余额宝的申赎。很多客户在网页购买余额宝后，通过手机查看收益曲线，并表示能够看到自己存进去的几千块钱每天都增值，感觉不错。

树立"屌丝"形象。此外，余额宝为自己戴上"屌丝理财"的帽子，树立与传统商业银行相对立的草根形象，赢得了媒体及"屌丝"们的认可。

重视客户体验。余额宝的购买与赎回均十分简单便捷，若客户开通了小额免密码服务，则只需在手机上点击转入并输入金额即可转入成功，同时还提供自动转入服务。

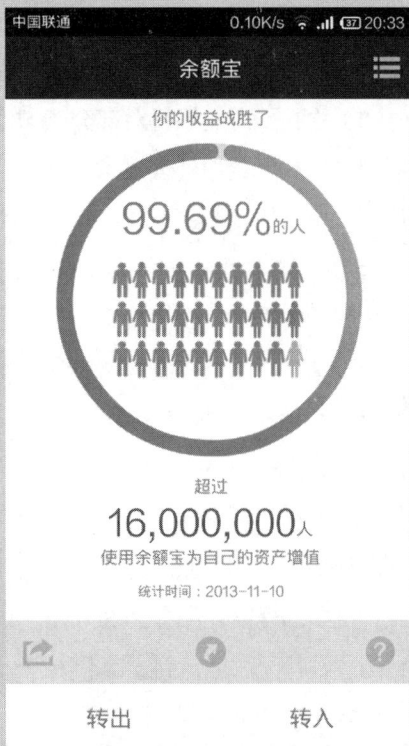

手机余额宝收入 / 转出页面

6.3.4 第三方资产管理平台对商业银行的影响

第三方资产管理平台由于其便利性及其为客户提供多种产品组合等优点，对商业银行客户服务、营销渠道、经营方式等都产生了影响。

（1）**第三方支付平台在基金代销市场的力量日益增强，挤占了商业银行的代理收入。**目前，第三方支付机构除在结算、代理收付等中间业务方面与商业银行形成了正面竞争之外，正加大力度发展代理基金销售业务[①]。汇付天下、通联支付、银联电子、易宝支付、支付宝、财付通等均已获得基金第三方支付牌照，截至 2013 年 7 月 15 日最早获得牌照的汇付天下已经与 46 家基金公司和 3 家独立销售机构建立了合作关系，银联电子、通联支付、支付宝分别与 48 家、37 家和 37 家基金公司建立合作关系。银行作为金融产品销售主渠道的垄断局面正在被逐步打破，第三方支付基金销售挤占了商业银行的代理收入。

（2）**弥补了商业银行对部分领域客户服务的不足。**第三方资产管理平台结合互联网技术和大数据处理技术，通过互联网平台管理客户资产，为客户提供多样化产品，从而拓展了金融服务渠道，覆盖了商业银行无法覆盖的客户群。

近 10 年来，我国居民人均可支配收入大幅度提升，在金融理财领域也逐渐显示出强劲的需求。百度搜索平台每天要响应超过 3 亿次关于金融、理财等关键字的搜索请求。然而在我国居民理财结构中，存款仍是居民理财的主要方式。过去 10 年间，我国居民储蓄呈加速增长态势，分别于 2003 年 9 月、2008 年 8 月、2012 年 12 月和 2013 年 1 月突破 10 万亿元、20 万亿元、30 万亿元、40 万亿元，且每突破一个 10 万亿元的时间不断缩短。居民储蓄增长速度如此之快，除了用于预防性储蓄之外，原因还在于居民缺乏金融理财知识和适当的投资渠道。而商业银行推出的理财产品多为 5 万元、10 万元起，门槛相对较高，不少居民望而却步，商业银行无法覆盖到这部分人群。

而第三方金融资产管理平台结合互联网技术和大数据技术推出门槛较低、7×24 小时服务、种类丰富、赎回便捷的产品，同时使客户在互联网平台上就能同时了解多家银行同一性能金融产品的信息，而不用到各家银行物理网点去了解

▶ ▶ ▶ ▶

[①] 修订后的《证券投资基金销售管理办法》自 2013 年 6 月 1 日起实施，其中涉及第三方支付的主要规定有第二十五条、第二十八条和第二十九条。

和比较。通过这种平台管理方式既提升了客户服务的效率，又有助于客户找到更贴近自身实际需求的产品，满足了客户多样化、个性化需求，因而一推出就受到了不少居民的欢迎，弥补了商业银行理财服务在部分客户人群中的不足。

（3）**影响商业银行传统营销渠道**。早期银行主要通过增设网点、支付高额营销费用等增加基础性投入的方式获取客户。后期随着银行信息化的建设和不断完善，银行逐步拓宽了业务渠道，推出了自助设备、网上银行、电话银行、手机银行等。如今已经进入移动互联网时代，年轻网民正成为消费主体，金融产品呈现出在线化和电商化的趋势，使得商业银行面临新的挑战和冲击。第三方资产管理平台集各种金融产品展示、自助选择和综合性信息服务为一体，使客户在同等条件下更便捷、高效地比较产品的优劣性并选择适合自身的产品，更能满足客户需求。而银行传统营销渠道营销成本相对较高，同时用户交易成本也较高，效率相对较低。因此，投资者更容易由原来在线下实体金融机构的"被推销购买"转变为上网主动购买，这无疑带来一场全新的渠道革命。面对第三方资产管理平台的压力，商业银行迫切需要加强互联网战略和信息化银行建设，做好渠道方面的创新。

（4）**推动商业银行进一步加强业务综合化与全能化**。计算机与互联网技术的应用和发展在银行业中发挥着越来越重要的作用，不仅大大提高了银行信息处理的效率，还提高了银行的业务扩张能力，例如网络资产管理平台的发展促进了银行业务的综合化与全能化。另一方面，金融脱媒和利率市场化使得传统银行业务带来的收益正在逐步萎缩，商业银行需要拓展新的盈利空间。对商业银行而言，通过第三方及自建网络资产管理平台与券商、保险公司进行合作，不仅可以获取相应的产品销售报酬，还可以间接扩大业务范围，尝试为客户提供更全能化、综合化的金融服务，增加客户依赖度和信任感。

6.4　互联网企业的竞争优势与挑战

6.4.1　互联网企业抢占"奶酪"的武器

（1）**信息处理武器：大数据**。传统金融企业通过客户经理维护客户关系、获取客户信息的成本较高。随着企业的经济活动更多地通过互联网开展，这些经济活动会自发产生许多有价值的数据。数据已经渗透到每个行业和业务职能领域，成为重要的生产要素。大数据的处理模式由此产生并成为互联网企业的信息处理模式。

（2）**技术资源利用武器：云计算。**云计算具有低成本、高灵活性和便捷性特点，提供了高效的数据存储和处理能力，成为互联网企业资源共享的技术支持和管理方式。云计算降低了技术门槛，中小型机构也能低成本地使用原本只有大型机构才能负担的信息技术应用。云计算提高了技术应用的灵活性，使互联网企业能够向地域分散的、较难建立联系的客户提供金融服务。

（3）**渠道武器：移动通信网络。**移动通信网络打破了地域、时间、行业等方面的隔断，具有突出的便利性、灵活性、安全性等特点，形成了网络金融的服务渠道。随着 WiFi、3G、4G 等技术的发展，移动通信网络使人们能够不限时间、不限地点地通过手机终端和移动网络快捷获取金融服务。随着身份认证技术和数字签名技术等安全防范软件的发展，未来的移动支付不仅能解决日常生活中的小额支付，也能解决企业间的大额支付，替代现金、支票等结算支付手段。

（4）**互动与传播武器：社交网络。**社交网络的核心在于互动，个体不再是被动的信息接受者，每个参与者都是创造者，个体的智慧得到充分激发。社交网络形成相互沟通、相互参与的互动平台，成为互联网企业客户互动与产品宣传的有力武器。对企业而言，社交网络提供了全新的与客户接触的渠道，使企业在产品开发和服务客户时更加注重交互性，更快更好地满足客户需求。

6.4.2 互联网企业抢占"奶酪"的优势

（1）**客户信息优势。**由于客户的网上交易和资金支付都需经过电商系统及第三方支付平台，因此相关信息能够被互联网企业即时获取。依托于真实交易背景，这些信息的真实性往往较高。随着互联网金融企业不断做大，其对于客户信息的排他性占有与管理优势日渐明显，进而导致银行与商户及个人消费者之间原本可以不断扩展的信息传导渠道被截断，银行只能掌握客户与自身开展业务的相关信息，而对于客户其他更为庞大的信息获取变得困难。并且，目前银行对客户信息的掌握是相对静态和分割的，大多局限于企业财务信息和诸如年销售量等一些零散的基础经营信息，获取渠道主要是商户公开披露的一些材料，而对于商户实际的经营行为、资金动态、上下游关联企业信息、市场份额等重要而详尽的信息却缺少了解。

（2）**产品创新优势**。扎根于草根的互联网金融企业深深懂得"开放、平等、协作、分享"的互联网精神，并将之运用到产品创新中去。此外，它们还掌握了客户的真实信息与真实需求，它们通过需求分析，创新开发产品，一揽子办理交易撮合、支付代理、融资、保险、资产管理等一系列产品服务。而商业银行由于对客户信息的掌握是分割的，对应的产品与服务也存在功能的单一化问题，例如支付中介和融资中介功能尚未做到无缝接合。

（3）**服务价格优势**。与传统商业银行相比，互联网金融企业无须铺设网点、无须雇用大量柜员、无资本充足率和存款准备金等约束，扩张成本低廉，具有较高成本优势。目前支付宝对非淘宝商户的平均费率略高于 0.1%，远低于银行的收费标准。

表 6-2　几个典型互联网理财产品与银行产品比较

产品类别	利率	流动性	风险
余额宝	5.06%[①]	☆☆☆	☆☆
百赚	4.5% 左右	☆☆☆	☆☆
人人贷	10%—20%	☆☆	☆☆☆
陆金所	8% 左右	☆☆	☆☆☆
点名时间	无资金回报	☆	☆☆☆
银行理财产品	4%—5%	☆	☆
银行活期存款	0.35%	☆☆☆	☆

资料来源：互联网平台网站、银行网站。

（4）**一站式服务优势**。第三方支付公司可与多家银行系统进行直连，一定程度上成为"网上的银联"。商户只要接入第三方支付平台，就可以实现多银行支付支持。而国内各家银行在电子商务领域大多只能提供面向本行客户的线上收单产品，不具备跨行服务能力。此外，互联网企业将客户理财需求与社交、娱乐等

① 2013 年 11 月 26 日七日年化收益率。

需求结合起来，提供一站式服务。例如，阿里巴巴将网购、日常缴费、购票、理财、社交、聊天等融为一体，客户在购物缴费的同时可以用旺旺随时咨询客服人员，可以在微淘上分享经验，在其 BBS "淘帮派"中互相交流，形成一个庞大的"阿里王国"。

淘宝网帮派

（5）**监管与舆论优势**。目前，国内监管机构对于商业银行的监管体系已经十分成熟，但对于互联网企业从事的金融业务还存在大量监管空白。因此，互联网企业可以凭借较低的监管成本开展金融业务，同时也能够实行更为灵活的业务策略。另一方面，互联网产业归属于战略性新兴产业范畴，受到国家政策的大力扶持，而像阿里巴巴等企业又极力将其提供金融服务的行为解释为"服务于被银行抛弃的小客户"和"提供比银行更好的服务"。迄今为止，电商金融活动得到的政策和舆论支持声音远大于加强监管的主张。

6.4.3 "奶酪"也不是那么好抢的：互联网企业面临的挑战

（1）**业务运营：创新劲足但缺少金融人才和经验**。互联网企业在金融业的快速渗透不但改变了互联网业，更改变了整个金融业，这种创新型的业态挖掘、创造出了客户的新需求。正是由于其业务和运营模式的创新性，可供借鉴的经验较少，而自身大多并非金融业出身，对于金融业务运营理解不足，自身积累的经验也有限。此外，传统金融业已拥有一个从学校培养体系到企业培养及培训体系的人才培育链条，而互联网金融作为一个新兴领域，发展时间较短，行业人才短缺。经验和人才的缺乏是互联网企业渗透金融领域的一个巨大挑战。

（2）风险管理：**另辟蹊径但效果有待考验**。利用大数据分析等技术手段，互联网企业独辟蹊径，探索了一条有别于传统商业银行的风险管理方式。但由于缺少经验和专业人才、数据积累不足、数据计算模型偏差、缺少实地勘察等原因，其对于市场风险、操作风险、流动性风险、技术风险等的预测和管理能力仍有待验证。与此相比，银行等传统金融机构在长期成长发展过程中建立起了严格的风险控制系统，对风险的识别、衡量与管理能力都更胜一筹。

（3）信息安全：**事故频发，亟待改进**。在互联网时代，用户在网络上的浏览、交易、聊天等信息都被互联网企业所掌握，信息安全成为一个亟待解决的问题。一方面，技术手段不健全导致客户信息被黑客窃取，例如，2013 年 9 月，网银变种木马病毒"弼马温"伪装在播放器中，客户的资金在其毫无感知的情况下不翼而飞，约有 50 多万网民感染了此病毒。另一方面，由于内控等经验不足、管理不严，导致一些企业员工将客户信息贩卖出去，例如 2014 年 1 月支付宝曾出现"内鬼"，大量支付宝转账交易信息及个人敏感信息，包括客户的银行账号、手机号、邮箱等 20G 信息被泄露。如何能保护好用户的信息安全，是互联网企业亟待解决的问题。

（4）行业发展：**鱼龙混杂，制约发展**。当前，互联网金融仍处于缺乏监管、准入门槛低的发展阶段，市场参与主体较为混乱，而相关专业人才和服务渠道方面也受到一定制约，品牌价值和客户信任度的程度不够高，这决定了其无法提供高端的金融服务，而这种野蛮的竞争态势则制约整个行业的健康发展。例如，由于行业规则不健全，有的 P2P 网贷平台仅仅凭借几台电脑，一套几百元采购来的源代码就搭建而成，给不法分子利用网络平台恶意诈骗提供了机会，给投资者造成损失，并对一些实力较强、经营规范的公司产生不良影响。

（5）客户信任度：**资金实力较弱，挥不去的"虚拟感"**。尽管由于操作便捷、投资门槛低等原因，互联网企业的产品满意度较高，但其仍然面临客户信任度的挑战。一方面，准入门槛低、资金实力弱、且缺少国家信用背书，客户对互联网企业的信任度不及银行。以余额宝等理财产品为例，出于安全等因素考虑，大部分人都只是将一小部分钱购买此类产品，以应付在网购平台的日常开销，顺便获得更高投资收益，只有很少的客户将大量资金投入其中。另一方面，由于缺少网点、柜员、ATM 等实体，客户对于看得见但摸不着的虚拟服务心存疑虑，怕"跑了和尚，连庙都找不着了"，而这种挥不去的"虚拟感"是互联网企业难以逾越的一个瓶颈。

总之，互联网企业以大数据为信息处理武器、以云计算为技术资源利用武器、以移动通信网络为渠道武器、以社交网络为互动与传媒武器，在第三方支付、信贷融资、资产管理等领域抢了商业银行的"奶酪"，对商业银行的存款、贷款及代销佣金等中间业务收入形成了一定的影响。截至目前，互联网企业在这些领域发展迅猛，但是由于业务基数和体量较小，对商业银行业务的实质性影响不大。在互联网金融的大海中，互联网企业有时是凶猛的"鲨鱼"，但更多的是充当"鲶鱼"的作用，激励并启发商业银行加速转型，推动商业银行进一步加强业务综合化和全能化，促使其放下身段将客户真正地捧在手心里，为客户提供更贴心的金融服务。

7 BAT 三国演义：谁是挑战银行的急先锋

互联网金融汹涌来袭，几乎所有的互联网企业都加入了"抢滩大战"，都想结合自身的优势分得一杯羹。那么，面对金融领域——这个互联网企业的"蓝海"，它们会采取何种行动？谁又会成为挑战银行的急先锋呢？

7.1 大佬阿里：收购、扩张之路

2013 年互联网金融如此火爆，马云掌舵的阿里巴巴绝对居功至伟，支付宝、余额宝、收购基金公司、设立保险公司等焦点事件无一不是出自阿里之手，称阿里为互联网金融"大佬"一点也不为过。

7.1.1 阿里金融十年回顾

用马云的话说："今天阿里巴巴做的金融业务不是改革，而是一场革命，一场金融的革命。"回顾阿里的金融业务十年历程，大致可以分为三个阶段，分别为：萌芽摸索期（2002—2004 年）、初步试水期（2005—2011 年）、全面起航期（2012 年至今）。

阶段一：萌芽摸索期，2002—2004 年。 在此期间，用户信用数据库和支付宝的建立，是马云日后进军金融业的重要筹码。

2002 年，阿里开通了"诚信通"会员服务，旨在解决互联网贸易过程中的信用问题，2004 年 3 月，阿里巴巴在此基础上推出了"诚信通指数"；2003 年淘宝网应运而生，2004 年底第三方支付平台"支付宝"宣告成立，并自 2008 年起，支付宝在国内第三方支付市场中一直占据着半壁江山。

阶段二：初步试水期，2005—2011 年。 在此期间，支付宝确立的绝对领先优势，特别是小贷公司的成立，为马云打造阿里金融奠定了坚实的基础。

2005 年到 2007 年，基于 B2B 商业模式，马云可谓动作连连，包括收购雅虎中国和口碑网，推出阿里软件和"阿里妈妈"等；同时开始逐步试水信贷领域：2007 年 5 月，阿里联手建设银行、工商银行为中小企业提供商业贷款，其中，阿里巴巴充当"信用中介"接受会员贷款的申请，银行负责最终审核并决定是否发放贷款。意外的是，这项被誉为金融业和电子商务业经典合作的范例于 2010 年"不欢而散"，个中原因尚不得而知。除了与银行合作，2008 年，阿里正式推出与企业风险投资对接的"网商融资平台"；2010 年，收购深圳市一达通企业服务有限公司，该公司下设的金融中心与银行等金融机构合作开发面向中小微企业的信用证融资、远期外汇保值等金融服务产品；2010 年和 2011 年，浙江阿里巴巴小额贷款公司和重庆市阿里巴巴小额贷款公司分别宣告成立。

阶段三：全面起航期，2012 年至今。在此期间，阿里金融以平台业务为基础，以数据和信用为核心，金融布局基本完成。

2012 年 9 月，马云对外宣布将于 2013 年起进行业务转型，重新打造"平台、金融和数据"三大业务。此后围绕这三大业务，阿里巴巴进入了一系列组织和人事的调整期，并于 2013 年 3 月新组建了四大事业群，分别是：共享平台事业群、国际业务事业群、国内业务事业群和阿里金融事业群[①]；与此同时，马云联手马化腾、马明哲筹备"众安在线"财产保险公司，并于 2013 年 9 月正式获批；2012年 12 月，阿里巴巴、淘宝、浙江融信网络技术有限公司三方合资在重庆市设立"商诚融资担保有限公司"；2013 年 6 月，支付宝旗下余额增值业务"余额宝"上线，2013 年 10 月，阿里巴巴出资 11.8 亿元认购天弘基金 51% 的股权，形成了对天弘基金的控股。

总体来看，经过 10 多年的发展，阿里的金融业务涵盖了第三方支付、信贷、基金、保险和担保五大板块，而且在第三方支付、阿里小贷和互联网理财等方面具有了较强竞争力（见表 7-1）。

---

① 此处的"阿里金融事业群"指狭义概念上的阿里金融，根据业务划分，该事业群目前负责小微企业的融资服务。

表 7-1　阿里巴巴金融业务的五大板块 [①]

业务类型	业务概况
第三方支付——支付宝	● 支付宝是阿里金融体系里起步较早，发展最好的板块。 ● 支付宝已连续多年在第三方支付市场占据绝对领先地位：截至 2013 年底，支付宝注册账户突破 8 亿户；2008 年起连续 6 年占我国第三方支付市场份额超过 47%，稳居第一。
信贷——阿里小贷	● 小贷和微贷是阿里金融的重要组成部分。 ● 截至 2013 年 6 月，阿里金融累计借贷的小微企业数超过 32 万户，贷款总额已超过 1 000 亿元，户均贷款额度 4 万元。据计算[②]，2012 年贷款企业全年平均占用资金时长为 123 天，实际付出年化利率成本为 6.7%。 ● 阿里小贷的不良率为 0.84%，低于商业银行的平均水平。
基金——余额宝、控股天弘基金	● 余额宝自 2013 年 6 月 13 日上线以来，截至 2013 年 12 月 31 日，资金规模为 1 853 亿元，客户数接近 4 303 万户；"余额宝"支持的"增利宝"基金规模也成为国内市场单只规模最大的货币基金。 ● 2013 年 10 月控股从事基金业务的天弘基金，或是支付宝申请金融牌照的重要杠杆。
保险——众安在线财产保险有限公司	● 马云与腾讯马化腾、平安马明哲联手涉足互联网保险业，"众安在线"将主攻线上虚拟财产保险。
担保——商诚融资担保有限公司	● 在阿里消费金融创新和小微信贷中作为担保方提供保障，有利于扩大小贷的规模和地区，完善交易链条。

7.1.2　并购成就阿里

透过阿里的发展历程可知，阿里壮大的背后并购几乎如影随形，也正是这一系列的并购投资造就了阿里的今天。

一方面，依靠淘宝和天猫两大平台在 B2C、B2B、C2C 领域展开了一系列并购、收购。目前阿里已成为跨越电商、物流、打车、旅游等多个互联网及相关领域的大型互联网企业集团。从表 7-2 可知，2011 年之前，其主要是围绕在为淘宝

▶ ▶ ▶ ▬ ────────────────────────────────

①② 由阿里集团 2013 年 3 月对外公开，计算方法的简单示例为：以日息为 0.5‰的订单贷款产品为例，2012 年所有客户平均全年使用订单贷款 30 次，平均每次使用 4 天，以此计算客户全年的实际融资利率成本仅为 6%，仅相当于一年期贷款基准利率。阿里的这一算法引起了广泛争议，但一个数据不容忽视：阿里金融单笔小微信贷的操作成本约为 2.3 元，而银行的单笔信贷操作成本为 2 000 元左右。

网的上下游客户提供服务。例如口碑网，致力于为淘宝的商户提供 B2C 的生活服务。但是，仅仅围绕淘宝网客户的运营展开并购是远远不够的，自 2011 年以来，阿里巴巴开始针对个人消费者用户的产品展开并购，逐步构筑完备的电商生态系统，诸如团购网站"美团"、社交网站"陌陌"、移动地图"高德"等。

表 7-2　阿里巴巴的并购之路

时间	标的	性质	标的主营业务	交易详情
2006 年 10 月	口碑网	战略投资	口碑网是淘宝网旗下网站，致力于打造生活服务领域的电子商务品牌，业务涵盖餐饮娱乐等民众生活消费各个领域。	2008 年 7 月，与中国雅虎合并，随后于 2009 年 9 月并入淘宝网。
2008 年 5 月	雅虎中国	收购	雅虎中国的门户网站，雅虎的搜索技术、通讯和广告业务，以及 3721 网络实名服务。	阿里巴巴全资收购。
2009 年 9 月	中国万网	收购	域名服务、主机服务；企业邮箱、网站建设、网络营销、语音通信等应用服务；以及高端的企业电子商务解决方案和顾问咨询服务。	以 5.4 亿元，分两期获得中国万网的股权；2013 年 1 月，阿里旗下的阿里云和万网，合并后"万网"品牌继续保留。
2009 年	浙江百世物流	马云投资	承接客户物流供应链设计与优化业务，以及仓储管理、干线运输等一站式物流外包服务。	由郭台铭和马云联手创立，总投资额已经超过 1 亿元。
2010 年 1 月	上海宝尊	战略投资	在淘宝网上为多家知名品牌运营旗舰店，并为这些品牌企业提供营销服务、IT 服务、客户服务和物流仓储服务等整体电子商务服务。	具体投资金额不详。
2010 年 3 月	星晨急便	战略投资	国内第一家专业定位于电子商务 B2C、B2B 服务的全国性快递公司，为广大企业及电子商务客户提供国内小件包裹速递服务。	阿里巴巴注资后，2011 年与深圳鑫飞鸿快递公司合并；2012 年据传已经倒闭。

续表

时间	标的	性质	标的主营业务	交易详情
2010 年 6 月	Vendio Services	收购	Vendio 平台致力于为用户提供多渠道销售的解决方案,拥有美国 8 万多家小型网络零售客户。	Vendio 成为阿里巴巴一个新的业务部,同时保留原有品牌和经营模式。
2011 年 7 月	美团网	B 轮融资	国内领先的团购类网站。	美团网 B 轮融资由阿里巴巴集团领投,北极光、华登国际以及红杉资本 3 家机构跟投。
2012 年 11 月	陌陌	B 轮融资	一款基于 LBS 的移动社交应用。	据传投资额超过 4 000 万美元。
2012 年 11 月	丁丁网	联合投资	成立于 2005 年,是一个专注于本地生活搜索领域的信息服务平台。	与花旗银行共同投资,布局 O2O。
2013 年 1 月	虾米网	收购	五位创始人中四人皆来自阿里巴巴,是一个以点对点传输技术以及社区互动文化为核心的音乐分享平台。	阿里巴巴音乐事业部的重要组成,与淘宝网联合推出边听音乐边购物的服务。
2013 年 4 月	快的打车	投资	国内首款便民打车的智能手机应用,截至 2014 年第一季度,已覆盖全国 261 个城市,日订单量超过 623 万元。	与支付宝达成战略合作,用户可以通过手机支付宝直接支付车费。
2013 年 4 月	友盟	全资收购	有 10 多万个 APP 正在免费使用友盟的统计分析服务,在 APP 统计分析领域占据领先地位。	据传收购金额超过 8 000 万美元。
2013 年 3 月	在路上	A 轮融资	一款与社交结合的旅行记录与分享 App。	阿里投资百万美元;"在路上"将成为淘宝旅行重要的移动端入口。
2013 年 5 月	UC 浏览器	战略投资 + 增持	一款主流手机网页浏览器,具有视频播放、网站导航、搜索、下载、个人数据管理等功能。	2009 年阿里曾战略投资,并于 2013 年 5 月增持。

续表

时间	标的	性质	标的主营业务	交易详情
2013 年 5 月	新浪微博	入股	提供微型博客服务的类 Twitter 网站，是国内最大的微博平台，拥有超过 5 亿注册用户、超过 30 万认证用户，其中有 13 万多家企业与机构账户。	5.86 亿美元的战略投资，占 18%。
2013 年 6 月	高德地图	入股	国内领先的数字地图内容、导航和位置服务解决方案的提供商。	2.94 亿美元，持股 28%。
2013 年 10 月	天弘基金管理有限公司	入股	成立于 2004 年，2013 年 6 月 13 日与阿里巴巴旗下支付宝合作，开通"余额宝"（增利宝货币型基金）服务。	11.8 亿元，控股 51%。
2013 年 10 月	Quixey	入股	一款移动应用搜索引擎，帮助用户通过搜索应用功能类型找到自己想要的应用。	5 000 万美元，入股比例不详。
2014 年 4 月	恒生电子	收购	中国领先的金融软件和网络服务供应商，公司业务范围包括证券、基金、期货、银行、信托、保险、财资管理、通信、电子商务等。	通过阿里控股的浙江融信以 32.99 亿元价格受让恒生集团 100% 的股权后，成为恒生电子的最大股东，持股 20.62%。

资料来源：互联网公开资料；《阿里系并购之路的缘起：给 VC 与创业者带来了什么》，载《虎嗅网》，2013-06。

　　另一方面，布局金融，阿里则是依靠淘宝和天猫建立的巨大优势，通过支付宝"摸索中前行，合作中并购"。目前已通过控股或参股 6 家金融及相关企业，形成了跨越支付、信贷、担保、基金（理财）、保险五大金融领域的混业金融集团（见图 7-1）。其中，几个重要的事件分别是：2004 年成立的第三方支付平台"支付宝"已经牢牢把控了第三方支付市场；2010 年和 2011 年成立的浙江阿里巴巴小额贷款公司和重庆市阿里巴巴小额贷款公司，意味着阿里小贷正式运营，2012 年 12 月，阿里巴巴、淘宝、浙江融信网络技术有限公司三方合资在重庆市设立"商诚融资担保有限公司"，进军担保业；2012 年初马云联手马化腾、马明哲筹备"众安在线"财产保险公司，并于 2013 年 9 月正式获批；2013 年 6 月，支付宝旗下余额增值业务"余额宝"上线，2013 年 10 月，阿里巴巴出资 11.8 亿元认购天弘基金 51% 的股权，形成对天弘基金的控股。

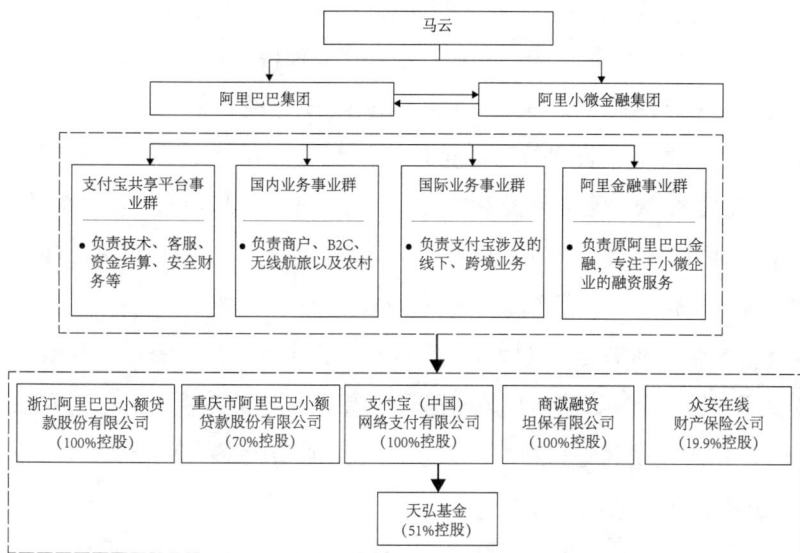

图 7–1　阿里的金融业务相关公司

7.2　三国演义：BAT 巨头之争

盘点众多发力金融业务的互联网企业，BAT（百度、阿里、腾讯）这三大互联网公司可谓绝对的王者。如果说 2013 年为互联网金融元年，阿里唱主角，百度抢戏，那么 2014 年春节微信的红包逆袭，就注定此后将继续上演阿里、百度、腾讯发力抢滩互联网金融市场的好戏，而三巨头也将很大程度上决定互联网企业在中国金融领域的未来格局。

7.2.1　三巨头的看家本领

在中国，即便对互联网领域从不关心的人，或许都知道搜索用百度、聊天用 QQ（微信）、购物用淘宝。也正因为如此，互联网圈经常有这样一句话："人与信息的连接，成就了百度；人与人的连接，成就了腾讯；人与商品的连接，成就了阿里"。从中可以看出，三巨头拥有各自核心优势：百度强在搜索服务，腾讯强在社交关系，阿里强在电商交易。接下来，本节逐一分析三巨头杀入互联网金融的"看家本领"。

1.百度：入口平台 + "中间页"

百度的绝对强项是搜索，其核心优势体现在以下方面：

（1）入口平台：**流量 + 中小企业 + 金融产品销售**。百度在 PC 和移动端的流量和用户规模使之启动小贷等金融业务相对容易，也可以吸引众多的基金、理财产品销售机构。对于小贷业务，百度推广平台有近 60 万的中小企业客户，这说明在企业资源数量级上百度并没有差太远。对于理财产品销售，百度金融做的是平台，供金融机构售卖基金产品的平台。百度以平台对接用户需求和理财产品，这与阿里巴巴收购天弘基金实现流量闭环的思路完全不同。

而且，不像电商需要仓储物流售后等环节，金融产品卖家分散开店的成本、用户的使用习惯等壁垒，在互联网金融上都有很大程度弱化。因此，阿里的余额宝虽已初步形成先发优势和品牌，但互联网金融的用户黏性并不像电商那么强，百度金融还有超车机会。

（2）**地图服务，移动先行**。百度地图已拥有 2 亿用户，汇聚了大量的开发者和 POI 数据（信息点，即 Point of Interest)。地图和支付为本地生活服务的左右手，腾讯借助微信在支付上走了一小步，而百度地图则是百度在支付上迈出的一大步。此前百度投资团购网站糯米网，正是其加快 O2O（线上线下一体，Online and Offline) 布局、融合支付与地图的战略迹象。当然，面对腾讯即将推出腾讯地图的压力，百度加强移动支付也在意料之中。

（3）**"中间页"**。百度的"中间页"，指基于搜索引擎和传统行业中间的状态来给用户提供服务的业务发展模式。在百度的蓝图中，一切"中间页"都可以变成服务于百度综合搜索的垂直搜索。譬如，"去哪儿"是在线旅游的垂直搜索，"爱奇艺 +PPS"是网络视频的垂直搜索，"糯米 + 百度地图"是 O2O 搜索。收购 91 和以前的 hao123 则分别抢占了移动互联网和传统 PC 的流量分发入口。

理论上，中间页是搜索的无限延伸。这里的"搜索"是更广义的搜索，百度所谓的"搜索"是一种解决方案。譬如秘密武器的"百度知心"，就是运用数据挖掘能力将散落在互联网上碎片化的知识整合起来形成答案，满足用户需求，实现"搜索即答案"的效果。所以，百度做的是关于解决方案的事情，涵盖互联网生活的各个方面，这些是通过"中间页"实现的。

2.阿里：服务从企业到个人，数据是核心资产

阿里巴巴的优势可以概括为以下几点：

（1）**"电商＋支付"寡头。**电商，经过"淘宝"和"天猫"近10年的经营，阿里在电商领域的积累独占鳌头；成立于2004年的支付宝，则占据着我国第三方支付半数以上的份额。

（2）**信用体系。**信用体系是阿里电商业务正常运行的基石，这必然会延展到阿里金融。阿里可以根据企业的交易数据进行小微贷款业务的信用评估；对企业数据实时监控随时处理账户降低风险；根据个人用户信用记录开展信用支付等。

（3）**消费数据。**通过对用户个人消费数据和群体消费行为的挖掘，可以为余额宝资金调度提供参考，同时可模仿腾讯推出淘宝基金指数，将用户与理财产品精准对接。这一切还可以与其投资的新浪微博结合起来运作，例如大V认证资料、微博资料、社会化推广、社会化数据挖掘等。

（4）**移动端。**本地生活服务将是阿里未来的一个不确定性存在，但也是机会与威胁并存。阿里金融在PC端无疑已经具备优势，虽然成为寡头很难，但做老大应该问题不大。但移动端则未必，因为还有腾讯的存在。

3.腾讯：社交基因，立足移动

腾讯天生属于社交，其优势也在社交，体现在：

（1）**社交：QQ＋微信。**QQ、QQ空间、朋友网、QQ邮件、腾讯微博和微信，腾讯几乎构建了国人的社交网络。腾讯借此可以实现一些社会化支付、金融产品的创新，也有助于产品的推广营销和理财客户的维系互动。这意味着腾讯未来很可能会成为一个平台，第三方机构使用它向用户销售产品。

而QQ、空间、微博、微信等社会化产品产生的海量社交数据，通过一定的挖掘可以进行一些预测、监测。例如腾讯基金指数便是基于数据挖掘而产生的。

此外，相比阿里、百度，腾讯网还是国内主要的门户网站之一，每天提供着国内外的各种新闻资讯，这也有力拓展了腾讯的用户边界。

（2）**电商：联手"京东"。**腾讯的电商基因并不突出，旗下的三个主要电商"拍拍网、QQ网购和易迅网"虽业绩不俗，但相比阿里的淘宝和天猫差距还是很大。但是，随着2014年3月与国内电商翘楚"京东"的合作，腾讯的电商生态圈得到了强有力的支撑。众多人士纷纷指出，腾讯京东的联盟，开启了国内电商

"双雄争霸"的序曲。

（3）**移动支付：财富通 + 微信**。财付通是第三方支付领域的"老二"，但是社交化软件"微信"以及微信支付的推出，腾讯移动支付的未来"不可限量"。其中，微信的巨大潜力绝对值得期待：2014 年 2 月 23 日，美国社交网站 Facebook 以 190 亿美元的价格收购 whatsapp（与微信功能类似的一款社交软件），whatsapp 只拥有 4.5 亿活跃用户，而微信拥有超过 6 亿的活跃用户，且货币化能力远超 whatsapp。

7.2.2　三巨头的战略版图

2013 年互联网金融领域，阿里、百度、腾讯三巨头各显神通：阿里通过余额宝拔得头筹，百度联手华夏推出的"百度百发"后来居上，马年春节腾讯的微信红包功能的"惊艳"出演，惊出了支付宝一身冷汗。2014 年伊始，腾讯"嘀嘀打车"与阿里"快的打车"的出租车补贴大战如火如荼，2 月 10 日阿里突然全资收购高德公司，被业界理解为阿里与腾讯全面"开打"，随后不到一周，腾讯便与大众点评宣布达成战略合作，将投资大众点评，占股 20%；而就在腾讯与王府井、天虹百货等多家传统零售企业达成战略合作之际，阿里旗下手机淘宝也宣布与大悦城、华联 BHG、富力广场等商场合作的消息；3 月 10 日，腾讯"牵手"电商巨头"京东"展开深度合作……

事实上，基于各自优势，2013 年以来，三巨头不约而同地选择加速扩张，投资并购和整合资源见表 7-3，阿里的并购见表 7-1。

表 7-3　2013 年以来百度、腾讯的主要投资并购

日期	投资方	被投资方	所在领域	投资金额	交易方式
2013-02	百度	Trustgo	移动安全	3 000 万美元	100% 股权收购
2013-05	百度	PPstream	网络视频	3.7 亿美元	100% 股权收购
2013-08	百度	91 无线	移动分发	19 亿美元	100% 股权收购
2013-08	百度	糯米网	团购	1.6 亿美元	59% 股权
2013-08	百度	悠悠村	广告	5 000 万美元	100% 股权收购
2013-11	百度	纵横文学	网络文学	3 130 万美元	100% 股权收购

续表

日期	投资方	被投资方	所在领域	投资金额	交易方式
2013-04 2014-01	腾讯	嘀嘀打车	移动打车	1 500 万美元 3 000 万美元	具体比例不明
2013-09	腾讯	搜狗	搜索	4.48 亿美元	37% 股权
2013-10	腾讯	Loom	移动图片	140 万美元	具体比例不明
2013-04	腾讯	金山网络	综合公司	4 700 万美元	10% 股权
2014-02	腾讯	大众点评	O2O	4 亿美元	20% 股权
2014-03	腾讯	京东	电商	2.15 亿美元 + 电商资产转让	15% 股权

资料来源：互联网公开资料，易欢欢：《寻找产业互联网的 BAT》，宏源证券研究所报告，2014-03。

经过一系列投资并购，三巨头进一步完善了自己的业务布局，具体如下：

1. 百度："传统搜索 + 移动云战略 +LBS+ 金融"四大战略布局

2013 年，百度围绕移动、O2O 和 LBS 生活服务、"中间页"战略等展开的一系列投资，花费资金超过 30 亿美元，并购或投资数目近 20 起。至此，百度搭建了涵盖"传统搜索 + 移动云战略 +LBS+ 金融"四大战略的布局，具体如表 7-4 所示。

表 7-4　百度的商业版图

布局方向	主要载体
1．传统搜索：打造下一代搜索引擎	百度识图；百度语音系统；百度知识图谱
2．LBS（基于位置的服务，Location based service）	团购网：糯米；百度地图，用地图打造生活服务的开放平台；旅游：去哪儿网
3．移动云战略	娱乐：PPS 影音；移动应用开发：91.COM；存储：百度云
4．金融：基于搜索引擎渗透金融服务	百度财富，百度理财

资料来源：宏源证券研究所报告。

2. 阿里巴巴：全产业链布局

本书 7.1 节已经对阿里巴巴的投资并购进行了较为详细的介绍，从表 7-5 可知，阿里巴巴的商业版图可谓是全产业链，从电商、团购、游戏、社交、教育、旅游、医疗、物流到金融几乎涵盖了互联网所能触及的方方面面。

表 7-5　阿里巴巴的商业版图

布局方向	主要载体
电商	淘宝（C2C）、天猫（B2C）、阿里巴巴（B2B）
移动战略	高德地图；团购：聚划算、美团；酷盘（云存储）；友盟（移动应用统计分析）；Quixey（移动搜索）；快的打车
金融	涵盖第三方支付、信贷、基金、保险和担保五大方面
社交	来往、新浪微博、UC、陌陌
泛电商	游戏：阿里手机游戏平台；教育：淘宝同学；旅游：淘宝旅行；医疗：中信 21 世纪；物流：shop runner、菜鸟、星晨急便等

资料来源：互联网公开资料；宏源证券研究所报告。

3.腾讯：社交产业链

腾讯凭借强大的社交网络，特别是微信的"横空出世"，腾讯也完成了移动支付、理财、游戏、地图、电商以及生活服务等众多领域的布局，轻松搭建起了新的生态体系（见表 7-6）。

表 7-6　腾讯的商业版图

布局方向	主要载体
即时通讯业务	QQ、QQ 邮箱、微信、Foxmail
网络媒体	腾讯网、搜搜
电子商务	财付通；拍拍、易迅网、QQ 网购；大众点评
互动娱乐业务	桌面游戏、大型网游、休闲游戏、PPS 影音
互联网与移动互联网增值服务	手机腾讯网；QQ 空间；朋友网；滴滴打车

资料来源：宏源证券研究所报告。

从以上可以看出，三大巨头布局甚广，所图甚大，其中有三点值得注意：第一，BAT 三巨头当前主要的收购目标并非直接针对金融行业，而是以巩固、拓展其在互联网行业的优势地位、建立互联网全产业链条为最高目标。这一点与我们在第 4 章中互联网企业的跨界动机之一中已有阐述。目前三巨头对金融业的渗透，主要是巩固其互联网优势地位的需要，也可以说是搂草打兔子。其最高目标只有一个，就是互联网用户，只要用户使用互联网，就离不开三巨头。第二，BAT 三巨头始终沿着各自的优势向外拓展，例如百度从搜索出发，阿里从电商和支付宝出发，腾讯从社交平台出发，三巨头在金融行业的拓展路径也是如此。百度利用搜索优势售卖基金理财；阿里利用电商优势涉足小额贷款，利用支付宝优势拓展余额理财；腾讯利用社交平台的强关系型优势开展小额支付（微信支付）和 P2P 平台。第三，BAT 三巨头虽然扩张甚快，对金融业的野心也昭然若揭，但对金融业的渗透、扩张并非想象中的盲目，而是目标明确，步步为营，步伐稳健。例如，阿里对于较为混乱的 P2P 就很谨慎，直到 2013 年才有传闻阿里要收购拍拍贷，而拍拍贷三分之一以上的交易额是淘宝卖家贷款，实际这一消息并未成真，而且其支付宝与 P2P 平台的合作也甚少。再如，阿里银行在石头落地之前，也并不像其他举动那么高调，阿里金融负责人彭蕾在 2013 年 9 月的互联网金融外滩论坛上曾公开否认正式提交"设立网络银行"的申请。可见互联网企业表面上看起来似乎扩张过快，实则是志存高远、步伐稳健。

7.2.3　三巨头拓展金融的未来瓶颈

之于未来，互联网的世界瞬息万变，竞争对手也虎视眈眈，三大巨头在互联网金融领域若想继续领跑，除了强化已有优势，更为重要的是克服未来发展过程中的潜在瓶颈：

第一，互联网平台优势并不等同于金融平台优势。百度的搜索平台、阿里的购物平台（电商平台）和腾讯的社交平台都已在各自领域独领风骚，但它们的互联网平台优势并不等同于金融平台优势，真正转换为金融平台优势尚有很长的路要走，原因在于：金融领域的竞争最终还是要回归金融本质，传统金融机构在风险控制、产品设计、客户资源、政策支持、应对监管、金融人才储备等方面所累积的实力远在它们之上。比如，目前来看阿里的余额宝，腾讯的理财通等的确便捷，但收益率在同类产品中，尤其是与银行系陆续推出的各类基金"宝"相比，并没有绝对优势，如何在很多方面都不占优势的情况下，做出比传统金融机构更有吸引力的金融产品才是对互联网企业进入金融领域的真正考验。

第二，**监管制约的风险**。对比银行等传统金融机构的监管环境，目前互联网金融可谓几乎不受到监管制约。随着互联网金融规模不断扩大，业务模式不断丰富，势必受到包括市场准入、资本监管、金融牌照等方面的监管。以阿里为例，截至 2013 年，阿里金融已获得第三方支付、信贷（小贷）、基金、保险和担保等金融牌照，未来银行牌照也可能获得。但在互联网金融受到越来越严格的监管下，在资本与监管的双重制约下，能否持续发挥互联网的灵活、轻便、善于创新的特点将不容乐观。

第三，**流动性管理的风险**。流动性风险历来是金融机构的风险管理重点，银行等金融机构也已建立了一套严格的管控体系和完善的流动性风险防范机制，相比之下，阿里金融这类互联网金融机构在这方面经验匮乏。一旦爆发流动性风险，可能产生致命后果。特别地，互联网金融下的流动性风险还具备些新特点：一方面，互联网金融下的虚拟账户不隶属于传统金融流动性监管的体系，甚至有可能摆脱真实货币约束，潜在风险明显增大；另一方面，互联网金融下的交易可随时随地发生，风险扩散速度更快、传播范围更广。

第四，**高端客户的定制化服务能力欠缺**。互联网服务并不替代金融服务，消费是感性的，财富是理性的，财富运行有其自身规律，富裕人群对财富的管理并不会通过互联网来实现，传统金融机构有丰富的资产端业务，具备高素质的金融人才，拥有更强的金融资源整合能力，因此可以为高端客户提供定制服务。由于还缺乏差异化服务的能力，互联网企业的目标或许是金融超市，但想成为高端定制店可谓任重道远。

7.3 其他互联网企业的选择：合作、被收购、被收编

互联网企业在金融领域异军突起、迅速发展，但同时互联网市场鱼龙混杂、真假难辨，集中度较高、竞争激烈，只有第一第二、没有第三第四的行业特征非常明显。那么，除了 BAT 三家大佬，其他试图开展金融业务的互联网企业，包括国际互联网企业、众多江湖小门派，它们未来的发展如何选择？本节从合作、被收购或被收编三个视角采取案例研究的方式分析其他互联网金融企业面临的选择。

7.3.1　互联网企业与传统金融合作

面对传统金融，探索可持续的包容性发展之路是互联网金融未来重要的发展方向之一。互联网金融与传统金融各有优势和劣势，双方应相互弥补对方的不足，以有益合作代替恶性竞争，在合作中寻求共赢。

1. eBay 与平安银行的联姻

eBay 自 1995 年在美国诞生以来，市场份额不断扩大，目前在全球 30 多个国家和地区开展业务，是全球最大的国际贸易电子商务平台之一。2013 年 4 月，eBay 集团发布了截至 2013 年 3 月 31 日的 2013 财年第一季度财报，报告显示 eBay 第一季度净营业收入为 37 亿美元，较 2012 年同期增长 14%。

平安银行是深圳发展银行以吸收合并原平安银行的方式完成两行整合并更名后的银行，为全国性股份制商业银行，总部设在深圳。中国平安保险股份有限公司及其控股子公司持有平安银行股份共计约 26.84 亿股，占比约 52.38%，为平安银行的控股股东。平安金融科技咨询有限公司（以下简称平安金科）为平安银行的全资子公司，承担了平安银行在互联网金融上的产品孵化。

2013 年 8 月，平安金科与 eBay 实施了战略合作，合作方式为：平安金科通过"贷贷平安商务卡"，为 eBay 的卖家提供融资渠道，eBay 的卖家只需凭借个人信用和交易数据就可以申请无抵押无担保贷款；平安银行则根据卖家在 eBay 上的交易数据来评定卖家的信用等级和具体的贷款额度。

eBay 是一家外资公司，根据我国监管规定，较难直接获得小额贷款等金融牌照，与平安银行合作后，eBay 为其卖家提供金融服务就变得指日可待。对于平安银行来说，与 eBay 的联姻可以利用互联网企业在客户服务、数据挖掘、信息平台搭建等方面的优势，掌握 eBay 商户的海量数据，如交易情况、收入情况等，根据商户需要和信用等级可以开拓更多的互联网金融产品。

2. 慧聪网与民生银行合作布局互联网金融

慧聪网成立于 1992 年，至今已有 20 多年的历史，是国内较大的 B2B 电子商务服务提供商，并与 2013 年 12 月登陆香港联交所，成为同业内第一家上市公司。经过多年的运营，已经汇集了超过 1 600 万注册用户和 15 万户以上的付费企业用户。但是由于大量小微企业，规模有限，很难以传统方式从银行获得贷款。

慧聪网主页

　　2013 年 1 月 15 日，中国民生银行信用卡中心携手慧聪网推出了民生慧聪新 e 贷白金信用卡。民生慧聪新 e 贷白金信用卡是民生银行信用卡中心专门为慧聪网的小微企业主量身定做的一款信用卡产品，也是业内第一款用信用卡做载体，针对小微企业在 B2B 平台积累的网络信用为基础而推出的无抵押免担保、灵活计费的小额信贷产品。慧聪网积累了大量的交易和服务数据，这些数据可以转化为企业融资的信用等级，民生银行根据该信用等级，可以向企业主提供不同的授信额度。基础授信额度最高 20 万元，再加上银行认定的交易记录等相关资质，最高可以获得 50 万元的循环授信额度；一次授信有效期为 3 年。此外，该产品还给客户提供灵活的计费和还款方式，满足了慧聪网小微企业主在消费和采购方面的资金需求。慧聪网的业主可在全国范围内的民生银行分支机构申请该信用卡，基本覆盖了国内经济发达地区。民生慧聪新 e 贷白金信用卡申请条件和优势见表 7-7。

表 7-7　民生慧聪新 e 贷白金信用卡申请条件和优势

申请条件	1.执照注册 1 年以上，18—65 周岁，法人或其直系亲属方可申请；
	2.必须在全国 55 个申请区域内（可电话或者网上确认地区是否可以）；
	3.银行无不良诚信记录，法院无经济纠纷官司；
	4.必须提供近半年的银行对公＋对私流水；

续表

申请条件	5.企业是慧聪网付费会员。
五大优势	1.无抵押、无担保、纯信用；
	2.高额度：最高 50 万元额度；
	3.低利率：固定年利率 8.6%—9.6%，日息 0.042%；
	4.用款时到款及时，90% 取现；
	5.使用灵活，一次授信 3 年可循环使用。

民生—慧聪新 e 贷白金信用卡

与互联网公司的小额贷款产品相比，新 e 贷信用卡是银行首次以信用卡模式涉足互联网金融服务。针对企业法人发放的大额信用卡，具有额度高、费用少、循环授信、随借随还、收费灵活等特点。该业务的开展，一方面，使得慧聪网涉足金融业务，满足了慧聪网小微企业主的用户需求。另一方面，通过与慧聪网的合作，给民生银行信用卡中心带来新的业绩增长点。

3. 京东商城联合中国银行打造供应链金融

京东商城成立于 2004 年，是目前国内电子商务领域最受消费者欢迎的电子商务网站之一，截至 2013 年底，其注册用户过亿，活跃用户数达到 4 740 万户，完成订单量达到 3.233 亿笔，年销售额突破 1 000 亿元，并且其物流平台已经覆盖了全国大部分区域。

京东商城主页

2012 年 11 月 27 日，京东商城与中国银行举行全面战略合作伙伴签署仪式，京东商城与中国银行将在技术、服务、品牌和资本上进行全面合作。京东商城 CEO 刘强东表示，未来的商业竞争是供应链竞争，供应链金融提供了供应链整体运营能力。通过资金流带动整个链条不断向前，从而实现供应链有机整合，因此，京东商城与中国银行合作将实现整个产业链的共同繁荣。以某品牌家电特约经销商为例，该经销商销售额达 2 亿元，同时是京东的供应商，且经济效益好，资金实力雄厚。如果该经销商在中行尚无授信，但急需融资，迫切需要将其应收账款卖断给银行以锁定成本，减轻其应收账款的压力。此时就可以向中银保险投保国内交易信用险，并向中行申请获得融资。目前，京东商城供应链金融服务平台已打造完成，该平台结合京东商城供应商评价系统、结算系统、票据处理系统、网上银行及银企互联等电子渠道，是面向京东商城供应商展开的一整套金融服务的综合型金融服务平台。

7.3.2 传统行业收购互联网金融企业

1. 平安银行低调收购壹卡会

壹卡会成立于 2006 年 6 月，是国内第一批获得中国人民银行颁发中华人民共和国支付业务许可证的 27 家第三方支付企业之一，经营范围包括预付卡发行与受理和互联网支付。

壹卡会主页

2012 年平安银行通过旗下的"平安金融科技咨询有限公司"收购了原壹卡会单一股东"明华智能"将其变更为"平安付智能",取得壹卡会的控制权。中国平安收购壹卡会向第三方支付的进军,显示了其在互联网技术方面不甘于居后的决心。完成收购后,平安集团在原来的"平安一账通"、"平安银行卡"的基础上多了一大支付工具,平安银行将着力开发支付业务,支付业务也有望与"保险"、"银行"一道成为平安集团的核心业务。

2. 京东商城收购网银在线

网银在线是国内领先的电子支付解决方案提供商,专注于为各行业提供安全、便捷的综合电子支付服务,并于 2011 年 5 月获颁央行的第三方支付牌照,业务范围包括互联网支付、移动电话支付、固定电话支付和银行卡收单等。

网银在线网页

2012 年下半年,京东商城完成对网银在线的收购,从而曲线获得第三方支付牌照。目前许多较大的网销平台都拥有自己的支付体系，因为支付工具是平台整个运营体系中重要的一环，如果可以有效运营自己的支付体系，电商的整个供应链会更加顺畅。京东商城通过自己运营支付公司，能够快速回笼资金，加强对资金流的控制。除了京东商城，其他不少网商也通过开设支付公司的方式以缩短资金链。

7.3.3　中国银联收编第三方支付

银联成立于 2002 年，是向银行提供跨行交易清算、支付的银行卡组织，一直是银行跨行和跨地区支付的主要通道。其收入主要是通道费：根据中国人民银行规定，每笔刷卡的手续费发卡行得 70%，收单行得 20%，银联得 10%。最近几年，随着第三方支付的快速发展，第三方支付可以绕开银联直接与银行相连接，弱化了银联的通道作用，也对银联的业务收入造成了较大影响。在支付市场上，银联与第三方支付企业各有优势，银联在 POS 收单方面走在前列，第三方支付在互联网支付方面市场份额较大。

在第三方支付机构不断抢占银联市场份额的冲击下，银联先后与 2012 年底和 2013 年 7 月发布两份文件，号召银行中断与第三方支付的接口，并期望在 2014 年 7 月将第三方支付机构收编，统一接入银联网络。

如果银行和第三方支付机构都使用银联的系统，银联自然就可以继续"征收"管理费，从而获取更大收益。但多数第三方支付企业并不想被银联"收编"。而似乎中国银联已经铁心收编第三方支付，目前银联正在督促各大银行配合银联的工作，可以预见在不久的将来银联还会有进一步的举措。但是第三方支付被银联完全收编的可能性不大，因为第三方支付绕过银联直连银行，避免银联在当中"雁过拔毛"，对第三方支付和银行来说都是好事，所以银行对银联"封杀令"的响应并不积极。未来的演变如何，还将拭目以待。

总之，伴随着互联网金融的热潮，所有互联网企业几乎都加入了"抢滩大战"，都想结合自身的优势分得一杯羹。**百度、阿里、腾讯 BAT 三剑客，冲锋在前，竞争能力最强、抢占的市场份额也最多**；其他互联网小门派也紧随其后。互联网企业进入金融领域可谓百花齐放，百舸争流。那么，传统金融的核心，商业银行这些航母级的企业，面对互联网技术的深入发展和带来的挑战，它们会采取何种行动？是故步自封、退缩保守还是积极融入时代的大潮？

8　面对挑战和命运抉择：商业银行一直在行动

面对互联网技术的颠覆性影响以及互联网金融澎湃发展带来的巨大冲击，作为传统金融核心的商业银行会有怎样的应对呢？回顾历史、审视当下，我们惊奇地发现，一直以"稳健、保守"著称的商业银行并非如大众想象或互联网企业宣传中那样"闭关锁国"、消极被动。相反，商业银行不仅在历史上是电报、计算机等先进信息技术的积极推广者，即便在当今 Web3.0 时代，商业银行也是信息化、智能化等最新信息科技的首批应用者。

8.1　商业银行：先进信息技术一贯的积极推广者

8.1.1　电报在商业银行的普及

从实践的技术角度来说，商业银行的信息化包括两项重要的技术：通信技术和计算机技术。回顾历史，商业银行一直是先进信息技术的积极推广者，这可以追溯到电报机的发明。

《经济学人》杂志的科技编辑汤姆·斯坦奇将电报称为"维多利亚时代的互联网"。在电报流行以前，人们要从美国东部的纽约往西部的加利福尼亚州捎个信，最快也得 10 天。电报的出现让即时输送信息成为可能。现代电报是由萨缪尔·摩尔斯在 1837 年发明的，其设计出著名的莫尔斯电码，在美国取得专利。莫尔斯电码是利用"点"、"划"和"间隔"的不同组合来表示字母、数字、标点和符号。

与互联网相比，电报的商业应用似乎进展更快。著名的电子商务平台亚马

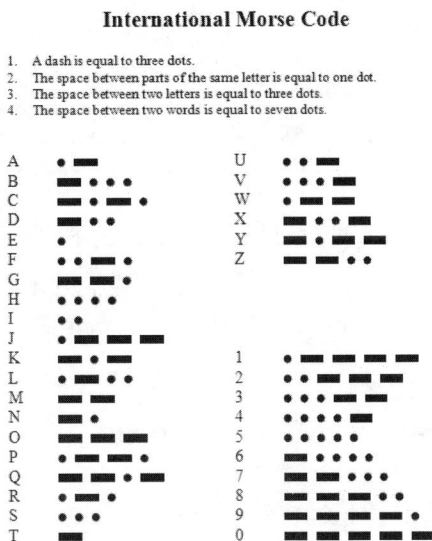

International Morse Code

1. A dash is equal to three dots.
2. The space between parts of the same letter is equal to one dot.
3. The space between two letters is equal to three dots.
4. The space between two words is equal to seven dots.

图 8-1　著名的莫尔斯电码

逊（Amazon.com）直到互联网诞生了 25 年后才开展了图书网络销售业务，相比之下，美国的第一条商用电报线路则在电报发明不到 8 年时间就正式投入使用了。到 1850 年时，美国拥有 1.2 万英里长的电报线路；同年，首条海底电缆横越英吉利海峡，把英国及欧洲大陆连接起来。第一条连通美国全国的电缆在 1861 年建成，第一条横越大西洋的电报海缆 1857 年铺设完毕，但直到 1866 年 7 月才投入使用，西接美国特里尼蒂海湾，东连爱尔兰西海岸瓦伦西亚横越太平洋的海底电缆于 1902 年完工。这些连接着不同区域的电报电缆，将原来分隔的大陆在信息空间内拉在了一起。当时《纽约信使报》编辑詹姆斯·班尼特说："电报可能不会影响杂志文学，但报纸必须向命运屈服，退出历史舞台。"

至今仍在提供国际电汇业务的西联汇款（WesternUnion）于 1851 年在纽约成立，成立时的公司名为纽约和密西西比流域印刷电报公司（New York and Mississippi Valley Printing Telegraph Company），1856 年，正式更名为西联电报公司；1871 年，西联汇款推出了 Western Union Money Transfer 服务，这是最早开始使用先进的通信技术实现金融服务的业务之一。

电报在信息传递方面所表现出的优越性很快被商业银行所看重，这也是全美银行间清算网络 FedWire 能够产生的初始原因。

FedWire 全称是 Federal Reserve Communication System，是美联储转移大额付款的系统，用于遍及全国 12 个储备区的 1 万多家成员银行之间的资金转账，实时处理美国国内大额资金的划拨业务，逐笔清算资金。这一网络已经有近 100 年的历史了。1914 年 11 月，FedWire 网络开始运行，1918 年起开始通过自己专用的摩尔斯电码通信网络提供支付服务，从每周结算逐渐发展到每日结算，直到 70 年代早期，美国国内资金、债券的转移仍然主要来自于此电报系统。1970 年美国开始建立基于计算机联网的自动化电子通信系统，并一直改进发展，沿用至今。

如果说通信技术的使用，解决了信息的实时传递问题，是商业银行信息化的一大支柱，那么电子计算机的发明和使用则是解决了信息的存储和处理问题，是商业银行信息化的第二个支柱。

8.1.2 世界银行业信息化过程

1946 年 2 月 15 日，世界上第一台电子计算机 ENIAC 在美国宾夕法尼亚大学诞生，由此，开始了商业银行加速信息化的进程，这一过程可以分为以下 6 个阶段。

（1）**准备阶段**。这一阶段大约起始于 20 世纪 50 年代末。这一阶段，电子计算机在商业银行的日常业务处理中的应用才刚刚开始，和当时的绝大多数计算机应用一样，商业银行也使用穿孔卡片来进行数据的输入工作，由于当时电子计算机的价格十分昂贵，只有少数银行购置了电子计算机，并将其应用于一些特定的领域当中。这一阶段的代表性硬件是计算机、卡片式打孔机、验钞机、打印机等。

（2）**批处理阶段**。20 世纪 50 年代末，以 IBM 全晶体管化的 7090 和 7070 计算机为标志的第二代计算机的面市。对业务的批量处理逐渐进入了商业银行的信息化进程，具体而言，就是在固定的时间段内，将之前累积的业务数据采用集中处理，分批运行的方法，生成各种报表。

（3）**联机处理阶段**。1965 年，集成电路的出现（Integrated Circuit，IC）为电子计算机的革新奠定了基础，第三代电子计算机应运而生，除了硬件上使用集成电路替换电子管、晶体管等分立元件，软件上也开发出了更加人性化的操作系统（Operating System，OS）代替原有的管理程序，IBM360 系统是第三代计算机的代表。第三代电子计算机对商业银行信息化的最大贡献在于，使商业银行的业务走向了联机处理。这一改进彻底消除了批量处理实时性差，并且需要大量人工介入数字抄写和代码输入的弊端，使源数据可以通过终端直接送入计算机。

EFT（Electronic Funds Transfer）也是这一阶段产生的。它的出现将通信技术与计算机技术结合了起来，为后来金融业务的网络化处理奠定了基础。

（4）**综合处理阶段**。综合处理阶段的标志是银行内部业务处理的综合化，起始于 20 世纪 70 年代初期。其中以美国银行的支票自动处理系统最为典型。为处理大量支票业务，美国银行启动了一个银行会计自动化的项目——电子记录机会计 ERMA，它每秒可处理 10 张支票，这一设备使美国银行每年可处理 7.5 亿张支票，使美国银行的利润超过其他银行。

目前全世界金融机构进行资金划转的公认网络 SWIFT 也是在这一阶段产生的。SWIFT 的全称是环球银行间金融通信协会（Society for Worldwide Interbank Financial Telecommunication），也是通信技术、计算机技术与金融服务结合过程中的产物。20 世纪 50 年代，随着国际贸易的发展，银行收到来自各地不同格式的电文，进行转换后输入计算机效率较低。20 世纪 70 年代初，欧洲和北美一些大银行开始建立国际金融通信系统，希望获取正确、安全、低成本的国际资金调拨信息。1973 年成立 SWIFT 组织，1977 年夏完成了 SWIFT 网络系统的各项建设和开发工作，并投入运营。SWIFT 的总部设在比利时，其创始会员为欧洲和北美15 个国家的 239 个银行。1987 年开始，经纪人、投资公司、证券公司和证券交易所等在内的非银行金融机构开始使用。1999 年底，全球有 189 个国家和地区 6 673 个金融机构加入。中国是 SWIFT 会员国，中国银行于 1983 年加入，1985 年开始使用，是我国与国际金融接轨的里程碑。

（5）**电子自助服务融入阶段**。这一阶段始于 20 世纪 80 年代。当时，电子资金划转网络已经逐步普及，ATM、POS 机等自助设备陆续出现并开始投入使用，电话银行出现，卡介质、电子支票、电子票据被越来越多的商业银行所使用；随着商业银行对互联网技术和计算机技术的快速消化与应用，自助设备开始投入运营，"无支票"、"无现金"的概念开始越来越多地出现在研究报告和商业计划当中；随着商务决策辅助系统的快速演进，银行业务处理开始逐渐与商业决策系统融合发展，银行业务范围逐步扩大。在当时的技术条件下，互联网和电子计算机技术还比较昂贵，只有大型商业银行这样资本雄厚的机构才能开展相关业务，普通消费者只能通过银行卡、ATM、POS 机终端等设备接入商业银行的清算网络，才能享受网络和计算机带给金融业务的便利。

（6）**"银行 + 互联网"阶段**。20 世纪 90 年代开始，全球互联网和个人计算机的普及率逐渐上升，在这样的经济技术条件下，普通的消费者可以通过个人电脑与计算机，接入商业银行清算网络，在家里享受类似 ATM、POS 机等自助设备的服务。1995 年 10 月 18 日，世界上第一家网络银行——安全第一网络银行正式上线，在全世界引起了轰动。尽管这家全新的网络银行不久之后就被收购，但这种脱离实体网点开展金融服务的思路还是得到了消费者和金融从业者的关注。在此之后，商业银行进入了全面应用的网络银行阶段，网上银行、短信银行、手机银行陆续推出，客户享受金融服务的便捷性得到了前所未有的提高。

世界上第一家网络银行——美国安全第一网络银行

1995 年 10 月，美国三家银行联合在互联网上成立全球第一家无任何分支机构的纯网络银行，即美国安全第一网络银行（Security First Network Bank，SFNB），成为全球第一家无任何分支机构的纯网络银行，标志着一种全新银行服务模式的诞生。SFNB 是得到美国联邦银行管理机构批准、在互联网上提供银行金融服务的第一家银行。其前台业务在互联网上进行，其后台处理只集中在一个地点进行。开业后的短短几个月，即有近千万人次登录其网站，给当时的金融界带来极大震撼。SFNB 为全世界的银行和金融机构树立了榜样，也为全世界网络银行的创建和发展积累了丰富的经验。

随即，这一风潮蔓延全世界，网络银行走进了人们的生活。SFNB 诞生之后的几年内，全球排名前 1 000 家的大银行中有 800 多家开设了网络银行业务。这一业务的开通不仅使金融服务的便捷性和可得性大大增强，而且大幅节省了银行的运营成本。根据美国银行业的一项调查，通过传统网点进行交易的单笔成本为 1.07 美元，电话银行交易成本为 0.54 美元，ATM 交易成本为 0.27 美元，而网上银行的交易成本仅 0.1 美元。

8.1.3　中国银行业信息化后来居上

新中国银行的信息化，从早期的脱机处理，发展到联机处理阶段、多渠道综合阶段，走过了近 50 年的历程，可分为以下 6 个阶段[①]。

（1）**试点阶段**。20 世纪 60 年代，我国开始自主研发电子计算机，当时电子计算机属于稀缺资源，除了应用于国防工程外，银行业作为重点行业，也得到了试点应用的机会。

20 世纪 70 年代中期，上海自主研制成功了我国第一台银行专用计算机——浦江 1 号 (PJ-1)，从而成为国内率先试用计算机处理银行业务的城市，用于中国人民银行上海分行营业部会计核算部门的会计票据处理，同期，北京也有插板式计算机用于事后对账处理。以解决大量繁杂的人工劳作，提高票据处理的速度和准确率。

随后，法国生产的 60/61 小型计算机被中国人民银行总行引进，用于处理全国联行对账业务，由此开始了银行业使用电子计算机处理业务的试点。这是国内银行业使用电子计算机辅助处理业务的开始。

之后，人民银行连续从国外引进具有当时国际较先进水平的通用计算机系统

▶ ▶ ▶

① 顾浩、胡乃静、董建寅：《银行计算机系统》，北京，清华大学出版社，2006。

来处理银行业务，首先在沿海发达地区进行业务开发试验，为此专门抽调人员，组建了一支银行系统的计算机应用开发队伍。这一时期的主机代表机型是 IBM 的 360/370 小型机，用于银行业务处理的计算机是日立 M150 系列，通用型电子计算机的引进开始了我国金融业务电子化进程，比较全面地开展了全国联行对账、会计业务、储蓄业务和外汇买卖业务的系统应用。

这一时期，在支付清算领域中，我国已经开始着手建立以电子为传递媒介的计算机处理与人工结合的系统，当时称为电子联行的汇兑系统。

（2）**探索阶段**。20 世纪 80 年代中期到 90 年代初，计算机的制造成本有了显著降低，性价比随之提高，计算机在金融领域也变得越来越普及。除了采用大型机进行相对集中的处理之外外，廉价且更加通用的 PC 机开始逐渐占据低端市场，各银行纷纷结合这一技术发展趋势，结合 PC 机的特点，从柜面业务入手，开发了大量的各类柜面业务处理系统，以替代手工办理柜面业务的传统方式，形成了适合当时中国国情的银行业务电子计算机处理模式。经过若干年的建设，国内各银行的主要业务系统基本实现了电子计算机处理，同时基本完成了各网点的计算机化，完全摆脱了手工记账的落后状况。

（3）**大规模推广阶段**。经过前两个阶段十多年的尝试之后，银行业务的电子计算机应用无论在硬件体系还是软件架构、应用程序开发方面都已经积累了比较成熟的经验，相应的技术人员也已经有了一定的积累。与此同时，过去十多年各自为政、缺乏统一标准的信息系统建设热潮也在互联互通、数据集成、分享等方面日益暴露出一些缺陷，例如软硬件耦合严重，不同机构的系统互通性差，数据标准不一致导致数据难以进行有效的整合、共享等，不仅在一定程度上浪费了资金和人力，更重要的是，为更广泛地信息化推广制造了障碍。

20 世纪 90 年代中期是中国银行业信息化发展的一轮高潮，各商业银行从全行发展的角度审视银行信息化建设，在信息化建设标准、系统互通方面做了更加细致的工作，同时加大力度提升计算机配置的性能与数量、提升信息系统与日常业务融合的深度与广度。这一阶段，自动取款机（ATM）也开始大量引入，银行网点业务的自助设备分流从此开始。

到 20 世纪 90 年代末，国内的银行业已全面实现了计算机化。

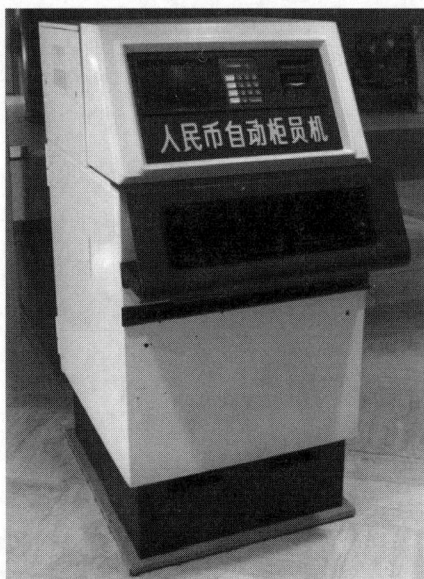

1987 年我国第一批自动取款机

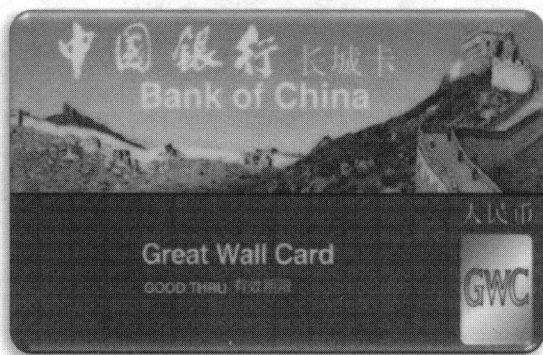

中国的第一张信用卡——长城卡

（4）深度开发和数据大集中阶段。在全球互联网技术不断普及、计算机技术、数据处理技术的快速发展，特别是美国安全第一网络银行（SFNB）的大胆实践的大背景下，很多国际同业越来越倾向于开展基于互联网的银行业务应用，国内各商业银行也立即开始了相关的业务尝试。由于基于互联网的商业银行业务对业务数据的集中统一处理具有很高的依赖，因此这一阶段中，各商业银行都开始了对原有分立的、各自为政的分支机构业务系统的深度整合，新一代的综合业务系统应运而生。

　　与此同时，我国从国家战略层面提出了全面信息化的"四金工程"，分别是国家网络信息化建设工程（即"金桥"工程）、国家金融信息化工程（即"金卡"工程）、国家外贸处理信息化工程（即"金关"工程）和国家税务信息化工程（即"金税"工程）。其中 1993 年 6 月国务院启动的、以发展我国电子货币为目的、以电子货币应用为重点的各类卡基应用系统工程——"金卡"工程，为我们今天的电子商务网上交易打下了坚实的基础。截至 1997 年底，首批 12 个试点省市全部实现了 ATM 与 POS 机的同城跨行运行和信用卡业务的联营，其中包括电子数据交换 EDI、电子转账 EFT 的实际应用。

　　截至 21 世纪初，主要商业银行陆续完成了数据大集中，各大银行的网络银行也是在这一时期陆续推出的。

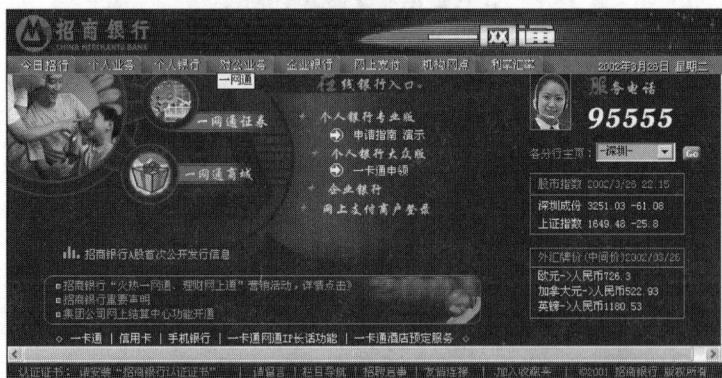

1998 年 2 月招商银行推出国内最早的网上银行—— 一网通

1999 年 6 月中国银行正式推出网上银行

1999 年 8 月 4 日，中国建设银行正式推出网上银行

2000 年 2 月 1 日中国工商银行推出网上银行

2000 年 12 月 18 日农业银行网上银行上线

（5）多渠道综合阶段。近十年，随着智能手机、平板电脑的逐渐普及，移动宽带接入技术的快速发展，人们接入互联网的渠道越来越多，网络资费相对降低，人们操作信息化设备的能力越来越强。同时，随着大数据、云计算服务的不断完善，商业银行也开始了新一轮的信息化建设。

这一阶段中，手机、平板电脑、电视、微信等渠道陆续推出，与电话、物理网点等渠道共同构成了目前商业银行多渠道的服务传达。同时，借助自助存款机、自助取款机、自助存折打印机、自助预填单机等自助设备，客户的交易时间被扩展到了 7×24 小时，大众客户办理的业务也由传统的存贷款转向了网上支付、网上理财、网上借贷等。

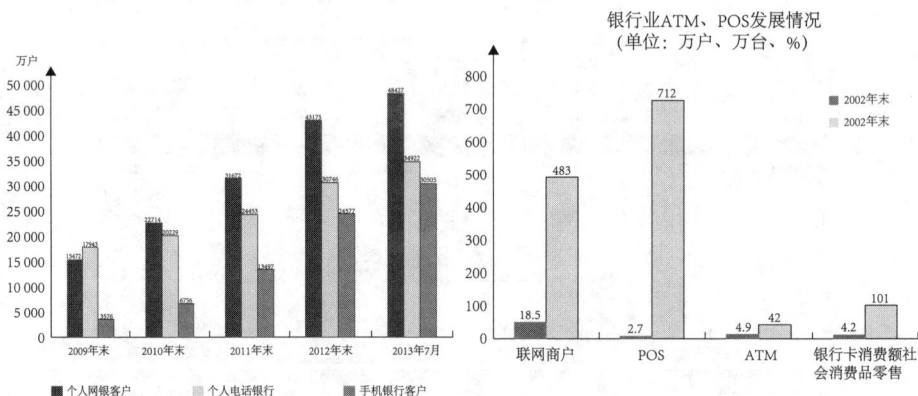

图 8-2　四大行个人电子银行客户规模　图 8-3　商业银行的多渠道金融服务体系

清算系统方面，这一阶段已经发展到以网络为基础的银行专用网与公用网结合的现代化支付系统。包括大额实时处理系统、小额批量处理系统、电子票据交换系统、商业银行综合业务处理系统、银联的银行卡支付结算系统、第三方支付服务平台系统等。

8.1.4　国内银行业积极探索互联网金融

回顾国内银行业的网络化发展历程（见表 8-1），我们可以发现，早在我国互联网企业大规模发展之前，国内的商业银行就已经建立并成功运用了行内和跨行的电子计算机网络，随着互联网技术的快速发展，商业银行进一步采取与公用的互联网和企业专用网的互联互通，将银行业务的信息化水平提高到了一个崭新的高度，成为国内最早应用互联网技术的行业之一。公平地讲，尽管目前商业银行在业务流程优化、服务效率、客户体验等方面还存在很多有待改善之处，但仅仅据此而贸然给国内商业银行扣上"保守"、"守旧"的帽子，断定国内银行业拒绝拥抱互联网，拒绝拥抱大数据、云计算的看法，是带着有色眼镜的，是不符合历史和现实的。

近年来，国内银行在 IT 系统的开发和信息化建设方面持续投入大量的资金和人力，取得了更加长足的进展。目前，商业银行电子化替代率普遍达到或接近70%，部分银行甚至高达 90%。可以说，从最初试点开办官方网站到网上银行服务功能递次开发、业务范围不断扩大；从主动对接其他行业（企业）网络、探索网上银行专属产品创新，再到今天网上银行的大规模应用、手机银行的快速普及，金融服务新模式层出不穷，都是国内银行主动探索开展互联网金融服务的积极尝试。

表 8-1　国内银行业探索互联网金融的主要历程

发展阶段	时间划分	主要特征	特征说明
第一阶段	1996—2000 年	开立网站，探索尝试发展网上银行	商业银行网上银行发展以自建门户网站为主，主要用途是信息发布渠道
第二阶段	2000—2005 年	网上功能逐步丰富，传统业务上网	商业银行迅速丰富网上银行产品及服务功能，把传统柜台业务移植到互联网上
第三阶段	2005—2011 年	对接其他行业网络，尝试业务创新	积极尝试各种创新，如银企直联、网上炒汇、银证通、代缴费等新业务
第四阶段	2011 年至今	把握信息技术，主动全面金融创新	积极借鉴第三方支付、网络投融资等，发力手机银行、移动支付、网络贷款、智能银行等

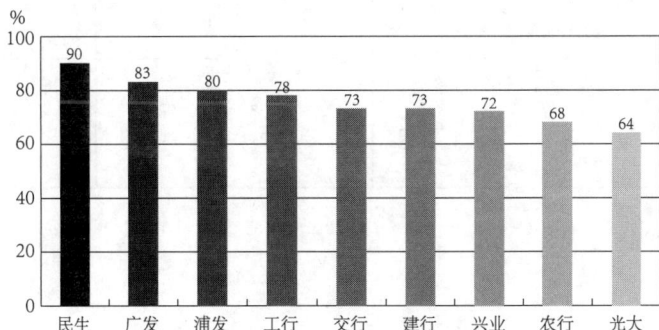

图 8-4　国内银行业的电子银行替代率

回顾国内外商业银行的信息化过程我们不难发现，无论是发达国家还是正在发展中的中国，商业银行都是先进通信技术和计算机技术的积极吸纳、应用、推广者。可是在互联网风暴中，有很多评论者提出，商业银行已经在信息化的道路上处在落后的位置。这又是为什么呢？

8.2　Web3.0时代：商业银行命运抉择与积极应对

8.2.1　Web3.0：对商业银行的历史性挑战

从上一节的分析可以看出，自从电子通信技术投入商用开始，商业银行就开启了信息化进程，至今已经走过了100年的历程，商业银行使用计算机也已经走过了60余年的历程。目前，互联网技术已经将通信技术与计算机技术融合起来，并在快速演进与发展着。

在这样的背景之下，商业银行信息化究竟面临着怎样的现状，未来将面临怎样的挑战呢？我们不妨回顾一下互联网技术的发展历程。

互联网技术的发展，可以分为三个阶段，如表8-2所示。

表 8-2　互联网技术发展的 3 个阶段

阶段	划分标准	网络接入方式	代表站点
Web 1.0	网页为核心，单向传播，没有互动	固定：PC+ 电话拨号	传统门户：新浪
Web 2.0	用户为核心，强调双向连接，搜索引擎、用户行为分析深度融入	固定：PC+ADSL 移动：手机 +Wap	博客、谷歌、维基、社交网络
Web 3.0	以线上线下融合为核心，移动 + 碎片化时间访问，强关系网	移动：多屏[①]+4/3/2G 固定：PC+ADSL/ 光纤	微信、来往

在互联网技术不断完善的同时，人们的生活习惯也随之悄然变化，互联网在

▶ ▶ ▶ ─────────────────────────────

① "多屏"指移动互联网时代"日常生活中一个人面对的多种可接入互联网屏幕"的现象，常见的"屏幕"包括平板电脑、膝上电脑、个人拥有的多部手机、互联网电视等。

人们生活中的角色也由"辅助"逐步转变为"必须",具体过程见表8-3。

表8-3 中国互联网在人们生活中角色的转变

阶段	功能排序	网民数（亿）	移动网民数（亿）	人均每周上网时长	被满足的客户需求
Web 1.0	信息渠道	0.02—0.06	—	9小时	被动获取信息
Web 2.0	信息渠道、搜索引擎即时通信、商务交易	1.0—1.5	0.1—0.2	14小时	搭建网络上的个人空间，获取精准信息
Web 3.0	即时通信、商务交易、搜索引擎、社交网络	>5	>4	20小时	在网络空间和现实世界随心切换

资料来源：中国互联网络信息中心（CNNIC），1997—2013，32次《中国互联网网络发展状况统计报告》。

截至2012年12月，中国整体网民规模达到5.6亿人。其中，移动网民4.2亿人，从2009年开始保持15%以上的高速增长；截至2011年12月，美国智能手机用户消耗在APP上的时间超过94分钟，明显超过PC网络上消耗的时间（每天72分钟）[1]。

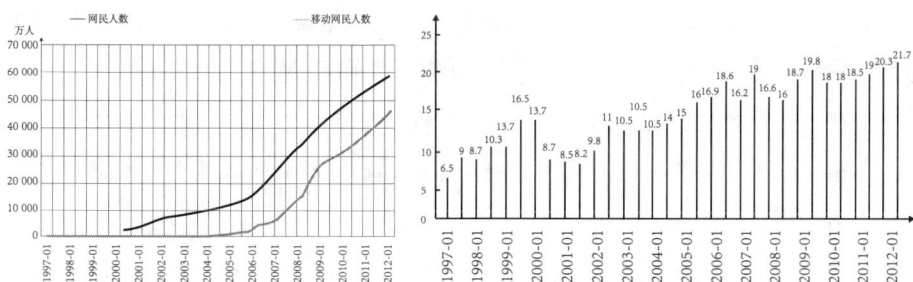

图8-5 中国网民（移动网民）数量及人均每周上网时长

将互联网的核心理念作为坐标轴，我们可以清晰地看到互联网企业金融业务

---

[1] 资料来源：Tech Crunch, Flurry Analytics, comScore, Alexa.

的实践路径。

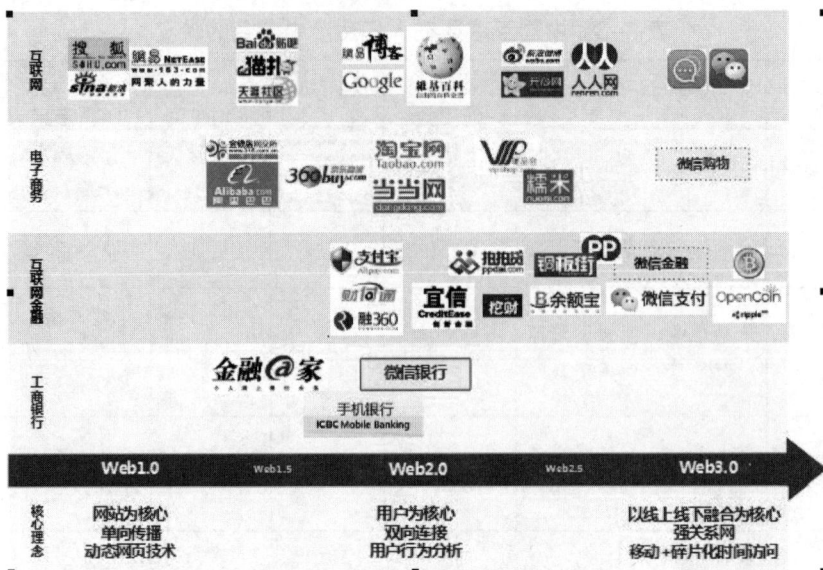

互联网企业的金融实践路径

在 Web1.0 理念主导的时代，互联网企业的业务重点在于构建网络空间的"桥头堡"——网站，电子商务还几乎没有发展，因此互联网企业没有开展金融实践。

在 Web2.0 时代，互联网企业提出了"以用户为核心"的理念，随着用户浏览行为分析技术的互联网渗透率的提高，一些非金融机构也开始了经营金融业务，主要包括第三方支付、网络借贷、网络资产管理、民间资信审核与征信平台等；与此同时，商业银行已经构建了坚实的技术基础，但在**互联网空间中，尚未形成与商业银行现实地位相称的经营生态圈，这是商业银行目前亟待解决的问题**。

当前，互联网理念已经迈入 Web3.0 时代，互联网与现实世界的融合程度将更加紧密。在即将到来的新时代中，商业银行面临的挑战可以从支付和融资两个方面进行分析。

（1）支付方面的挑战。我们必须要面对的一个事实是：**网络交易、无钞 / 无卡支付正逐步获得社会的认可**。2012 年，中国第三方支付市场交易规模为 12.9 万亿元，较 2011 年增长 54.2%，在过去的近 10 年中，第三方支付一直保持着 50%以上的高增速，2013 年 11 月 11 日当天，阿里巴巴旗下的支付宝完成了 1.88 亿笔① 交易，总额超过 350 亿元。

在发达国家，无钞／无卡支付的替代效应更加明显。据澳大利亚央行统计，在 2007—2010 年，现钞作为零售支付手段的比例从 40% 降至 30%；在美国，预计 2011—2015 年，消费者对现钞的需求将下降 17%（Aite Group，2010）；在英国，同期现钞交易的比例将下降 20%（APACS，2010）；在日本、韩国、中国香港，对于现钞的需求已经少于移动支付 (Brett King，2013)。

支票使用方面，美国 2000 年 59.5% 的零售支付都是通过支票完成的，2010 年，这一比例下降到了 4.3%（Federal Reserve，NACHA，National Retail Federation）；澳大利亚 1995 年 80% 的非现钞零售交易是通过支票实现的，这一比例在 2010 年下降到了 3.3%（School of Accounting and Law—RMIT University）；英国 2003 年平均每天开出 3 600 万张支票，这一数字在 2012 年已经下降到了不足 100 万张，预计在 2018 年，支票在个人支付的占比将不足 0.8%（APACS，2010）。

金融服务与创新的著名专家 Brett King② 在《Bank3.0》一书中，通过总结世界各国的金融服务实践指出：当云计算和全新的基于 IP 的零售 POS（例如支付宝当面付③）被越来越多的商户所接受，那么商户和消费者将成为支付领域乃至金融领域的主宰，而传统的 SWIFT、VISA、Master、银联将不再具有当今的吸引力；同时，一旦手机成为主要的支付设备，那么卡介质的支付地位被移动设备所代替将只是一个时间问题。届时，创造以"移动"为中心的金融服务体验，将是至关重要的。

（2）**融资方面的挑战**。融资方面，商业银行需要实现两次跨越。

第一次跨越，是实现以"抵押"为核心的借贷文化向以"信用＋抵押"为核心的借贷文化的转变。这一跨越，是弥补国内商业银行与国际先进商业银行之间的差距。以美国为例，在个人信贷领域，美国商业银行以三大征信局数据和 FICO 评分为基础，在个人信用贷款领域已经形成了完整的产品线；在企业信贷

▶　▶　▶

① 比较而言，Visa 卡组织 2013 年第三季度的交易笔数为 155 亿笔，平均 1.7 亿笔／天；中国工商银行的平均处理能力为 2 亿笔／天。

② Brett King 是全球金融服务行业的战略顾问，亚洲零售银行家卓越奖（Asian Banker Retail Excellence Awards）和中东商业成就奖（Middle-East Business Achievement Awards）的国际评委，曾多次出席 Bloomberg TV、BBC、CNBC、《华尔街邮报》、《金融时报》、《经济学家》、《亚洲银行家》、希腊 SBC 电视台的各档节目。

③ 在 2013 年 11 月 11 日"双 11"促销活动中，阿里金融与银泰百货推出了"O2O"消费体验，其核心就是基于支付宝钱包"当面付"功能的商家收款——这将挑战商业银行悉心经营多年的 POS 网络。

领域，富国银行的 Business Direct 业务，为年销售额小于 200 万美元的微型企业提供上限为 10 万美元的信用贷款，大部分贷款都通过网络邮件、电话或分行柜台发放，基本没有客户经理；在贷款发放和账户监控中不使用纳税申报表或财务报表，而大量使用信贷评分，因此大大降低了业务成本，提高了银行的利润。

第二次跨越，是实现信用采集分析的多元化、精细化。这一跨越，是赶超Web3.0 理念指导下的"信用革命"。成立于 2006 年的 Lending Club 将贷款人进行 5 级 35 等的风险等级划分，给予相应的贷款利率定价，通过网络撮合交易，使借贷双方在不需见面的情况下完成纯信用贷款，并已形成完备的收益凭证转让二级市场和相应的结构化投资业务。由于没有物理网点，该公司的经营成本得以大幅降低，精准的风险定价又使该公司依靠相对银行与同业的价格优势更低的利息获得了更多的贷款客户。

另一家精细信用评级机构 Zest Finance 开发了 10 个基于学习机器的分析模型，对每位信贷申请人的超过 1 万条原始信息数据进行分析，并得出超过 7 万个可对其行为做出测量的指标，而这一过程在 5 秒钟内就能全部完成。与传统的FICO 仅使用的 15—20 个变量相比，这家公司能够更精准地评估消费者信用风险。经历了近 4 年的成长，该公司能够分析的数据量比有资格进行次级信贷的美国人数量的两倍还多，其违约率也比行业平均水平低 60% 左右。

可见，Web3.0 时代，商业银行面临着支付业务流失、融资业务游戏规则改变的现实挑战。

结合两个时代的分析易见，在 Web2.0 时代，互联网公司只是部分解决了用户的支付需求，国内的融资业务也仍是银行占主导地位。银行在互联网空间的表现仍有提升空间，迫切需要在**互联网空间中构建与商业银行现实地位相称的经营生态圈**。在 Web3.0 时代，随着交易无钞/无卡化的发展，支付业务将不再是银行和银行间网络的专属；在人民币国际化、利率市场化、金融脱媒的持续推动下，融资业务也将不再是商业银行的专属，或者至少会从"抵押"为核心转变为以"信用＋抵押"为核心辅以 P2P 和众筹。目前来看，**商业银行尚没有足以泰然应对的技术及业务储备**。因此，商业银行必须尽早制定策略加以应对。

8.2.2 商业银行发展互联网金融的"短板"

国内银行业在运用信息网络技术提供金融服务方面的起步不晚，但存在若干

"短板"，需继续更新观念、跟踪新技术、学习新方法，与时俱进，顺势而为。

1. 经营链条较长，难以满足众多小型商户的资金管理需求

在电子商务支付方面，若银行与各家商户一对一地开设支付网关接口，无疑将面临高昂的业务成本，且不具竞争优势。而第三方支付平台恰恰整合了各银行的支付网关接口，成为众多商户和银行之间的桥梁，即商户只需一次性接入，即可使用该支付平台支持的所有银行卡进行网上收付款，而不必单独同各家银行接洽。在小微企业融资方面，信息不对称和业务单位成本过高一直是银行面临的主要问题。面对数量众多、经营状况各异的小微企业，银行一般难以深入考察每家企业的实际运作情况，也不能确保每家企业财务报表的真实性，信息不对称问题突出。而电子商务平台由于能够掌握小微企业和商户的真实交易信息及行为记录，因此可以更准确和更高效地进行贷款审核及风险控制，从而更利于小微企业贷款和个人贷款的开展。

2. 产品创新响应能力较弱，难以及时满足客户的新需求

近年银行纷纷加快产品创新步伐，但与第三方支付机构相比，银行产品创新的反应速度和水平仍逊一筹。如支付宝的"快捷支付"这一创新就很好地解决了一直存在的网银支付过程烦琐、用户体验不佳的问题，因而迅速被市场认可，成为颇受用户欢迎的网上支付主流渠道。而银行在电子商务的产品创新上通常较为迟缓，还不能做到完全"以客户为中心"进行产品研发，不能紧跟客户需求，这在一定程度上也导致了许多客户，特别是年轻客户的流失。

3. 对非结构化数据的处理能力不足

目前，商业银行结构化数据采集能力较强，但对文档、文本、图像、音频、视频等非结构化数据采集不够，处理能力有限。银行必须意识到非结构化数据将越来越广泛应用于互联网、物流网、社交网、电子商务活动中，不能因为这类非结构化数据不便于用数据库二维关系来表现，就忽略了对它们的采集和管理。应注意学习借鉴电商企业重视掌握客户之间的交易记录、点击量、客户互动评价、行为习惯、物流信息的思路。

4. 大数据在市场营销中的应用不充分

银行习惯于将数据的分析结果用于风险评估和管控，虽已在一定程度上具备了客户识别和分层能力，但运用其有关成果开拓市场、营销客户做得还不够，而互联网企业在这方面的主动性很强，积极性很高。银行需要努力学习和借鉴互联网企业，在业务处理上十分强调便捷和注重客户体验的理念。

5. 业务单一化运营模式居多

银行在业务流程的设置中，单项业务单一化运营的模式并不少见，限制了一些业务的拓展和客户服务能力的提升。如果能够充分利用互联网的创新功能，加强组合性的信息应用和业务处理，例如线上线下联动、支付融资联动等，将会取得更好的效果。

6. 人才队伍建设仍待加强

银行在数据分析师队伍的建设方面，人员虽不少但集中不够，分散在各专业条线，发挥整体合力不够。相比而言，有的互联网金融公司，虽然只有不到 1 000 人，但专门集中从事数据分析的人员占比超过了三分之一。此外，银行在电子商务领域的人才也相对较为匮乏。这些都需要银行积极改进和进一步加强。

8.2.3　学习与躬行：商业银行适应新时代的实战总结

互联网金融时代，银行业经营转型与创新发展任重而道远。商业银行正从经营理念、业务流程、产品研发、渠道建设等多个方面加强对互联网金融的研究和创新，扬所长、弃所短，力学笃行，奋力锻造互联网金融时代的核心优势，开创金融服务的崭新未来。

1. 与互联网企业展开战略合作

商业银行与互联网企业的关系正在从单纯的"合作"演变到"竞争"，再转向"竞合"。目前，已有多家银行与互联网企业握手合作。2012 年 11 月，中国银行与京东商城签署战略合作协议，双方会在技术、服务、品牌和资本上进行合作；2013 年 1 月，中信银行与腾讯财付通签署战略合作协议，双方将在结算、网络授信与融资、联名卡、理财、资源贡献、联合研发等方面展开合作；2013 年 2 月，马明哲（平安集团）、马云（阿里巴巴）、马化腾（腾讯）联手创办"众安在线财产保险公司"，主攻互联网保险领域；2013 年 9 月，民生银行携手阿里巴巴签战略合作协议，并合作推出直销银行；2013 年 11 月，广发银行在淘宝开设旗舰店，并欲于 11 月 11 日发售高收益理财产品，但在发售前被叫停；2014 年 2 月，北京银行和小米公司签署合作协议，将在移动支付领域展开合作。2014 年 3 月，中信银行拟分别与阿里巴巴和腾讯公司推出虚拟信用卡，但在上线前被监管命令暂停。 2014 年 3 月，邮储银行与 1 号店达成战略合作协议，双方将在供应链金融方面展开合作。

此外，还有些银行与非互联网企业"抱团取暖"。2010 年 11 月，浦发银行与中国移动签署战略合作协议，于 2011 年推出手机近场支付产品。 2013 年 8 月，光大银行与中国联通签署战略合作协议，双方在移动支付领域将展开合作。

2013 年 9 月，中信银行与神华集团签订电子商务平台战略合作协议，为神华集团的电子商务平台提供在线结算、线上融资、现金管理、供应链金融等服务。2014 年 1 月，中信银行与五矿集团合作，为五矿集团打造 B2B 电子商务平台。

表 8-4　商业银行与互联网企业的战略合作

银行	战略合作方	合作领域
中国银行	京东	技术、服务、品牌和资本
中信银行	腾讯财付通	结算、授信融资、卡、理财、联合研发
平安集团	阿里巴巴、腾讯	互联网保险
民生银行	阿里巴巴	直销银行等
广发银行	淘宝	淘宝旗舰店
北京银行	小米	移动支付
中信银行	阿里巴巴、腾讯	虚拟信用卡
邮储银行	1 号店	供应链金融
浦发银行	中国移动	移动支付
光大银行	中国联通	移动支付
中信银行	神华集团、五矿集团、易单网等	为其电子商务网站提供电子结算、线上融资、现金管理、供应链金融等服务

2. 积极组建电商平台，获取电商客户交易信息

为打破"淘宝"等电商对客户交易信息的垄断，一些实力较为雄厚的商业银行组建电商平台，获取客户交易记录等信息，并利用大数据等手段挖掘客户金融需求。2012 年 6 月 28 日，建设银行推出"善融商务"，分为个人商城、企业商城和房 E 通三个板块，截至 2013 年底，建行"善融商务"总交易额突破 300 亿元，其中 B2B 占了 80%—90%，基于这个电商平台发放的贷款达 60 亿元。2012 年 10 月，中国银行广东省分行推出"云购物"电商平台，通过自助终端、手机银行等渠道提供选购比价、配送跟踪、支付和赔付等功能。2014 年 1 月 12 日，工商银行"融 e 购"电商平台正式上线，涵盖十几个行业，近万件商品，并坚持"购物可贷款，积分能抵现，品质有保障，登录很便捷"的特色。此外，交通银行推出了"交博汇"电商平台，招商银行、民生银行等均开设了信用卡商城。

与阿里巴巴、天猫、京东等 B2C 电商平台不同，银行系电商大多定位高端，商户的门槛较高，但一般不收取年费和佣金，商户也无须支付店铺装修费、推广费、小二公关费等费用，以此吸引更多的优质商户入驻。

表 8-5　主流电商与银行系电商的费用比较（以服装类为例）

	保证金（元）	平台使用年费（元）	实时划扣技术服务费（佣金）（%）
天猫	10 万	6 万，有减免政策	5
京东	1 万	6 000	8
当当	1 万	6 000	8
1 号商城	5 000	3 600	6
亚马逊	0	0	10
银行系电商	0—10 万不等，对入驻商家的注册资本等资质有较高要求	暂无	暂无

资料来源：根据网上资料整理。

3.推出直销银行模式，抢占"长尾群体"

2013 年 9 月，民生与阿里巴巴签署战略合作框架协议，"直销银行业务"合作在列。2014 年 2 月 28 日，民生银行直销银行正式上线，仅推出三款产品，分别为随心存、如意宝、轻松汇，此后，还将陆续上线生活缴费、小额贷款和贵金属等产品。总体来看，民生银行的直销银行体现了直销银行简单快捷、高效率低成本的特点，但未来，是否能够得到客户认可还有待考验。

此外，北京银行与境外战略合作伙伴荷兰 ING 集团于 2013 年 9 月开通直销银行，在北京、西安、济南等地建立了多家直销门店；兴业银行也于 2014 年 3 月推出了直销银行。

4. 面对第三方支付围剿，提升商业银行支付的便捷性

面对支付宝、财付通、微信支付等支付方式的围剿，为保住正在丢失的市场份额，商业银行纷纷推出自己的快捷支付及移动支付产品。早在 2011 年，工商银行就推出了工银 E 支付产品，仅用手机验证码即可支付，提升支付的快捷性；2013 年，中信银行推出"异度支付"客户端，包含二维码支付、NFC 近场支付、跨行收单等功能。2014 年，平安银行推出社交化支付产品"壹钱包"，包括"友钱"、"朋友"、"我的活动"、"AA 付款"等功能。此外，工、建、交、民生、广发、光大等银行推出了无卡取现服务，工商银行等推出小额免签服务，提升小额支付的便利性。

5. 推出第三方资管平台和余额理财产品

自余额宝大热之后，商业银行快速跟进，各自推出"宝宝"们，一时间，薪金宝、活期宝、零钱宝、如意宝数"宝"争锋。此外，兴业银行基于自己的银银平台推出"钱大掌柜"第三方资管平台，代理销售其银银平台中的信托、理财、基金、贵金属等产品，并推出余额理财产品"掌柜钱包"。

表 8-6　部分银行"类余额宝"产品

银行	类余额宝产品	投资起点	单日取现限额	赎回、取现期限	近七日年化收益率
工商银行	薪金宝	100 元	无	T+1	T+15.564%
中国银行	活期宝	1 元	30 万元	T+0	T+05.350%
交通银行	快溢通	100 元	50 万元	T+0	T+05.629%
平安银行	平安盈	0.01 元	100 万元	T+0	T+04.681%
广发银行	零钱宝	1 元	14.99 万元	T+0	T+05.796%
华夏银行	活期通	0.01 元	20 万元	T+0	T+05.641%
民生银行	如意宝	0.01 元	50 万元	T+0	T+05.053%

6. 挺进 P2P 网贷领域

平安集团于 2011 年推出 P2P 网贷平台"陆金所"，其推出的产品"稳盈—安 e 贷"的年化利率按照中国人民银行同期贷款基准利率上浮 40%，目前达到 8.61%，投资人持有 60 天后即可转让，并由平安集团旗下的担保公司对借款人的借款本息承担全额担保。招商银行于 2013 年 9 月推出"e+ 稳健融资项目"，预期年化收益率普遍为 6.1%—6.3%，融资期限都在半年左右，最小投资单位为 1 万元，但招行不对融资项目、融资人归还本息承担任何形式的担保、保证责任。此外，中国银行正在深圳试点 P2P 平台"中银投融服务平台"，提供"一对一"的融资对接。由于有银行的隐性背书，银行系 P2P 网贷平台受到市场追捧，陆金所每周成交金额已上亿元，招行 e+ 稳健融资的一款标的 5 000 万元的项目两天即满标。转让市场交易也比较活跃，陆金所的转让市场近 7 天成交 505 笔，转让成功率为 100%，挂牌至成交的平均时间仅为 1.7 分钟，最快的在挂牌后仅 9 秒就有人接手。

7. 在客户端推出微信银行等服务

2013 年开始，商业银行深入社交网络，在微信客户端提供银行服务，并开通微博账户增强宣传作用。2013 年 7 月，招商银行将信用卡微信客服升级，在同业中率先推出"微信银行"，将服务范围从单一信用卡服务拓展为集借记卡、信用卡业务为一体的全客群综合服务平台。此后，工、建、中、农、交、浦发、光大等多家银行推出微信银行。其中，浦发银行还推出了"微取款"功能，支持客户在微信中预约无卡取现。截至 2014 年 3 月底，在微信中搜索到的银行公众号达 120 多个。

图 8-6　招行"微信银行"服务功能

总结本章，我们可以发现，**商业银行不仅在历史上是先进技术的最早使用者和实践者，而且在当今互联网大潮之中，也并未落下半步。**传统金融机构"臃肿、低效、缓慢、高傲"的形象或许更多的是竞争对手的污蔑之词，面对挑战和命运的抉择，商业银行一直在行动。而且，**互联网新技术也不仅仅给互联网企业输送"弹药"，**同样也为商业银行带来了发展、转型的新机遇。

9　银行拥抱新时代：互联网为"大象"插上飞翔的翅膀

互联网技术并非仅为互联网企业所专享，同样也为信息技术的长期先行者、实践者——商业银行带来发展新机遇。**大数据时代的互联网金融浪潮将推动商业银行加快战略转型，引领金融服务迈向更加智能化、人性化的崭新时代。**人们经常用"大象"来形容大型商业银行，而植入互联网的转型如同给商业银行插上了飞翔的翅膀，使这只"大象"行得更远。

9.1　互联网金融为银行带来千载之机

在互联网金融时代，银行业的未来发展将呈现全新的图景，商业银行正迎来经营模式转型的重要战略契机。互联网金融的挑战将推动商业银行在经营理念、组织架构、管理流程、运营模式、IT 架构等领域进行全面调整和深度整合，以互联网企业的思维方式和理念，融入新技术、新生活和新商业模式。

9.1.1　互联网金融助推银行"华丽转身"

1.互联网金融促使银行转变发展战略

（1）**调整战略定位。**互联网金融的发展使客户的金融服务需求发生变化，针对这种变化，商业银行需要及时调整发展定位，由以前的"以我为主"真正向"以客户为中心"转变。一方面，商业银行将从战略高度对互联网金融发展的机遇和挑战加以正确认识，形成进入互联网金融市场和应对激烈竞争的战略举措，明确相关部门的职责分工，切实转变观念，加快创新，增强在互联网金融领域的竞争主动权；另一方面，商业银行将积极借鉴互联网企业的成功经验和创新理念，植入互联网基因，同时发挥自身在信用等级、支付结算、资金存管、市场交易等方面的特有优势，不断提高客户服务水平。

（2）**优化管理模式。**在互联网金融时代，信息技术将融入银行的各项经营管理活动之中，并将成为决定银行管理水平、客户服务能力和市场竞争力的核心因素。科技进步和创新将从支撑业务发展向引领业务发展转变，并被更多地应用于银行的客户挖掘、产品开发、业务拓展、决策支持和运营管理，并从根本上变革银行的经营管理模式，成为银行不可复制的核心竞争力。大力推进大数据技术发展、加快构建信息化银行、形成互联网金融时代新的竞争优势，将成为商业银行未来发展中最关键、最迫切的一项战略抉择。

（3）**拓展客户基础**。根据中国互联网络信息中心（CNNIC）的最新披露，截至 2013 年末，我国网民规模达 6.18 亿，手机网民规模达 5 亿，网络购物用户规模达 3.02 亿。发展互联网金融为商业银行扩大客户基础提供了重要源泉。一是在互联网金融模式下，商业银行可以通过建立电子商城或者与电商合作，开发相应的消费贷款产品，扩大客户规模。二是互联网金融为商业银行调整客户结构提供技术基础。在金融脱媒背景下，传统商业银行的授信主体大企业更多地转向直接融资，间接融资需求逐步萎缩。而互联网的飞速发展使商业银行可以充分利用大数据资源和电子商务交易信息，更多掌握小企业和个人客户的经营行为和信用状况，以超越传统融资方式的资源配置效率，大幅减少交易成本，下沉客户重心。

2. 互联网金融推动银行革新经营模式

（1）**优化渠道布局**。互联网金融为商业银行大力发展电子银行、促进营业网点转型提供了重要基础。通过网上银行、手机银行、微信银行等电子渠道，商业银行不仅能够分流网点的柜面压力，而且还能实现对偏远区域、目标市场以及非营业时间金融服务的有效补充。特别是对于物理网点少、区域性经营的中小银行，可以通过远程银行、智能银行等模式，弥补渠道布局上的不足。

（2）**改进传统营销模式**。在互联网金融时代，商业银行运用大数据技术，可以通过提取分析客户过去消费、支付、汇划、融资、投资以及客户工作性质、生活习惯、行为特点等各类信息，更为全面和准确地分析判断出客户的现时需求，甚至可能预判出客户的潜在需求，从而为实现精确营销和服务提供基础。同时，对客户信息的提取、挖掘与分析过程完全通过信息系统与分析模型完成，因此商业银行可以同时对成千上万个客户进行分析、划类，并制定针对各类别客户的差异化的业务拓展策略，既节省了大量人力，又能提供更为完整和可靠的业务决策信息。

（3）**提高服务效率**。互联网金融的技术进步使商业银行能够以低成本提供信贷产品和服务，提高信贷投放效率。对于符合条件的客户，从其申请贷款到贷款审批、获贷、支用以及还贷，整个信贷环节基本可以在线上完成。利用信息技术，商业银行还可以进行全国集中审批及放款作业，大幅缩短贷款审批周期，使小微企业和居民等群体受益。比如，商业银行可通过"网络循环贷款"产品满足小微企业客户需求；可以为供应链的上下游企业提供从采购到支付的全流程处理支持，实现客户业务流程中银行的支付结算、信贷支持、现金管理等全流程配套服务。

9.1.2　互联网金融助推银行"吐故纳新"

互联网与金融相互渗透转化，这一发展趋势对商业银行的创新能力提出了更高要求，同时也为商业银行业务创新、管理创新和产品创新创造出更多机遇，提供了更强动力。

1. 促进以信息技术为载体的金融创新

商业银行依托信息网络技术，可以将互联网金融与传统业务有机结合而拓展金融的边界和市场，加强针对互联网金融需求的业务产品研发创新力度，通过激发和创造用户需求、为目标客户开发有针对性的产品和服务而使用户体验不断改善。商业银行目前在互联网金融领域的业务创新，主要着力于拓展网银功能、推广手机银行、加大移动支付和网络贷款产品开发力度、打造电子商务平台等方面。对商业银行而言，能否顺应互联网金融发展趋势，有效开展以信息网络技术为载体的产品和服务创新，将是关乎其能否在市场激烈竞争中占领致胜高地的关键所在。

表 9-1　商业银行的互联网金融业务创新

业务类别	业务名称	主要功能
网上银行	在线供应链融资	支持客户在线融资和还款申请，包括应收账款保理池融资、经销商融资、订单融资
手机银行	预约取现	通过预约手机号、预约码和随机密码在 ATM 上实现无卡取现
	手机转账	通过输入收款人手机号或生成二维码进行转账
	摇一摇转账	根据提示轻摇手机，完成转账支付
	移动支付	基于近场通信技术实现在支持"闪付"的 POS 机上"刷手机"消费
自助终端	24 小时智能银行	利用远程视频和电子签名技术实现 ATM 的 24 小时发卡功能
电子商务平台	网上商城	电商模式的网上产品销售平台

2. 为优化业务流程创造了有利条件

互联网金融因其独特的经营理念、先进的技术手段和灵活的服务模式，正在极大激发商业银行的创新潜能，促使其致力于变革业务流程、提高运营效率。学习互联网企业的新技术与快速反应机制，依托信息科技和互联网技术，推动业务流程再造，是商业银行应对互联网金融带来冲击的必然选择。

互联网金融技术对商业银行业务流程的影响体现为三个层面：替换、优化和创新。替换是对传统金融业务流程中某环节的直接替换，比如票据的电子化；优化是简化或重构金融业务流程本身，实际上是促进商业银行完成业务流程再造，如诸多银行推出的网上银行服务；而创新则是创造新的金融业务流程，比如网络贷款模式。因此，互联网金融技术的发展，为商业银行优化业务流程创造了有利条件。

目前，商业银行应用先进信息技术优化业务流程可着力于以下几个方面：一是商业银行以存款、贷款、汇款、理财等业务为基础，打破部门局限，整合客户多账户、多币种、多投资等信息，通过数据分析客户的投资偏好和消费习惯，为客户提供全面的优质金融服务。二是简化业务操作流程，减少银行卡申请、贷款申请等业务的审批环节，为客户提供便捷服务。三是以银行业务的电子化、网络化为手段重构渠道体系，提高离柜业务率，实施组织扁平化，增强运作效率，具体包括与客户无缝连接，快速发现当前及潜在目标客户并与之接触、快速响应客户需求等。

3. 促进互联网金融创新合作走向深入

在移动互联时代，互联网金融的发展和日渐成熟、商业银行的电子化和网络化，将促使一个全新的金融网络格局逐步形成，不同的金融业态将呈现出"竞合"发展模式。商业银行可以基于自身已有的核心优势，以开放的理念创新与非银行互联网金融的合作模式，通过构建合作平台、深化合作内容、扩大合作范围、优化合作机制，促进各类互联网金融创新业务快速发展。

具体而言，一是可加大与互联网公司的合作力度，利用互联网公司的海量客户、数据优势，以较低成本寻求客户和业务拓展，下移客户重心，合作创新商户小额融资产品。二是可加大与电子商务公司的合作力度，依托其云计算、社交网络、搜索引擎等信息科技，挖掘客户需求，为商务平台上的网商企业提供融资、结算、理财等服务，例如，中信银行与支付宝合作开展小微企业授信，与银联商务等合作推出 POS 网络商户贷款等。三是构建与第三方支付机构互惠互利的合作模式，商业银行可通过与第三方支付的合作，增加支付和代理交易，扩大客户账户资金沉淀，进而提高中间业务收入。

9.1.3　互联网金融给银行带来盈利之源

商业银行通过发展互联网金融，打造信息化银行，能够有效降低营运成本，增加非利息收入，成为实现可持续发展的重要引擎。

1. 有利于银行降低营运成本

银行信贷对资源配置和经济增长有重要的推动作用，但成本较高，包括贷款信息收集成本、客户信用等级评价成本和风险管理成本等。在互联网金融模式下，资金供求双方可以利用互联网进行信息交流，客户信用等级的确定和风险管理也可以主要通过大数据分析加以完成，因而信息收集成本、信用等级评价成本以及贷后风险管理成本等与传统方式相比明显降低。

银行物理网点的正常运转需要投入大量的人力、物力、财力，在银行网点柜台办理一笔业务的平均成本约为通过电子渠道办理业务成本的 10 倍甚至更高。互联网金融使得银行业无须增加分支机构和雇员，通过互联网便可实现低成本的业务扩展和客户扩张，节省营业场所、人员、运行维护等方面的大量开支，具有显著的经济性。

2. 有利于银行增加非利息收入

互联网金融的出现为商业银行非利息收入的增加提供了有效手段。发达国家银行业中间业务的发展进程充分证明了互联网金融所发挥的促进作用。发达经济体银行非利息收入占全部收入的比重自 20 世纪 80 年代开始呈逐年上升趋势。到 90 年代初，英国银行业中间业务收入的比例从 28.5% 上升到 41%，日本银行业从 20.4% 上升到 35.9%，美国银行业由 30% 上升到 38.4%。这与发达国家网络技术飞速发展和普及推广的时间段基本重合，金融电子化、网络化在银行业非利息收入的增长中发挥了积极的促进作用。

对国内商业银行而言，无论是自身发展互联网金融，还是选择与互联网企业、第三方支付平台合作，或是跟移动、联通这样的电信运营商联姻，都会打破传统业务局限，在相对较短的时间内获得更多客户，使中间业务的发展空间得以扩大。比如，商业银行利用合作机构的数据资源，挖掘并营销潜在客户，可以有针对性地为客户提供理财、代理收付、结算清算、资产托管、银行卡等多种服务，增加中间业务收入来源。再比如，互联网金融为商业银行发展综合服务提供了重要基础。商业银行可以联合互联网金融参与各方，整合信息流、资金流、物流，在核心功能基础上扩展自身业务边界，强化"电商 + 金融"综合性服务优势。

9.2　银行发展互联网金融的独到之处

互联网企业在过去的几年里高举高打，占得先机。但平心而论，传统金融机构仍然实力强劲，控制着金融领域的大部分领地。商业银行在数十年经营中形成的诸多优势和独到之处，仍令互联网新贵们艳羡。

9.2.1　存款之特许经营权

翻开《商业银行法》可以看到，未经银监会批准，任何单位和个人都不能从事吸收公众存款等商业银行业务，这意味着相对于其他机构，银行的最大优势就是具备揽储特许经营权。在社会经济、金融体系运转过程中，资金沉淀是所有经营活动的起点和终点，是引起投融资活动的基础和平台。其他机构，包括国内第三方支付公司，因受监管限制不能吸收存款，其绝大部分资金还是来源于商业银行体系。因此，即使在大数据时代，商业银行仍是社会经济活动的资金供给主体，而第三方支付等其他机构更多处于补充地位和依附角色。此外，国内商业银行关系国计民生，连通各行各业，维系千家万户，树立了较高的社会声誉和品牌形象，赢得了客户的信赖和尊敬。普通消费者基于长期以来形成的安全意识、操作习惯、业务观念等众多因素，自然将商业银行作为资金转移或转化的终点，其具体体现就是商业银行的存款。

9.2.2　大额、大规模之融资体量

未来，我国要加快推进工业化、信息化、城镇化、农业现代化建设。这也意味着国民经济发展和银行业经营转型进入了新的历史阶段。新型工业化、信息化、城镇化、农业现代化必将加快推动相关产业转型升级、拉动基础产业和公共

领域投资，从而为商业银行带来大量新的金融服务机会，特别是先进制造业、现代服务业、文化产业、战略性新兴产业发展带来的融资需求。新"四化"领域建设和新"四大市场"拓展，普遍面临数以千亿计的综合融资需求，不仅贷款规模大、期限长，同时对贷款品种、分类和偿付形式都有复杂的需求。互联网企业等民间服务机构的资金体量很小，其既要面临资金缺口较大的挑战，同时在配套的产品设计、客户服务和风险管理领域也无法与商业银行的专业水准相提并论。根据市场公开信息，截至 2013 年末，阿里小贷在 3 年多的时间里累计放贷 1 600 亿元，而一家大型银行一年的新增贷款规模就达到 8 000 亿—9 000 亿元。可见，商业银行在大额、大规模融资市场的主体地位和服务优势是难以撼动的。

9.2.3 资金实力之雄厚

经过近年的快速发展，我国银行业资产规模迅速扩张，盈利水平节节攀升。到 2013 年末，银行业金融机构资产总额已经接近 150 万亿元，全年银行业所实现的净利润更是达到 1.38 万亿元。商业银行凭借雄厚的资金实力，可以为互联网金融的产品开发、设备购买、技术研发和人才引进培养等提供足够的资金支持。

事实上，近年来许多家商业银行都加大了信息科技的"砸钱"力度，而四大行更是底气十足。2013 年，四大行耗资约 250 亿元投入科技领域。其中，工商银行信息科技建设投资在 55 亿元左右，占固定资产投资的 26%；建行对营业网点、自助银行、网上银行、业务支持中心、科技项目和基础项目等进行重点持续的资源投入，电子渠道建设费用达 32.3 亿元，IT 设备和科技项目投入约 50 亿元，二者合计超过 80 亿元；中行信息科技投入为 42 亿元，主要用于智慧银行及海外系统整合投入；中信银行将加大对重点科技项目和 ATM、网络银行等电子化渠道建设的投入，科技投入总计超过 20 亿元。与银行的"阔绰出手"相比，互联网企业尽管金融业务发展势头迅猛，但其资产规模、资金实力等多项指标都无法与商业银行抗衡。

9.2.4 整合物流、信息流、资金流之主导

商品、信息、资金是现代商业社会三个基本元素，而物流、信息流、资金流的融合可以大幅提升经济运行效率，产生巨大的商业价值。

物流主导下的三流融合，前期投入
较高，地域限制大，外部依赖性强

资金流为物流
提供资金支持
和支付渠道

物流为信息流提供业
务实际，提供信息采
集和分析的现实基础

物流

资金流主导下的
三流融合，正规化
程度高、渗透能力
强、制度障碍小

信息流主导下的三流
融合，成本低、效率高、
信息采集、处理能力
强，但面临制度障碍

资金流

信息流

信息流为资金流提供分析成本收
益和风险控制的基础，也为资金
流向提供指导

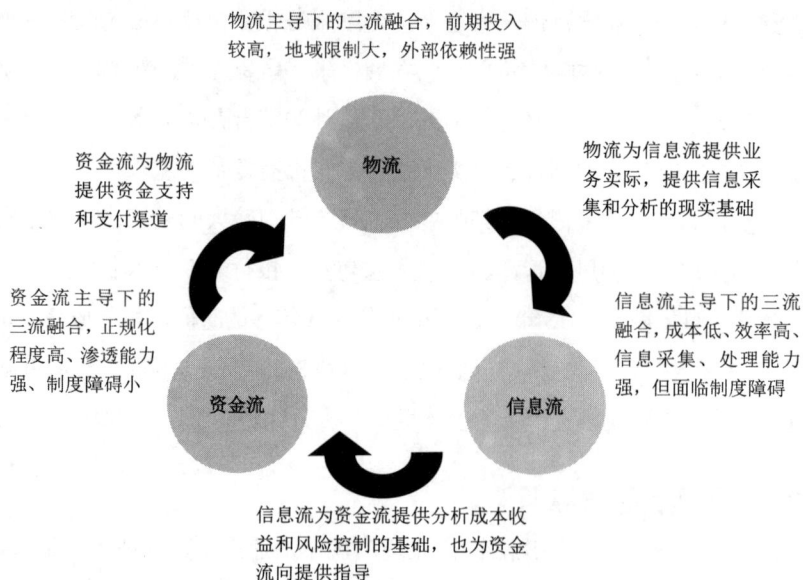

图 9-1   互联网金融时代下物流、信息流、资金流的关系

从三流融合发展的内在规律来看，以信息流为核心的横向渗透往往成为三流融合的先锋力量。信息流以互联网企业和电商平台为主导，其特点在于对信息的整合和分析能力强，信息系统先进，数据处理能力强，且电商的核心资源为计算机服务器和开发团队，资源的地域分布较为集中，运营成本相对较低，几乎没有历史负担，与资金和物流联系紧密，最容易先形成规模。但互联网企业和电商平台后期易受资金、监管的约束，难以做到三流融合。物流企业虽然在近年来得到巨大发展，但却难以成为三流融合的核心力量，这是因为单位物流运送成本较高，地域限制性较强，对海运、铁路、公路的依存度较高，业务拓展成本消耗大，这使得多数物流企业或是具有很强的地域性，或是具有很强的外部依赖性，难以在全国范围内形成强势竞争力量。相比之下，以商业银行为主导的融合模式具有更大发展潜力，银行最有可能成为三流融合的主导。在强大的系统开发实力、资金实力和政策支持下，商业银行仅需对其原有的信息系统加以改造，就可能做到资金流与信息流的整合，且可利用其与物流企业天然的信贷融资关系，向物流行业内部渗透，成为三流融合的领导与核心。

其实，商业银行在社会经济活动中不仅是资金的管理主体，还具备获取、掌握全面信息的天然优势，而且信息化建设的理念很早就已经深入商业银行的"骨髓"。商业银行不仅有信息化建设的意愿，而且有信息化建设的能力，2000 年后我国商业银行普遍提出数据大集中的思想，将全行的数据集中在一两个数据中心和备份中心，既提高了数据存储的效率，又提高了风险防范能力。此外，无论存款客户还是贷款客户，或是其他与商业银行发生业务关系的自然人和法人都需要在商业银行开户，社会上大部分的资金划转都要以商业银行为中介，因而商业银行有着广泛的信息获取渠道，不但企业间的资金划转要通过商业银行，而且商业银行还可以通过 POS 机和网银获取个人客户的消费信息。经过多年积累，在商业银行内部已经形成存储着海量信息的数据库。

从长远来看，包括物流、合同在内的商业信息电子化、标准化程度将越来越高，这些商务活动信息在商业银行体系聚集汇合的可能性越来越大。因此，很多银行都瞄准了供应链金融业务，这实际上就是要解决企业纵向和横向信息交互的问题。在一条产业链上，一个企业可能和数百家企业有关联，但这些企业很可能同时也处于不同的供应链体系内，这种错综复杂的业务关系超越了孤立的经线或纬线维度，形成一个类似"蛛网状"或者"集成电路式"的复杂网络。商业银行具备全面掌握这个复杂系统中物流、信息流、资金流的优势和条件，从而可以为客户提供更加综合化、智能化的金融服务。

9.2.5　防控风险之专长

金融业是经营风险的行业，风险管理贯穿商业银行经营发展的主线。面对信用风险、市场风险、操作风险、流动性风险、法律风险等构成的复杂多变的风险环境，商业银行经过多年的发展，已经形成了较为完善的风险管理框架和制度，并在实践中不断优化风险管理流程，完善风险控制指标体系，改进风险计量模型，严格管控各类风险。而第三方支付等机构在最近几年才刚刚兴起，风险管理制度还不完善，客户资金被盗现象时有发生。可以说，商业银行在防控风险和保证客户资金安全方面的能力要远远领先于第三方支付机构和互联网企业。

最后，值得一提的是，当银行业的上述五种优势汇合在一起时，就会形成很强的内部正循环和正能量，加大其对业务和客户的掌控能力和黏合度，形成难以效仿和攻破的"城墙"。

　　综上所述，我们可以发现，互联网金融时代为银行业在经营理念、组织架构、管理流程、运营模式等领域进行全面优化提供了难得的机遇。大数据时代的互联网金融浪潮将推动商业银行深度调整战略定位和业务模式，大力推进大数据体系和信息化银行建设。我们相信，商业银行凭借在数十年经营中形成的诸多优势和独到专长，一定能在互联网金融领域激起绚丽的浪花。

10　时空大战推演：银行互联网企业 PK 的终极武器

互联网在助推互联网企业掀起金融变革浪潮的同时，也为商业银行的转型发展带来良机。在互联网金融的决战之地，一方是来势汹汹拥有核心信息处理技术和海量客户数据的互联网企业，一方是迫切需要利用互联网和信息处理技术谋求经营转型的商业银行——两类本是毫不相干的参与主体，一场始料未及的互联网金融大战，已经悄然拉开序幕。那么，谁能把握金融的核心本质，谁拥有金融领域的核心竞争力，谁掌握一招致命的终极武器呢？

10.1　静态分析：孰高孰低？

假定国内政策、信用环境、法律体系不发生明显改变，以目前互联网金融领域的发展情况来看，商业银行和互联网企业这两大参与主体各具优势。为了理清二者各自的核心竞争力，进而对当前互联网金融的战局加以分析，不妨从"资金的时空再匹配"这一角度入手。

资金的时空再匹配，是金融的基本逻辑[①]，也是金融最基本、最核心的功能。所谓空间再匹配，就是将资金从一个账户转移到另一个账户，例如从交易一方转移到对手方（支付、汇兑），从投资者转移到资金需求者（借贷、投资[②]），其核心功能就体现为广义的支付，涵盖存款、汇款、结算、清算等金融业务。所谓时间再匹配，就是按照风险与收益相匹配的原则对资金的使用期限进行整合与拆分，例如将不同期限的储蓄资金汇集起来，组合成期限与收益各异的投资（贷款、债券）；将不同期限的债权整合起来，拆分成不同风险及收益的金融产品（资产证券化、衍生品）；将客户的资产代为投资为不同期限和收益的金融产品（资产管理、现金管理）等，其核心功能就体现为广义的投资，涵盖借贷、资管、投资（债券、股票、金融衍生品）等金融业务。

▶▶▶

[①] "资金的时空再匹配"理论参考了陈志武所著《金融的逻辑》。陈志武：《金融的逻辑》，北京，国际文化出版公司，2009。
[②] 这里仅指借贷、交易过程中资金的转移，其中的期限匹配、风险控制、利率定价属于时间再匹配的范畴。

在对资金的时空再匹配进行定义之后，我们可以发现，各类金融业务中，**资金空间再匹配的功能可以单独使用，而时间再匹配的功能却离不开空间再匹配功能的支持**。例如，汇款业务仅涉及资金空间再匹配，而借贷业务既有对贷款者的未来收益、风险进行时间匹配的过程，也有资金从借款人到中介、再从中介到贷款人的空间匹配的过程。而且，**无论是资金的空间再匹配，还是时间再匹配，都存在风险，因此，风险控制是金融的时空再匹配功能的衍生功能**。

将上述基本观点应用在互联网金融领域，就很容易对目前的战局进行静态分析。在空间再匹配方面，以信息处理为核心技术的互联网企业具有明显的优势；而在时间再匹配方面，拥有风险管理技术的商业银行的优势在短时间内难以被超越。

10.1.1　时间再匹配：商业银行拥有致胜武器的战场

有观点认为，当前国内环境下，互联网企业短时间内难以获得银行牌照，因此商业银行最大的优势是牌照许可。本书认为，商业银行在牌照、资金和信用等方面的优势，归根到底，是其在资金的时间再匹配方面的优势积累。

资金的时间再匹配具有一定的风险性，是金融业务的核心，而互联网技术并不能自主自动地进行风险控制和定价，因此到目前为止互联网金融所有的业态，涉及风险控制的产品定价业务，仍是以传统的金融理论为指导，采用传统的方法，通过网络平台来开展，因此，在金融产品和服务的风险定价方面的优势，才是商业银行在互联网金融战场上的致胜武器。

欧美的 P2P 借贷平台对贷款人的信用评级数据，来自传统的信用评级机构，对于不同信用评级贷款人的利息定价，也是采取传统的定价思路，互联网技术在这一环节中所起的作用，仍限于借助网络数据库和大数据分析方法来提高定价的效率和准确性，或是作为营销渠道辅助金融产品的推广与销售。

国内的大多数 P2P 网络借贷平台，其实质是将小贷公司、担保公司的业务"上网"，对于贷款人的信用评估，仍然是依靠传统的线下方法解决，网络平台的作用，仅体现在提高数据存储、传输、共享的效率上。

网络保险、理财产品的销售领域中，短期来看互联网技术所起的作用仍限于营销和售后服务渠道，并未进入核心的产品设计与定价环节 [①]。

可见，在时间再匹配的风险控制与产品定价等核心领域中，互联网技术目前并没有占主导。商业银行通过不断提高风险定价的能力和效率，结合牌照许可、雄厚的资金基础和强大的信用，布局存贷款、国际结算、托管、投行、信托复杂金融产品的设计与销售等业务，将是其致胜的武器。

10.1.2 空间再匹配：互联网企业志在必得的战场

在互联网技术的背景下，资金空间再匹配的效率得到了显著提升——这既是互联网企业借助电商平台或者支付平台快速切入金融服务领域的"杀手锏"，也是他们在互联网金融的一些战场上取得胜利的法宝。

PayPal、支付宝、财付通等网络支付机构，就是利用了互联网技术在空间再匹配方面的优势，从客户使用的便捷性出发，开发出了一系列网络支付工具，快速占领了网络支付的市场，获得了大量用户。

Zopa、Prosper、Lending Club、阿里小贷、拍拍贷等网络借贷平台和国内外的众筹平台，也是从空间再匹配的逻辑出发，利用互联网技术加快了资金供需双方的信息匹配效率和资金周转速度。

余额宝、现金宝、活期宝等余额理财产品之所以能够在短时间内快速提升知名度和销售额，除了得益于网络支付工具在资金空间再匹配方面的高效与便捷之外，也受益于互联网在媒体渠道方面所具备的推广速度快、覆盖面广、具备一定的营销精准度等特点。

因此，从目前的情况来看，利用自身在通用平台、软件开发、硬件设备生产、新技术新模式开发等方面的优势，进一步提高资金空间再匹配的效率、研发出更多的应用场景（例如便捷支付、资金跨行划转、水电煤缴费、余额理财等），将是互联网企业志在必得的战场。

总而言之，互联网金融近年来的快速发展得益于互联网技术在空间再匹配上的技术和平台优势；而在时间再匹配的风险控制与产品定价等核心领域中，互联

① 以 2013 年 6 月上线的阿里金融"余额宝"为例，其实质将淘宝、天猫和支付宝平台作为售前营销、售后服务的网络渠道，使客户可以方便地购买货币基金产品，大数据处理的作用在于通过准确预测用户实时赎回资金，灵活控制支付宝需要垫付的流动资金。

网技术目前并没有占主导，只是借助自身在信息存储、传播、处理以及推广、销售渠道等方面的技术优势，提高了传统金融风控、定价的精度和效率，而核心理论与方法依然属于传统金融。

10.1.3 双方将要展开鏖战的战场

由以上分析可知，互联网企业拥有资金的空间再匹配的相对优势，并在网络平台通用性、产品风格亲民化、低成本试错创新等方面占优，商业银行难以在短时间内赶超；而商业银行拥有资金时间再匹配的相对优势，在风控体系、资本积累、大客户基础等方面占优，互联网企业无法快速复制。总而言之，互联网企业在简单化、标准化的金融产品销售和服务上具有相对优势；商业银行在复杂化、大资金的金融领域具有绝对优势。然而，在互联网金融不断发展演变的过程中，互联网企业与商业银行这两个主体必将在各自的核心业务之外的交叉领域相互借鉴，寻求突破点开展竞争，形成多个"分战场"。

一是互联网平台的"阵地战"。阿里小贷、余额宝依靠支付宝、淘宝、天猫平台获得了快速发展，腾讯依靠微信、QQ、财付通三大平台轻松布局移动金融，百度依靠搜索平台的知名度使其理财产品创下认购速度的记录———一个又一个的互联网企业依靠开放的互联网平台，为其发展奠定了坚实的基础；另一方面，商业银行在第三方支付平台和电商平台不断发展壮大的环境下，面临着信息流被截断、只能充当第三方支付机构"账房先生"的风险。为了争夺制信息权，增强竞争的主动性，很多银行都在加速上马互联网平台项目。作为两大主体都在积极建设的领域，围绕互联网平台而展开的阵地战必将成为互联网金融战争的重要战场。

二是网上支付业务的"攻防战"。自 2010 年央行开始发放支付牌照开始，目前已有 250 家第三方支付平台正在运营，其中，100 余家线上支付企业表现极为突出。无论是依靠电商平台发展起来的支付宝、财付通，还是以垂直领域商户服务起家的快钱、易宝，都在快速增长和扩张，不但已经在小额支付领域获得了完全的主动权，更拥有切断银行与商家、消费者之间的信息流的能力。同时，依靠支付平台的力量，P2P 借贷、众筹、余额理财产品等新业态和新产品陆续推出，进一步侵蚀银行活期存款和银行系理财产品的市场份额。鉴于此，一些银行已经推出了适用于小额支付场景的快捷支付产品，却在跨行交易能力、用户规模效应、界面友好程度、支付快捷程度等方面存在不足，仍存在较大的提升空间。在"得支付者得天下"的今天，商业银行必将大力加强网上支付产品的开发、优化力度，对已占先机的第三方支付机构发起攻击，而第三方支付机构将不断巩固已经占领的"阵地"，应对商业银行的进攻。

三是标准化金融产品的营销"对攻战"。余额宝、现金宝、活期宝、百发等产品的热销，说明了标准化程度较高的金融产品具有在网络渠道进行销售的天然优势，这些产品不仅挑战了银行在公募基金、理财产品销售领域的主渠道地位，更分流了部分银行的活期、定期存款以及银行自有理财产品的份额。一些第三方支付机构即将推出的针对商户和企业的余额理财产品，将使这一分流作用更加明显。事实上，余额理财产品的热销得益于认购起点低、免费的T+0赎回等产品特征；面对互联网企业凌厉的攻势，商业银行也推出了支持免费T+0赎回，可以用于信用卡还款的余额理财产品进行回击，以应对第三方支付机构的各种余额理财产品。规模更大的营销对攻战，大有一触即发之势。

四是小微贷款业务的"遭遇战"。在互联网企业一方，近几年已经发展出种类繁多的小微贷款业务模式，例如依托于自身平台的信息闭环进行量化快速放贷的阿里小贷模式、以撮合借贷双方信息为主要盈利手段的拍拍贷模式、以债权拆分为主的宜信模式、线上信息匹配和线下信用验证相结合的翼龙贷模式、以贷款搜索比价为主要业务的融360模式等。特色各异的网络借贷正在快速地推进"民间借贷阳光化"[1]。在商业银行一方，传统借贷方法需要进一步变革，很多商业银行已经在小微贷款方面着手进行市场开拓。可以预见，随着商业银行借贷业务的重心下移，势必会与网络借贷平台的中高端业务形成重叠，双方将不可避免地展开一场围绕小微贷款业务的"遭遇战"。

10.2　动态推演：孰优孰劣？

上一部分的分析是建立在"国内政策、信用环境、法律体系不发生明显改

▶ ▶ ▶

[1] P2P借贷正处于高速发展阶段，尽管存在个别卷款跑路、诈骗钱财的恶性平台，但也有众多诚信经营的企业和平台，为小微企业提供了急需的资金支持。

变"这一假定的基础之上，如果这些条件发生变化，互联网金融的战局会发生怎样的变化？

10.2.1 如果互联网企业获得银行牌照

如果互联网企业获得银行牌照，可以从事存款业务，一方面，可以从通过合法吸储，根本上解决互联网企业在小微贷款方面的资金来源问题，从而对互联网企业增加信贷业务规模、提升信贷业绩具有积极的推动作用，同时持有银行牌照意味着银行级别的信用，这对于互联网企业基于网络第三方支付平台开展大额支付、跨境贸易保理等业务也有帮助；另一方面，牌照的下发意味着互联网企业将真正成为银行，将不得不满足资本充足率、拨备覆盖率、存贷比等监管要求，从而导致监管套利的优势将不复存在，一些目前正在开展的业务将不得不停止或者改进，以符合监管的要求，可见，银行牌照的获得对于互联网企业有利有弊。而对于商业银行而言，互联网企业获得银行牌照，就意味着由原来的跨界竞争转变为了同业竞争，双方都在同样的监管规则下开展业务，也是值得期待的。

10.2.2 如果支付机构获得信用卡发放许可

如果支付机构获得信用卡发放许可，将对商业银行现有的信用卡业务体系造成冲击。一方面，如果支付机构获得虚拟信用卡的发放授权（例如，支付宝、微信与中信银行的虚拟信用卡终能获批），从发卡环节来看，虚拟信用卡并不需要制卡这一流程，因此，信用卡的发放速度和效率将大大提高；从用卡环节来看，虚拟信用卡的用卡范围一般限定在第三方支付机构的合作电商平台，如果合作电商平台足够多、足够大，则可为持卡客户带来更多的消费选择；从客户支付的角度来说，正如实体信用卡在真实世界里对消费的刺激作用，虚拟信用卡的推出势必有效促进客户在电商平台上的消费，使得更多的线下支付资金流转至线上。

另一方面，如果支付机构更进一步，获得实物信用卡的发放授权（例如，支付宝推出实物的"支付宝信用卡"），则可以结合线上的虚拟卡，为客户提供线上线下融合的、"一点认证，线上线下通行"的独特购物体验。此外，随着发卡量和客户用卡量的增加，支付机构可以获得越来越多的线下消费信息，从而有机会借此开展范围更广的金融信息服务，同时涉足实体商务支付领域，直接对商业银行和银联的同类业务构成威胁。

当然，随着互联网企业信用卡发卡数量的提升，由于在电商平台上进行信用卡套现的难度和实现成本都很低，因此信用卡客户的用卡风险和信用风险将会逐渐暴露，如何面对大体量的客户群体做好风险控制，同时兼顾流畅的客户体验，也将成为摆在互联网企业面前的一项重大问题。

对于互联网企业的这一发展可能，商业银行可以通过在合乎监管要求的前提下自行发放虚拟信用卡加以应对。

10.2.3　如果网络支付机构获得全民信用

如果网络支付机构获得与商业银行类似的信用，将使网络支付机构可以凭借自身跨行资金划转、支付便利性等方面的优势，积极参与到额度和信用要求较高的支付业务当中，从而以大额支付为起点，进一步挤压商业银行的代收付、企业现金管理、国际结算等业务。商业银行可以通过升级支付软件、优化支付流程等方法逐渐赶超网络支付平台的用户体验，但在跨行资金管理方面的劣势，并不能得到圆满的解决，因为网络支付机构跨行支付产品（例如"快捷支付"）在设计之初就是要做网络上的"银联"，任何一家商业银行都无法单独实现这个目标。

对于网络支付机构来说，获得全民信用也并不是完全的"利好"，因为一方面，获得全民信用，就意味着维护这一信用需要更多的成本支出，而这样的成本将不是当今的相关支出可以比拟的；另一方面，大额支付、国际结算、企业现金管理等业务的开展，不仅需要强大的 IT 技术支撑，更需要金融、法律、客户拓展、市场营销等方面的专业人才，而这些人才如何融入非金融企业的企业文化，也是网络支付机构将要面对的问题。

10.2.4　如果互联网企业拥有银行级别的风险定价能力

很多评论认为，互联网企业无法快速掌握商业银行在风控定价方面的核心竞争力——如果互联网企业通过人才招募（例如对商业银行风控团队实施整体"收编"）、控股商业银行等方法，大幅提升自身的风险定价能力，将对信息化程度相对较低的商业银行形成很强的竞争优势。事实上，在个别互联网企业的产品当中，我们已经能够看到这一趋势的端倪：依托天猫、淘宝、阿里巴巴交易平台的商家信用贷款，就是阿里金融在风险控制和产品定价方面走出的重要一步，这样的举措不仅实现了借贷效率与资产安全的权衡，更开创了不同于传统信贷的征信方式和风险定价模型。但需要注意的是，阿里金融所构建的信用模型具有一定的局限性，在阿里系电商平台之外，由于无法获取借款人的相关详细数据，业已建立的、基于电商平台内部数据的信用模型的准确性将大打折扣，甚至无法使用，从而在业务扩张的过程中带来风险控制的挑战；同时，目前互联网企业的所有金融风险控制方案都还没有经过经济周期的验证，对于系统性风险的防范能力还有待于市场的检验。商业银行对此的应对包括通过自我革新，完善征信、风控、定价系统，与电商平台、网络支付、网络借贷平台实现信息共享，将征信和风险评估工作外包给大数据金融企业等措施。

10.2.5 如果 P2P 网络借贷获得监管机构认可，纳入监管体系

长期以来，P2P 网络借贷平台处于"无监管、无门槛、无法律约束"的"三无"状态，导致该领域的企业发展受到多重限制。一方面，由于政策不明朗，企业不敢将业务规模做得过大，以防政策性风险；另一方面，由于身份不确定，一些风险偏好并非特别激进的投资者不敢在 P2P 平台上进行投资。如果 P2P 网络借贷获得监管机构认可，将从政策层面消除企业和投资者的观望情绪，有利于业务的快速开展。同时，透明、受监管的借贷业务也将更阳光地服务资金需求者。

将 P2P 网络借贷纳入监管体系，也同时意味着 P2P 业务的拓展将受到更加严格的管控，纯交易撮合模式的 P2P 平台所受的影响最低，而涉及本金或者本息担保模式的 P2P 平台，将面临诸如资金第三方托管、放款规模、第三方担保企业资质及担保规模上限、强制投资者风险揭示等方面的严格管控。另外，从目前的情况来看，P2P 网络借贷的金额都比较小，属于商业银行目前并未涉足的"小微"领域，二者并没有直接的竞争关系；但是随着该行业的快速发展和商业银行借贷业务的重心下移，二者的业务范围将出现重叠。对此，商业银行可以通过自建 P2P 平台、控股 P2P 平台、与 P2P 平台合作（成为 P2P 平台的资金批发商）等方法，尽早布局 P2P 行业。

从本节可以看出，如果互联网企业的政策限制被打开（事实上，阿里巴巴已于 2014 年 3 月获批参与首批民营银行试点），则吸储的合法化将放开其资金规模限制的闸门；如果互联网企业获准发行借记卡、信用卡，那么资金将有可

能在互联网上形成"吸储、消费、投资"的闭环，商业银行将被彻底排除于个人客户甚至部分中小企业客户之外；如果互联网企业学习并掌握商业银行的风控技术，那么支撑商业银行时间再匹配优势的重要支柱将轰然倒塌。从动态的视角来看，互联网金融时代，一切都有可能。但是，商业银行会打不还手、坐以待毙吗？

10.3　未来发展预测：基于时空再匹配与颠覆性创新理论

在对未来进行预测之前，首先让我们来回顾一下我们的分析方法和互联网企业侵入金融业的发展路径。基于资金时空再匹配的金融基本功能，各类金融业务中，资金空间再匹配的功能可以单独使用，而时间再匹配的功能却离不开空间再匹配功能的支持。而**互联网企业的汹涌来袭，正是源自其在资金的空间再匹配方面（即支付功能）的效率优势、成本优势，以快打慢，从小额到大额，凝聚客户，积累数据，并随着支付工具、支付功能的延伸、拓展以及信息、信用的积累逐渐侵袭代理收费、小额贷款、代售理财、信用卡等传统金融领域。**

首先，互联网企业通过与各大银行、通信服务商等合作，或针对电商平台用户或瞄准航空、旅游等一些行业供应链上下游，搭建了快捷方便、应用广泛、贴近生活、跨银行跨区域、免费或费率低的"网上线下"全覆盖支付渠道，同时推广转账平台、公共事业缴费平台等代收代付的增值金融服务，并通过不断创新支付方式、支付工具和应用场景，牢牢把握支付终端，凝聚大量用户，逐步抢占支付市场。其次，通过支付工具助推互联网企业电商平台兴起、发达的同时，利用电商平台积累的海量用户消费和信用数据，进入小额信贷领域。最后，利用支付工具的便利性和积累的商业信用、用户黏性，通过与基金公司合作，迅速从余额理财拓展到资金规模更大的代售理财、代售基金业务；同时借助信息收发、海量客户的优势和利用风险对冲、信用增级等技术手段开展 P2P、众筹业务，进入信贷市场。未来，还可以利用网络支付的创新，开发虚拟信用卡业务，从而涉足信用卡市场。

实际上，互联网企业已经构建了一个相对完整的金融产业链，如果再获得银行牌照，允许设立账户、吸储和发行借记卡，那么互联网企业将以支付为核心形成"吸纳资金、购物消费、投资理财"的资金闭环，从而完全将商业银行排挤出个人客户甚至部分企业客户的金融需求之外。

在前面的论述中，我们可以看出，基于资金时空再匹配理论的应用和分析，如果传统金融机构一如十年前面对支付宝那样，漫不经心、坐井观天，互联网金融完全有可能威胁，甚至颠覆传统金融机构。应该注意到，我们说的是颠覆传统金融机构，而不是颠覆传统金融。因为，金融的资金时间再匹配才是金融的核心。而互联网企业构建的闭环中，也依然需要专业金融机构为其运作投资理财业务。但是，这个时候，传统金融机构将沦为互联网企业的后台，彻底丧失与客户的直接联系。

以下我们再将资金时空再匹配理论与颠覆式创新理论结合起来，审视互联网企业与传统金融在未来互联网金融领域的战争演变。

颠覆性创新理论[①]认为，那些已经是行业领先的传统优势企业，它们的发展往往都存在一个通病：现行的企业运转机制虽然聚焦可持续和实现利润最大化，但普遍缺乏了早期的创新和探索的勇气，目标客户都是当前已有的以及过去取得成功市场，它们提供服务和产品也只是在原有基础上进行更新迭代。市场上的颠覆性创新一旦出现，比如价格、性能等方面的替代品出现，面对冲击，现有企业通常不会主动出击采取防御策略，而是选择性放弃这部分市场，因为替代品的受众大多是相对低端的市场。这种策略短期看来并无大的问题，但随着颠覆性创新的进一步发展，传统企业的固有优势会逐渐丧失，市场份额也会慢慢被蚕食。

颠覆性创新理论指出，为了确定一个创意是否具有破坏潜能，必须回答以下三组问题[②]。我们不妨以互联网企业这个金融"外来者"作为研究对象，对其的破坏力加以评估。

第一，某项创意是否能够成为一个新的市场。至少必须满足下述一个条件，一般来说要同时满足下述两个条件：

▶ ▶ ▶

① 颠覆性创新是哈佛大学商学院的商业管理教授克莱顿·克里斯坦森(Clayton Christensen)最先进行系统性阐述的，是指企业在技术创新、提供产品或服务时，使用与当前截然不同的"破坏性"技术，推翻在现有市场上的主导技术或产品。该技术往往被市场的新进入者大胆应用，以改写竞争的游戏规则，破坏在位者的独霸市场优势。克里斯坦森指出，"反复的事实让我们看到，那些由于新的消费供给范式的出现而'亡'的企业，本应该对颠覆性技术有所预见，但往往无动于衷，直至为时已晚。"
② 三组问题摘自克莱顿·克里斯坦森、迈克尔·雷纳所著《创新者的解答》。克莱顿·克里斯坦森、迈克尔·雷纳：《创新者的解答》，北京，中信出版社，2010。

- 是否存在这样的消费者群体，起初因为没有足够的资金、设备或技术去做一些事情，所以他们只好选择不做，或者是额外付费去找他人来完成？

- 消费者是否必须去一个并不便捷的场所或者是某一个集中的场所来使用产品或享受服务？

商业银行提供的很多金融产品和服务，存在覆盖不足、效率不高的问题，为颠覆者提供了基础。例如，商业银行提供的理财产品，必须在起售金额之上才能销售，而大量的草根客户群并不具备这样数量的空闲资金，长期以来只能望洋兴叹；由于布设 POS 设备需要复杂的手续，加上收单服务费用较高，使得很多小商户只能敬而远之；尽管商业银行已经开发出了比较先进的电子渠道和自助渠道，但不可否认的是，为了办理银行提供的一些服务，客户依然必须到银行网点，往往需要经历比较耗时的排队等待过程。

针对上述客户群，互联网企业已经在近年来开发出了多款产品、推广了多种服务，满足"成为一个新的市场"的标准和条件。例如，利用第三方支付平台的渠道优势，互联网企业推出了以"余额宝"为代表的余额理财产品，挑战银行理财产品的认购限额；利用声波支付、扫码支付等技术的廉价优势，互联网企业从便利店入手，布局线下"类 POS"的收单业务；利用支付宝手机钱包、微信支付等随身软件，互联网企业开展了诸如基金购买、生活缴费、打车支付、AA 收款等新型应用，将一定量的客户群从银行网点分流出来。

第二，低端市场破坏的潜能。如果满足下述两个条件，可以采取低端破坏战略：

- 在低端市场上，是否有愿意以较低价格购买性能稍差的产品的消费者？

- 面对低端市场上那些需求不高的顾客，是否可以设计一个通过打折销售但能有可观利润的商业模式？

针对这两个条件，可以从第三方支付、"余额宝"和 P2P 网络借贷来展开分析。首先看第三方支付，其过去十余年的发展恰恰是从低端市场切入的鲜明实例——大量网民愿意通过烦琐的"支付—收货—确认支付"手续、耗费一定的时间和精力来实现自己网络购物、网络销售的需求，而网购的货物往往价格相对低廉、产品质量略差但也能满足需求；余额宝们的快速发展，正是看到了低端市场的长尾价值，尽管几千元的人均投资在余额宝现有的利率之下，一年也不过几百元的收益，却能为客户提供利率数字上的满足；P2P 网贷尽管利息往往超过 15%，却解决了大量中小微企业急需资金"一款难贷"的窘境。

在商业模式的盈利能力方面，第三方支付已经发展了 10 余年，支付宝、财付通等大型第三方支付机构，以规模效应保证了利润率；余额宝则凭借便利的申购渠道和丰富的消费支付场景，在短短的半年之内缔造了世界货币基金史上的一段奇迹；P2P 网络借贷方面，以红岭创投、陆金所等为代表的大型 P2P 平台，也已经展露了较强的盈利能力。

至此，对于前两组问题，互联网企业已经通过其在资金空间再匹配方面的优势，逐一（至少在一些特定业务中）给出了肯定的回答。那么，互联网企业的种种创新是否真正具有颠覆性意义呢？让我们一起来分析一下第三组问题。

第三，"破坏力"测试。通过了新市场或低端测试，仍需要考虑第三个关键的因素：

● *该项创新是否对该行业内所有重要的市场现存者都具有破坏性？如果对于行业中一个或多个重要的市场在位者而言，该项创新看上去更具有维持性，那么成功的机会将更多地倾向于该企业，新进入者不可能取得成功。*

对于这一问题，我们可以结合资金时空再匹配理论进行分析。在金融领域中，存在着大量的细分市场，本章已经提出，在各类金融市场中，资金空间再匹配的功能可以单独使用，而时间再匹配的功能却离不开空间再匹配功能的支持。从这个角度来看，似乎拥有空间再匹配优势的互联网企业，应该具有相当强的破坏性——因为空间再匹配是时间再匹配的基础。

可是如果我们换个角度来看，得出上述结论就显得有些仓促：一方面，利用互联网来进行资金空间再匹配，并不是互联网企业的独创，国内商业银行过去 20 年来一直在进行的金融电子化、数据大集中、自主渠道建设等，都是利用先进信息技术来完善金融产品与服务的**维持性创新**，而互联网企业在资金空间再匹配方面的创新，与之有着高度的重合性。因此以第三条标准来加以判别，互联网企业的相关创新对于商业银行而言，"看上去更具有维持性"，因此，"成功的机会将更多地倾向于"商业银行，也就是说，似乎互联网企业这一"新进入者不可能取得成功"。另一方面，如本章前面所述，在诸多的金融细分市场中，涉及大量的资金时间再匹配业务，互联网企业在这一领域的创新目前来看还比较有限，短期内商业银行依然具有优势，但也不排除互联网企业采用新技术而展开资金时间再匹配领域的颠覆式创新。

可见，通过分析颠覆式创新理论中的三组经典问题，我们大致能对互联网金融的颠覆性做出一个评估：

首先，在汇款、转账、代收代付、代售标准化金融产品等资金空间再匹配领域当中，互联网企业已经很好地回答了前两组问题，具有较强的颠覆性；而对于第三组问题，由于商业银行多年来在信息技术领域的维持性创新从未停止，且与互联网企业所开展的业务高度重合，因此以目前的业务来看，互联网企业的创新似乎尚不足以颠覆商业银行。

其次，在信贷、投资、资产管理等蕴含较高风险的资金的时间再匹配领域当中，以目前的现状来看，互联网企业能够在前两组问题当中获得肯定回答的产品的数量和规模有限（例如非金融系 P2P 规模很难做大；代售复杂金融产品的风险较大）；而对于三组问题，商业银行在诸多的资金时间再匹配领域依旧占上风，互联网企业的创新尚不能覆盖所有的重要细分市场。

最后，上述两点评估，是基于目前国内金融市场的发展现状分析得到的，由于互联网行业创新周期越来越短、新产品的普及速度越来越快、客户习惯受其影响的程度越来越深，而且金融消费模式和金融生产模式也因互联网发生快速演变，因此不排除这种可能：互联网企业作为"外来者"，站在客户的角度，发掘更多的客户需求点，从年轻客户入手在资金空间、时间再匹配的领域中发起多轮颠覆式创新，逐步挤占商业银行的零售业务空间。

面对互联网企业的种种创新，商业银行必须加快在资金空间再匹配领域的技术、产品和服务创新，同时通过组织、人才、技术、渠道、产品等多方面的努力，不断提升在资金时间再匹配领域中的核心竞争力。有人曾犀利地指出：面对互联网企业从"草根"、"屌丝"客户出发，设计开发金融产品和服务的颠覆式革命，"元老"的传统金融机构若不能积极融入、创新求变，则可能导致客户金字塔底层被掏空，原有的客户基础将有可能不复存在，从而面临被迫向私人银行与投资银行转型。

总之，无论互联网企业是出于其业务发展需要还是其他什么动机，它们已经大肆迈入了金融领域，而商业银行虽然已有利用互联网技术进行信息化建设的十

余年历史，但科技的日新月异和不断创新的压力依然沉重。两类参与主体在金融
领域的业务重叠，已经诱发了一场史无前例的互联网金融战争。面对变幻莫测的
战局，商业银行只有不断提升在资金时间再匹配方面的核心竞争力，努力补偿自
身在资金空间再匹配方面的劣势，才能继续占据金融体系的主导地位。

第三部分

谁能笑到最后：互联网金融的明天

11　监管与市场的双轮驱动：国际互联网金融案例借鉴

国内互联网金融风生水起，甚至时不时有颠覆传统金融的声音发出。但发展历史更悠久的国外互联网金融却显得比较平静，这是为什么呢？我们认为，国内外互联网金融热度的迥然不同，其根本原因在于国内外金融监管和金融市场的差异。欧美互联网金融并未被当做独立于金融体系之外的存在，而是被看做"类金融"进行严格监管，更多的是在完善的社会信用体系之下，被嵌入原有的金融体系中，在法律监管和市场规则之内稳健发展。

11.1　国外 P2P 行业的发展：监管与创新之间的平衡

11.1.1　欧美 P2P 发展现状及国内对比

2005 年，全球首家 P2P 网络借贷平台 Zopa 在英国成立以来，P2P 这一新型借贷模式获得了市场的一定认可，表现出了较好的成长性。据不完全统计，目前欧美活跃的 P2P 借贷平台超过 30 家，其中全球最知名的四家平台——英国的 Zopa 和 Funding Circle、美国的 Prosper 和 Lending Club，自 2012 年以来的平台贷款额平均月度同比增长率都超过了 100%。

Lending Club 是目前全球最大的 P2P 平台，其 2013 年全年贷款总额为 20.6 亿美元，从 2013 年 12 月的统计数据来看，Lending Club 平均单笔贷款额为 14 157 美元，平均贷款利率为 15.54%。Prosper 2013 年的贷款额为 3.6 亿美元，平均单笔贷款额为 11 746 美元，平均贷款利率为 16.4%。截至 2013 年底，Zopa 已提供了在线贷款共计 3.7 亿英镑给借款人，其中 2013 年全年贷款额为 1.3 亿英镑，共服务了 5.7 万名借款人，同时有 4.2 万名活跃出资人。从坏账率看，其 2010 年以来为 0.25%，远低于银行贷款的坏账率。Funding Circle 主要为中小企业融资服务，截至 2013 年 10 月，Funding Circle 已经为中小企业提供超过 2.5 亿美元的贷款。

表 11-1 统计了 2013 年 8 月国际部分 P2P 平台新增贷款的数量。可以大致匡算出，2013 年国际较为活跃的 P2P 平台的贷款总额为 30 亿～40 亿美元。

表 11-1 　2013 年 8 月国际部分 P2P 平台新增贷款数量

公司	国家	月新增贷款（百万美元）	环比增幅（%）	同比增幅（%）
Assetz Captical	GBR	1.2	n/a	n/a
Auxmoney	GER	4.2	9	87
Comunitae	ESP	0.2	−26	148
Fixura	EST	1.6	−14	93
Funding Circle	GBR	18.6	−13	129
Isepankur	EST	1	33	1 262
Lending Club	USA	191	10	173
MYC4	CZE	0.6	32	43
Pret d'Union	FRA	4.8	−18	n/a
Prosper	USA	31	3	121
Ratesetter	GBR	16.5	18	292
Smartika	ITA	3	0	n/a
Smava	GER	1.4	41	30
ThinCats	GBR	5	−42	n/a
Zopa	GBR	30.5	2	n/a

资料来源：P2P-Banking.com。

　　国际 P2P 行业的发展速度不可谓不快，但是如果和中国的热火朝天相比，则要"相形见绌"许多。从平台数量来看，国际活跃的 P2P 平台仅仅数十家，而国内目前的 P2P 平台总数上千家，活跃的超过了 300 家。从业务规模来看，2013 年中国 P2P 行业全年行业总成交量 1 058 亿元，较 2012 年 200 亿元左右的规模呈现火箭般的爆发式增长，目前已成为全球最大的 P2P 市场。对于国外一家老牌的 P2P 公司，一年能融资 10 亿元（人民币）就相当不错了；而在中国，很多成立不到半年的 P2P 公司，其融资金额基本上都在 5 亿元以上。从单笔贷款额来看，国际 P2P 平台专注于中小企业和个人的小额贷款，其单笔贷款额虽然随着总体规模上升略有增长，但基本保持在 1 万至 2 万美元。而国内 P2P 平台的单笔额度有大幅上升的趋势，甚至成为了某些上市公司的融资平台。更有甚者，上亿元的项目被拆分之后，短短几个小时就能通过众筹等方式完成融资①。

但从另一方面来看，与国内 P2P 平台前赴后继地出现提现困难，甚至倒闭的现象相比，国际 P2P 行业的发展非常稳健，对贷款风险的管理非常严格规范，其主要平台的不良率甚至比银行的同期水平还要低。

那么，为何国际 P2P 行业的发展没有国内那么迅猛？有着怎样的特征？其未来发展态势如何？与商业银行的关系如何？与国内 P2P 有何差异？下文将试图回答以上问题。

11.1.2　国际 P2P 平台运行特征之一：融入传统金融

基于对国际几大 P2P 平台的分析，我们认为，国际 P2P 平台之所以能够保持相对稳健和快速的发展，关键是在互联网金融与传统金融之间找到平衡，既有吸纳、融合传统金融优势的一面，又有创新的一面。而其与传统金融融合的一面主要体现在以下几个运行特点：

第一，通过资产证券化及权证流通分散投资者风险。以 Lending Club 和 Prosper 为例，当放款人和借款人达成协议之后，双方并没有发生直接的借贷关系，而是由 WebBank② 进行审核、筹备、拨款和分发贷款至对应的借款人手中。WebBank 在贷款完成后，会将收益权出售给 P2P 平台，之后，P2P 平台再将这些收益权凭证按照放款人最初在平台上认购的份额进行分割售卖。这种运作模式与国内通常的 P2P 模式完全不同，实际上是由银行规范贷款、P2P 平台购买债权后进行证券化转售两个环节构成，从而脱离了单纯的"贷款归集—发放"的流程。其好处在于，一是贷款强制以份额的方式出售，从制度上避免投资者风险的过度集中；二是贷款收益权具有了证券的特征，从而被纳入 SEC（美国证券交易委员会）的监管之下，这样每一笔贷款都需要向 SEC 详细报告。

▶ ▶ ▶ ─────────────────────────────

① 2014 年 3 月 24 日红岭创投发布公告为某上市公司融资 1 亿元"收购某公司的 100% 股权"，1 亿元拆分为 10 个 1 000 万元的项目，仅三个小时就成功完成融资。
② 一家注册在犹他州，可以向全美居民发放贷款的州立银行。

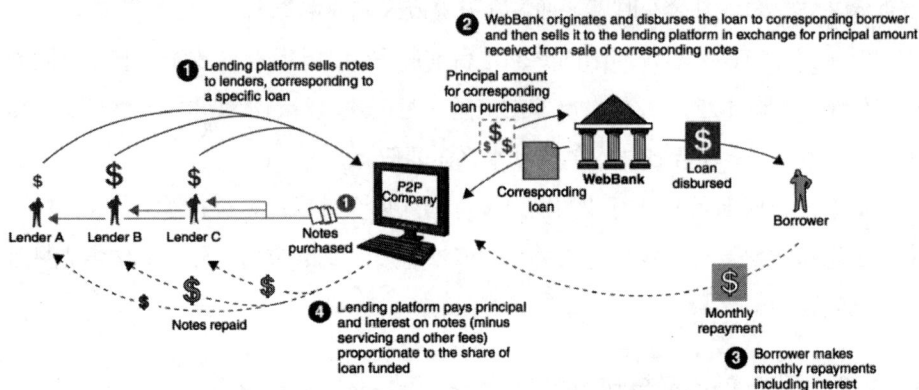

资料来源：GAO 分析报告，PERSON-TO-PERSON LENDING——New Regulatory Challenges Could Emerge as the Industry Grows。

图 11-1　美国主要 P2P 平台贷款流程图

此外，目前 Zopa、Funding Circle、Prosper、Lending Club 等 4 家 P2P 平台都向投资客户提供二级市场流通服务，放款人可以在平台上向其他会员出售其收益权凭据以换取流动性，平台对于收益权凭据的流转交易收取固定费率的手续费。收益权证的可流通为投资者进行投资决策提供了更多选择，更为未来发展更为复杂的证券化产品提供了基础及流通平台。

第二，业务运营处于严格监管之下。早在 2008 年，SEC 就已经开始对 P2P 平台进行监管。SEC 的严格监管对欧美主要 P2P 平台的运作产生了重要的影响。例如，Zopa 2005 年成立之后业务量增长迅速，并很快实现了国际化扩张，其业务曾拓展至美国、意大利、日本等多个国家。但是自 2008 年美国 SEC 要求所有 P2P 借贷平台向 SEC 进行注册之后，Zopa 被迫全面停止了其在美国的业务，此后 Zopa 的国际业务也大多售卖给当地的 P2P 公司，目前 Zopa 的主要业务仍然集中在英国本土。再如，2007 年 10 月，Prosper 为了开办一个允许放款人交易收益权凭证的二级交易平台，向 SEC 提交了一份注册声明，但是并没有注册收益权凭证本身。2008 年 9 月，SEC 认为 Prosper 违反了证券交易法，出售未经注册的证券产品，因此向 Prosper 发出了暂停业务的通知，直至 2009 年 7 月才允许其重新开始运营，停业时间达 10 个月之久。Lending Club 也面临相同的监管问题，为了在 SEC 进行注册，其于 2008 年 4—10 月暂停向放款人出售收益权凭证。

　　第三，风险控制和信用评级主要基于传统的社会信用体系。国际主流 P2P 平台都采用较为传统的风险管理和控制体系，利用社会征信机构的信用评分和公开信用数据作为参考。例如，他们通常会对贷款申请人的信用评分有最低要求，Prosper 要求借款人的信用评分不低于 640 分，而 Lending Club 要求不低于 660 分；而 Zopa 则规定，对最低两个级别的评级贷款申请人不予发放贷款。信用评分和信用评级是国际 P2P 平台控制风险的最重要手段，其信用评级体系一般会参照借款人的信用积分、信用历史和其他因素给每一笔贷款做出一个信用评级，从而帮助放款人仔细甄别每笔贷款的信用风险。此外，Zopa 除了根据公开可用的消费信贷数据作为参考指标以外，还会进行人工复审，他们认为，所有的信用数据只能代表过去的行为记录，本质上来说并不能代表未来他是否能偿还贷款，人工复审的目标是为了深入了解贷款申请人的类型，识别这些申请人是可以克服困难偿还贷款的人，还是刚一出现困难就会申请 IVA（取消债务个人自愿协议）的人。

　　有一点尤其值得注意，国际成功的 P2P 平台都是在原有基础信用体系和评估系统之上进行改进，并承认传统商业银行在这一领域的地位。他们经常会在公开场合表示，在风险控制这个领域，他们希望能够向商业银行进行学习。在这一方面也有前车之鉴，英国 P2P 公司 Quakle 在成立之初建立了一套类似于 eBay 用户反馈评分体系的风险评分体系，而放弃了传统的信用评分系统，其结果是这家公司成立 12 个月后，积累了高达 100% 的违约率，最终破产。

　　第四，明确的小微目标客户定位。主流的 P2P 平台目前主要专注于小微贷款，单笔贷款的金额较小，并且多数专注于个人消费贷款。2011 年以来，Lending Club 和 Prosper 单笔贷款额相对稳定，尽管也有一定的上升，但是其上涨幅度远小于总贷款额的增加。Lending Club 2011 年中期以前平均每笔贷款大约 10 000 美元，2011 年中期以后平均每笔贷款额在 15 000 美元上下浮动；Prosper 的单笔贷款额波动更小，基本稳定在 8 000 美元左右。导致这种稳定的一个重要原因在于这些贷款平台对借款数额都有所限制，Prosper 每笔贷款在 1 000—25 000 美元，Lending Club 的贷款上限略高于 Prosper，为 35 000 美元。这种限定一方面是出于风险控制方面的考虑，另一方面也明确了贷款的目标客户群体。除了单笔贷款额变动较小，P2P 平台的贷款用途也相对集中，除了 Funding Circle 作为专业的小型商业贷款机构，其贷款主要投放给中小企业以外，其他三家主要平台的贷款用途均以个人消费贷款为主。按照 Lending Club 和 Prosper 的数据披露，平台贷款用途中，占比最高的是偿还信用卡债务，分别为超过了 75% 和 25%[①]（见图 11-2）。

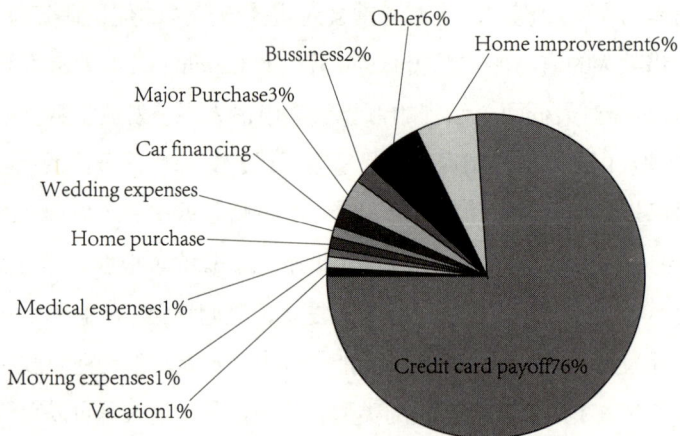

数据来源：Lending Club 官方网站披露数据。

图 11-2　Lending Club 贷款用途比例结构图

从以上可以看出，通过融入传统金融、学习传统金融，并依靠规范的运作模式、严格的业务监管、传统的风控手段和明确的客户定位，是国际 P2P 平台良性发展的基石之一。

11.1.3　国际 P2P 平台运行特征之二：创新主要围绕风险控制

除了融合传统金融运行、发展的运行特点之外，国际上成功的 P2P 平台还在风控和投资者保护方面，表现出其善于创新的一面，主要包括：

第一，违约贷款处理有制度性的安排。欧美 P2P 平台一般都仅是纯粹的撮合交易，不担保、不吸储、不放贷，但是会为问题贷款寻找出路，帮助投资人减少损失。例如，Lending Club 与一家经纪商公司 FOLIOfn 合作，推出了线上债权交易平台。出借人可以在平台上出让逾期债权，由专业的投资者购买。再如，2013年 4 月，Zopa 成立了 Safeguard 基金，当借款人无法偿还贷款时，Safeguard 基金将接手这笔贷款的收益权，将贷款未偿还部分偿付给借款人，从而使借款人免受

▶ ▶ ▶ ────────────────────

[①] Lending Club 数据截至 2013 年 8 月，由于 Prosper 官方网站上未披露各贷款用途占比，Prosper 数据源自 GAO 报告 "PERSON-TO-PERSON LENDING——New Regulatory Challenges Could Emerge as the Industry Grows"，数据截至 2011 年 3 月。目前有媒体信息披露 Prosper 用于债务整合的贷款（Debt Consolidation Loan）占比已经超过 60%。

本金损失。

第二，平台风险定价能力日益专业。一般 P2P 平台都会采取借款人竞标的方式对借贷双方进行撮合，价格是由出借人竞标形成的。但 Lending Club 的定价方式有所差异，该平台不需要放款人对价格进行竞标，而是平台根据所掌握的市场信息及市场调查对不同评级、不同期限的贷款进行定价，借款人和放款人都是这一价格的接受者。Lending Club 的这种定价方式随着其 2011 年以来的业务快速增长，正在逐渐成为一种具有影响力的定价方式。同样，Zopa 的 Safeguard 基金放贷模式也要求借款人不再对贷款进行自行定价，而是采用了类似 Lending Club 的定价方式，由 Safeguard 基金综合市场各类信息（诸如平台资金状况、央行基准利率、其他金融机构贷款利率等）计算出各笔贷款的跟踪利率（Tracker Rate）。2013 年 7 月开始，Zopa 停止了所有非 Safeguard 模式的信贷交易，全平台已经全部采用这种全新的信贷交易模式，即 Zopa 平台目前的借贷双方也都成为平台价格的接受者。

P2P 平台未来可能将更多采用这种定价模式，因为这其实降低了借贷双方的撮合成交时间，借款人和贷款人双方都不太可能具有非常专业的风险定价能力，他们在心中只能大概形成一个预期，但是平台可以通过其搜集的数据形成一个相对专业合理的直接借贷价格。这些数据不仅包括当前市场价格，还包括借贷双方客户的历史竞标价格以及他们的预期。

第三，利用大数据技术管理风险。国际 P2P 平台还利用其他信息及手段提高平台对客户的风险揭示能力。Funding Circle 正在酝酿如何将社交网络信息融合进自身的风险控制模型当中，Lending Club 也正在运用自己已经掌握的信息进行分析，完善风险控制体系等，比如他们发现一个有趣的现象，客户填写姓名时的停留时间与其违约率之间存在一定关系，停留时间越长，违约率越高。另外一种方式就是加强信息披露，使客户充分了解其面临的费率和风险概率。以 Lending Club 为例，其网站上公开披露了每一笔贷款的详细信息，除客户隐私方面的信息以外，包括借款数量金额、还款情况等都是完全公开的。这种信息披露的完全性降低了借款人和放款人之间的信息不对称程度，同时也降低了借款人、放款人与平台之间的信息不对称程度，也可以降低平台本身的风险控制成本。

第四，日益多样化的资产管理业务。多数国际 P2P 平台都有一个简单的投资者资产管理工具。这个工具将根据投资者的风险偏好自动为其在平台上选择出一组风险不同的借款需求。不仅如此，P2P 平台还逐渐涉足高端资产管理业务，Lending Club 的全资子公司 LC Advisor 就专门为高净值客户管理资产，其客户资产规模一般在 50 万美元以上，LC Advisor 利用 Lending Club 平台上的全部贷款需求，为其客户提供理财咨询及资产管理服务。未来 P2P 平台依托其平台优势，同时随着其证券化产品的复杂化，将有能力为投资者提供更加多元专业的投资咨询和管理服务。

除此之外，运营成本低廉和客户黏性等优势也对国际 P2P 平台的良好发展起到了重要推动作用。

11.1.4　国际 P2P 平台与商业银行之关系：融合与分化

P2P 平台成立之初是力图寻找一条借贷模式的创新路径，初衷是解决传统商业银行对小微企业及个人消费贷款的"歧视"，时至今日，Lending Club 高层仍然表示，他们在 P2P 业务领域与银行并不存在实质上的竞争。然而随着 P2P 平台的发展，产品日益复杂化，投资服务日益全面化，风险定价能力日益专业化，P2P 平台所从事的业务将越来越多地与银行产生交叉和竞争。P2P 平台通过学习商业银行并融合自有信息，形成了一套有效的风险控制体系，目前 4 家最主流的国际 P2P 平台的坏账率要低于商业银行从事相同领域业务的坏账率；另外，P2P 平台的贷款申请流程要比商业银行更加简便，客户体验更为良好；此外，他们还拥有远低于银行的运营成本。随着 P2P 平台风险定价能力的增强，其投资咨询、管理的能力也在逐渐提升，未来可能会与商业银行在这一领域形成一定的竞争关系。

在这种形势下，商业银行也开始寻求同 P2P 平台的合作。一方面，利用 P2P 平台有效的风险控制体系和可观的贷款需求，商业银行可以节省自己寻找、评估贷款客户及风险评估等成本。2013 年 7 月，美国两家社区银行 Titan Bank 与 Congressional Bank 就与 Lending Club 签订了合作协议，成为该平台的资金提供方。另一方面，Lending Club 和 Prosper 平台的所有贷款都是通过与 WebBank 的合作来完成的。这种多方面的合作未来也可能成为 P2P 与商业银行共同发展的一个重要趋势，商业银行可以利用其资产优势，而 P2P 平台可以利用其低廉的运营成本和高效的撮合效率，形成互利共赢的局面。

未来，我们认为，商业银行与P2P平台在小微信贷业务领域将开始一次新的融合与分化过程。

首先是相互学习的融合过程。商业银行与P2P平台各自擅长的方面各有不同，P2P平台对小微信贷的申请进行了标准化的、简洁的处理，使得小微信贷申请和实施的流程既满足了用户体验的便捷性和舒适性，也满足了风险控制的要求。因此，目前在小微信贷领域，商业银行可通过与P2P平台分享客户来实现第一个融合阶段，即商业银行在现阶段成为P2P平台的资金供给方。而与此同时，商业银行也将在此基础上，学习P2P平台小微信贷的管理方法，寻找可以借鉴的便捷性与风控的平衡，以提升自身的小微信贷管理方法。P2P平台也将在风险控制方面继续向商业银行学习，尽管目前Lending Club等优秀P2P平台已经形成了较为成熟的风险控制体系，而且也维持了较低的坏账率，但P2P平台的业务量仍然与规模银行存在较大差距，随着P2P平台业务量的逐渐增加，其风险控制压力会不断上升。随着银行资本进入P2P行业，商业银行与P2P平台合作的深入，商业银行也将对P2P平台的风险管理提出预见性建议以及更严格的要求。

其次是基于各自优势的分化过程。尽管目前P2P企业在个人小微信贷领域表现出了业务的高成长性和低坏账率，但是也要看到，P2P企业所擅长的仍然是相对简单的业务类型，最主要的贷款用途仍然以信用卡还款及其他债务整合为主，这一类贷款人的风险类型相对单一；而且多数P2P平台的业务规模较低，所面临的风险考验还未真正到来。**例如，2012年以来，尽管Lending Club的业务量快速增长，但是其利润增速却明显低于业务增速，这说明，随着贷款量的增加，无论是风险管理压力还是成本控制压力都上升得更快，两者的关系可能不是线性的。因此，随着业务量的进一步增加，P2P平台将迎来较大的管理压力和盈利压力。**而商业银行的优势正在于经营规模资产，同时商业银行有资本的保证，因此比P2P平台拥有更高的风险承受能力；且随着商业银行通过与P2P平台的合作及相关技术的学习，商业银行在应对风险偏高的小微信贷时的管理能力和盈利能力都将增强。在此基础上，商业银行与P2P平台将在小微信贷领域产生一定分化，商业银行将选择风险较为复杂的信贷需求予以满足，而P2P平台将更专注于风险相对单一和简单的信贷需求。

综合而言，近年来，P2P 平台以其便捷的申请流程、对投资人相对较高的收益以及对贷款人相对较低的融资成本，正在迅速扩张，成为一种具有影响力的新型小微信贷模式。同时，随着 P2P 平台的业务量增长，P2P 平台正在吸引更多的风险投资以及更多的机构成为其资金供给方。P2P 也正在发展资产管理等更加专业化的金融服务业务。但是由于目前 P2P 平台的信贷规模仍然处于较低水平阶段，对其风险定价的专业性和风险及成本的管理考验还未真正到来，所以，即便是 P2P 平台极具冲击力的扩张，我们认为商业银行会在此冲击下消亡的可能性也微乎其微。我们预计，随着 P2P 平台的发展和商业银行的不断学习、提升，P2P 平台与商业银行会首先经历一个以合作、借鉴等方式为主的融合阶段，最终会基于各自优势，并针对不同的风险客户进行业务领域的重新分化。

11.2　国际"余额宝"案例：金融市场的潮涨潮落

正当国内互联网企业向传统金融业发力之时，连接基金理财行业和电子支付的"余额宝"的推出，引发了各界的热炒和叫好。实际上，和"余额宝"类似的互联网金融创新产品在美国早已有之，且已有十几年的发展历程，最后却由于一系列的原因而轰然倒下。美国的这一互联网金融创新产品就是 PayPal 货币市场基金，即美国版"余额宝"。那么 PayPal 货币市场基金发展起来的原因何在？为何最后以清算而收场？

11.2.1　谁是国际"余额宝"？

在分析 PayPal 货币基金之前，需首先回顾 PayPal 公司。PayPal 公司由 Peter Thiel 及 Max Levchin 于 1998 年 12 月创立，总部设在加利福尼亚州，2002 年 10 月被全球最大拍卖网站 eBay 收购，依托 eBay 迅速成为全球最大的网上支付公司之一。PayPal 致力于方便、快捷地让用户通过电子邮件实现在线付款和收款。当前，在网络上，有超过 85% 的买家和 90% 的卖家通过 PayPal 电子支付业务完成跨国交易。

正是以电子支付功能为依托，PayPal 于 1999 年设立了 PayPal 账户余额的货币基金。PayPal 运作货币基金的主要目的在于为 PayPal 账户的客户提供理财便利、提高客户黏性。对于 PayPal 账户中的余额，用户只要进行较为简单的操作，就可以由不计利息的余额转成为货币市场基金，从而使得大量小额资金获得收益。实际上，PayPal 货币基金并不直接购买证券，其本质上是一只"联接基金"。背后远非看起来这么简单，而是一个"融资—投资—顾问"的复杂结构，其与专业的证券公司相连接，由该证券公司负责管理 PayPal 注入的资金。该证券公司的投资决策由巴克莱全球基金顾问公司负责，PayPal 货币基金主要投向高质量美元币值计价的产品。

在当时，PayPal 货币市场基金具有重要的创新性，成为全球范围内的第一只互联网货币市场基金。由于自身的特点及良好的市场环境，其于 2007 年达到峰值，基金总体规模接近 10 亿美元。PayPal 货币市场基金快速发展的原因，主要包括以下三个方面：

第一，互联网的利基市场效应。利基市场（Niche Market[①]），是指被市场中的统治者忽略的某些细分市场或者小众市场。PayPal 货币市场基金利用互联网的利基市场效应在短时间内迅速吸纳大量的零散资金，聚众成势，把"鸡肋"化为"奇迹"，让货币基金余额实现飞速的增长。

第二，现金般的客户体验。用户使用 PayPal 账户进行转账、购买或者支付的时候，用户账户中相应的基金份额会被赎回，且在任何时间均可操作，但用户并没有感受到基金被赎回的过程，感觉好像直接消费自己 PayPal 账户里的余额一样。在客户体验上，PayPal 货币基金和现金无异，现金般的客户体验成为吸引客户的重要法宝之一。

第三，依托 PayPal 第三方支付的蓬勃发展。作为闻名全球的第三方支付，PayPal 在全球具有广泛的用户基础，交易额规模巨大，如 2008 年交易流水就达到了 600 亿美元。网上使用 PayPal 支付的人越多，其账户的余额也就越大，也就越有可能购买 PayPal 货币基金。规模巨大的 PayPal 交易规模成为货币基金的重要基础。

▶ ▶ ▶ ───

① Niche 来源于法语。法国人信奉天主教，在建造房屋时，常常在外墙上凿出一个不大的神龛，以供放圣母玛利亚。它虽然小，但边界清晰，洞里乾坤，因而后来被引来形容大市场中的缝隙市场。在英语里，它还有一个意思，是悬崖上的石缝，人们在登山时，常常要借助这些微小的缝隙作为支点，一点点向上攀登。20 世纪 80 年代，美国商学院的学者们开始将这一词引入市场营销领域。

11.2.2 国际"余额宝"为何会消失？

PayPal 货币基金当时风生水起，满足了人们安全性、流动性、收益性的要求，受到了普遍好评，那为何在 2011 年却"轰然倒塌"呢？

美国次贷危机爆发后，美联储连续推出了量化宽松货币政策。2008 年 11 月 25 日美联储首次公布将开始购买机构债和 MBS，2010 年 4 月 28 日美联储的首轮量化宽松货币政策正式结束，共购买了 1.725 万亿美元的资产。其间，PayPal 货币基金的收益率从 2008 年的 2.33% 下降至 2009 年的 0.12%。随后，2010 年 11 月 4 日美联储启动第二轮量化宽松货币政策，进一步购买国债。这致使 2011 年 PayPal 货币基金的收益率进一步下降。而收益率是决定货币基金生命力的决定性因素，美国量化宽松货币政策导致利率不断下降，PayPal 货币基金获利困难、举步维艰，PayPal 2011 年的收益率仅为 0.05%，相对于 2008 年下降 97.9%。

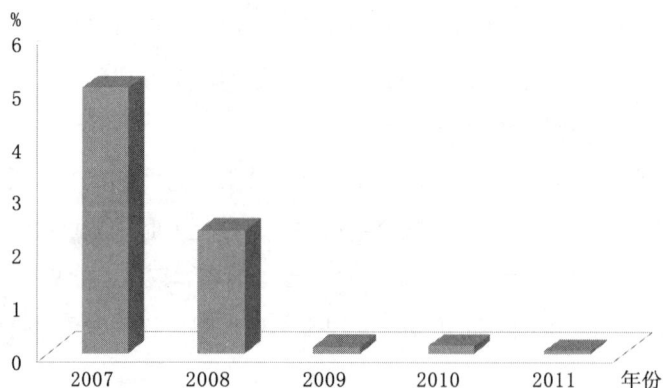

图 11-3 PayPal 货币基金历年收益率

PayPal 货币基金在关闭之前，基金的收益已经不能满足各项日常管理的支出，需要补贴才可以维持运营。根据 PayPal 的财务报告，PayPal 要倒贴 0.05% 的收益，另外还有 0.75% 的管理运营费，这会给 PayPal 每年造成几百万美元的亏损。美国量化宽松货币政策导致 PayPal 货币基金收益率的大幅下降，这成为其"轰然倒塌"的最根本和最直接的原因。

另外，PayPal 货币基金对于提高客户黏性的边际效应下降、美国财政部不再作为货币基金的最后担保人以及《多德—弗兰克法案》的出台等均是 PayPal 货币基金倒闭的原因。提高 PayPal 客户的黏性是 PayPal 公司设立货币基金的重要目的之一，但随着 PayPal 在全球范围内的扩张，使用 PayPal 已经成为很多用户的一种生活习惯，不用再依靠货币基金来提高客户黏性；2009 年以后，美国财政部不再作为货币基金的最后担保人，这导致货币基金不能再保底；2010 年，美国国会参众两院联席委员会通过了《多德—弗兰克法案》，根据规定银行可以对活期存款账户和支票账户付利息。以上三种因素均对 PayPal 货币基金不利，推动了 PayPal 货币基金的关闭。

从以上的分析我们可以看出，美国版"余额宝"——PayPal 货币基金的关闭主要是因为美国金融市场环境发生了巨大变化；也可以说是一种正常的清算行为，因为任何一种金融产品都可能有期限。实际上，阿里"余额宝"的横空出世和迅猛发展也与国内经济政策和金融市场的巨大转变密切相关。2013 年以来，面对巨大的经济转型压力，中国政府决定不再以牺牲长期利益换取经济增长速度，于是国内货币政策趋紧、市场资金紧张，导致了银行缺钱现象的出现以及短期利率的几次大幅飙升。利率水平的飙升使得余额宝及各种"宝宝"以 6%、7% 以上的年化收益率吸引了大量资金的涌入。但是，2014 年春节之后，随着货币市场逐步正常化，"宝宝"们的吸金速度放缓，并曾因为收益率跌破 6% 出现过大量赎回现象。**PayPal 货币基金的兴起、繁荣和最后关闭，其实仅仅说明了一个问题，市场规则之下，一切皆有可能。**

11.3　监管环境与金融环境的差异

目前国内互联网金融的发展势头远超国外，这与监管环境与金融环境的差异直接相关。一个好的监管环境可以促进互联网金融的健康发展，但如果监管不力，反而会使其野蛮生长、积累风险。同样，一个有序竞争的金融环境，可以使金融市场富有效率，满足各方金融需求，但如果市场覆盖不足，互联网金融的异常快速发展就不足为奇。

11.3.1　监管环境的差异

自 20 世纪 70 年代开始，为顺应金融电子化、网络化、商务互联网化等一系列金融技术变革，加强网上银行、网络支付及网络融资等新兴金融模式的管理，欧美主要国家先后推出了一系列适应本国互联网相关业务的法律制度，在一定程度上搭建起涵盖交易规则、保护以及制度标准等内容的互联网金融法规体系，为网络金融的良性发展提供了保证。而国内金融电子化、网络化的起步本身就晚，互联网金融相关的法律法规还不健全。

1. 第三方支付的监管

互联网金融各种业务模式中最重要的即为第三方支付。欧美国家第三方支付的起步远远早于中国，监管相对完善。欧美主要国家对第三方支付监管的指导思想经历了从偏向于"自律的放任自流"向偏向于"强制的监督管理"的转变[①]，即在第三方支付发展初期主要以鼓励创新、引导和适度监管为主，为其发展提供一个相对宽松的环境。当第三方支付的经营模式相对成熟后，再进一步推出有针对性的监管措施，并加强行业自律监管，完善行业标准等。

在监管目标上，欧美朝着打造一个稳定、健全和高效的第三方支付体系迈进，保证第三方支付机构和市场稳健发展，进而推动经济和金融发展；同时，注重加强对消费者的保护和防范洗钱风险等。监管原则上，采用审慎监管原则、强化监管与支持创新兼顾的原则以及消费者保护原则，同时强调过程监管和动态监管。监管模式上，美国和欧盟表现出比较明显的差异。美国金融监管制度体系较为完善，把第三方支付看做货币转移业务的一种，因而在监管时尤其关注资金的转移过程，通过在财政部、美联储等多个部门之间的监管，既实现权力分散也实现相互制约。在美国，支付机构需取得州一级货币汇付牌照，沉淀资金不能用于贷款、投资等活动，且需接受联邦和州两级反洗钱监管。与美国的功能监管模式不同，欧盟监管基本为机构监管，支付机构如要从事金融业务，需申请相应牌照，接受与银行一样的监管。欧美国家较为规范的第三方支付监管，促进其健康发展与金融系统的安全稳定。

相对而言，我国对第三方支付的监管虽然日益规范、明朗，但在监管立法、监管效能和消费者保护方面还略有滞后，还有很多提升空间。

2. P2P 网络贷款的监管

英国第一家问世的 P2P 网络贷款平台 Zopa，虽未经过英国金融服务监管局（FSA）等机构的专门审批，但是具有公平交易委员会颁发的信用执照。Zopa 还

▶ ▶ ▶

---

① 巴曙松、杨彪：《第三方支付国际监管研究及借鉴》，载《财政研究》，2012（4）。

是英国反欺诈协会的成员，在信息委员会办公室注册[1]，可见英国P2P机构具有一定的法律地位[2]。

美国P2P机构在交易规则、交易保护、制度标准等方面都有可引用的监管规范，对其运营进行约束。监管目标基本明确为建立兼顾保护、灵活和效率的P2P制度体系，通过规范借贷交易，维持一个公平、公正的市场秩序，维护借款人和贷款人双方的合法权益，促进借贷双方交易的高效、安全，防范洗钱等风险[3]。但是，美国相关部门对P2P行业的监管也尚未达成共识，目前有多部门联合监管和单部门监管两个方案，都体现出美国金融监管体制一个明显的特征，就是按行为（功能）监管[4]。

国内对于P2P监管还处于一个灰色地带，再加上对资金既有需求方也有供给方，故大量P2P公司如雨后春笋般冒了出来。

11.3.2　金融环境的差异

中国与欧美最大的金融环境差异在于市场竞争程度的不同。1927年，美国出台了《麦克法登法案》，该法案规定商业银行不可跨州经营，只能在限定的区域内从事相关业务。这使得银行业免予在产品、价格、区域上的竞争，促进了社区银行的形成，此时小规模的银行构成了美国商业银行的主体。从20世纪80年代开始，金融自由化浪潮冲击了西方众多国家，美国政府对银行业的监管放松。随着《里格尔—尼尔州际银行及分行效率法》[5]和《金融服务现代化法案》[6]的颁布，政府开始允许银行跨州经营，此时大型银行逐渐形成与发展。目前，美国银行业已高度分散，拥有世界上最多的银行，超过一万家，既有如花旗、摩根大通、富国银行、美国银行等国际大型银行，也有大量的区域性银行和社区银行。美国银行业的开放度、利率市场化程度都比较高，无论是存款还是贷款业务，各银行之间都存在明显的竞争，任何有金融需求的个人或者企业，都将会被给予相应的

▶ ▶ ▶ ─────────────────────

[1] 参见Zopa网站：Is Zopa regulated? http://uk.zopa.com/help/help-faqs-interested#regulated。
[2] 沈霞：《P2P网络贷款的法律风险探究》，华东政法大学硕士论文，2012。
[3] 参见Peter Manbeck, Samuel Hu. PEER-TO-PEER LENDING:A Summary of the Principal Legal & Regulatory Issues. Chapman and Cutler LLP,2013。
[4] 陈敏轩、李钧：《美国P2P行业的发展和新监管挑战》，载《金融发展评论》，2013（3）。
[5] 颁布于1994年。
[6] 颁布于1999年。

风险定价，其金融需求被相应金融机构满足。与美国类似，在 20 世纪 80 年代之前欧洲银行业受到严格的管制和保护，缺乏竞争。20 世纪 80 年代后，为了推进欧洲单一金融市场建设，欧共体颁布了一系列立法，促进了共同体内部的金融开放，极大地推动了各成员国的金融放松管制进程。主要内容包括：消除对信贷和利率的管制，使银行的资金配置功能得到进一步提升；允许符合标准的实体自由进入金融服务业；让银行自主决定所从事的业务类型及开设分支机构；降低金融体系中政府的所有权比重等。

相对于欧美，中国金融业的竞争程度虽然不低，但由于经济发展阶段、市场征信环境及金融普惠不足等多种原因，市场覆盖不够全面。就中国银行业市场的演变看，走过了"独占—寡头垄断—寡头竞争"的这样一个逐步缓慢开放的历程，目前正逐步向完全竞争的阶段过渡。但在现阶段，仍有大量中小微企业的金融需求无法得到满足。正是在这种背景下，互联网金融在中国比在欧美的发展速度更快、更为惊人。

总结本章，我们可以发现，**欧美较为成功的 P2P 平台在运作中体现出了融入传统金融、把握传统与创新之间平衡的重要特点**。规范的运作模式、严格的业务监管、传统的风控手段和明确的客户定位，是国际 P2P 平台良性发展的重要基石。但我们同时也认为，**随着业务量的进一步增加，P2P 平台将迎来较大的管理压力和盈利压力；P2P 平台取代商业银行的可能性微乎其微**。同时，国际"余额宝"的案例也充分说明，只有经历过完整的经济周期，才知道谁是大潮中的"裸游者"。因此，放任野蛮生长的后果只可能是系统性风险的不断积累。国内外互联网金融发展热度的差异，源于监管政策、环境和金融市场发展成熟度的巨大差异。欧美国家目前已基本搭建起互联网金融法规体系，为互联网金融的良性发展提供了保证。而国内相关监管政策和制度设计的不完备，则孕育着逐渐加大的风险隐患。可以预见，随着互联网金融规模和影响的不断扩大，中国互联网金融的相关监管政策制度将密集出台，国内互联网金融行业将经历一轮大浪淘沙的发展历程。

12 脱缰之马岂能化龙：国内互联网金融风险与监管

　　起步后经历了一段时期高速发展的互联网金融，在支付、融资、理财等各个业务领域均存在这样那样的风险，有些已经暴露，有些则是隐忧，给行业的可持续发展带来较大的负面影响。客观分析互联网金融存在的种种风险，有利于我们更为深刻、全面地认识互联网金融这一新事物，从而设计出符合其发展规律、保障其健康稳健发展的监管制度。

12.1　互联网金融存在的主要风险

12.1.1　支付领域

　　由于交易信息、交易流程缺少相关机构认证，沉淀资金也缺乏监管，互联网支付业务在给消费者带来快捷享受的同时，也面临诸多风险，比如交易欺诈风险、资金被盗风险、信息隐私流失风险等，互联网金融业务的消费者合法权益难以落实。

　　（1）**客户资金被盗风险**。很多第三方支付机构在进行资金汇划时，只需要客户输入绑定手机收到的动态码，甚至只输入一个纯数字的平台支付密码，不需要使用 U 盾等物理安全校验工具，即可完成资金划转。这种做法虽然提高了支付的便捷性，但安全性比银行支付降低了几个层级，存在较大的风险隐患（支付宝等大型支付机构也有类似于银行 U 盾的产品，但普及率并不高）。同时，由于第三方支付机构无须上传给银行完整的交易信息（具体商户名称、交易类型、交易商品、客户地址等），银行无法利用自身风险控制手段监控交易来源、实际用途、商户真实信息等，而只是被动地提供清算服务。这样一来，商户管理与客户资金使用实际上都处于无监控的空白状态。近年来，已有多家第三方支付机构被曝出客户资金不翼而飞的案件。

网上流传的一个小段子：从专业小偷的角度看，盗空"支付宝"有多简单

假设专业小偷成功偷到你的钱包（里面有银行卡和身份证）及手机，并且刚好你的手机号就是支付宝账号。那么，丢钱包和手机的你就要遭殃了……

专业小偷会马上通过手机接收短信直接修改支付宝的登录密码和支付密码。

如果支付宝有余额或者已经开通了快捷支付，专业小偷可以马上把钱转到其他支付宝账号或者银行卡里。

如果钱包里还藏着其他银行卡，那么小偷会非常"好心"地帮你的所有银行卡都开通快捷支付。

什么？没有银行卡密码也能开通快捷支付？是的，没有密码照样能绑定快捷支付。只要开通了支付宝实名认证，姓名、证件等自动显示，只需一条银行卡绑定电话号码的验证短信就可开通。

（2）客户信息泄露风险。第三方支付机构不仅掌握了诸如证件号码、手机号码等大量客户真实身份信息，同时还掌握了客户银行卡号、卡片验证码、卡片有效期、客户住址、联系方式、交易记录等大量敏感性信息，但在客户信息安全保护方面，却相对薄弱，存在较大的客户信息资料泄露隐患，容易引发社会公众对于支付机构系统安全性的信任危机。2014 年 1 月初，一则某第三方支付机构闹内鬼盗卖 20G 用户信息的新闻在网上流传，引发了舆论狂潮。虽然其官方微博马上发布声明回应称，泄露信息不含密码、核心身份信息，不涉及用户隐私及安全，但对于泄露的信息到底包含哪些内容，并没有详细说明。

客户信息泄露带来的风险极大。如果信息被不法分子获取，即使客户没和第三方支付公司签订过任何转账协议，账户也可能被盗。据公开报道，2013 年 8 月，南京一名储户用借记卡取现时，突然发现卡内 3 万多元钱不翼而飞。经查询发现，该储户的钱被以代缴名义，通过上海某第三方支付平台划转到了别人的账户中。奇怪的是，银行卡一直在储户自己手上，他也并未和这个第三方支付平台签订过任何转账协议。最后调查的结果是：这个第三方支付平台的系统曾受到攻击，导致客户信息泄露。不法分子通过技术手段利用系统流程设计的漏洞，在平台的代扣系统中非法绑定了代扣服务，从而导致了客户银行卡金额被非法转移。

从目前出现的通过第三方支付被盗刷资金的案例来看，之所以出现盗刷风险，问题通常出在两个方面：一方面是大部分用户自身安全意识不高，往往在网购过程中，或误登钓鱼网站，或被人在电脑中植入了木马病毒，致使银行卡等信息被盗，进而造成资金被盗刷；另一方面则是由于部分第三方支付机构本身就存在一些安全漏洞。虽然个别支付平台给出了全额赔付的保障，但同时也要求用户在获得赔付前需提供相应证明，而这些证明是什么却往往没有给出明确界定，留有模糊地带，从而使用户获赔较为困难。

（3）**套现洗钱违法风险**。大部分第三方支付机构对交易信息和商户的资质疏于审核和管理，且由于这些信息无法进入银行信息系统，因此无法通过有效手段监控与预警洗钱、套现、欺诈等不法交易。比如，监管规定，用户通过第三方支付平台进行的支付操作，需通过银行进行实名身份认证，然而第三方支付机构始终以方便客户为由，不愿遵守这一规定。再比如，快捷支付这一第三方支付机构大力推广的模式无须通过银行网上支付页面，而是直接通过非金融机构就可实现交易，从而为洗钱、套现等虚假交易提供了可乘之机。银行无法得知资金的来龙去脉，支付过程中必须遵循的反洗钱法规难以得到有效落实。

（4）**其他业务合规风险**。互联网金融作为创新产物，有些"擦边球"业务处于越界的边缘。如我国《非金融机构支付服务管理办法》规定，"支付机构之间的货币资金转移应当委托银行业金融机构办理，不得通过支付机构相互存放货币资金或委托其他支付机构等形式办理。"但在实践中，有不少第三方支付公司的做法并不符合这一规定，也未获得有关部门的特别许可。

信用卡套现风波发酵，部分支付公司将面临整顿

近期，有报道指出，浙江、福建等地出现了部分持卡人利用预授权交易需在预授权金额115%范围内予以付款承兑的业务特性，通过向信用卡内存入大额溢缴款，与部分支持预授权类交易的特约商户暗中勾结，套取银行额外信用额度的事件。比如，一张1万元授信额度的信用卡，存入20万元后，按照115%的比例规则，持卡人最多可以套现出23万元。

在上述风险事件中，涉案的第三方支付公司作为收单机构，应负有对商户审查不严、任意发放预授权POS的责任。根据2013年央行发布的《银行卡收单业务管理办法》，收单机构拓展特约商户，应当遵循"了解你的客户"原则，确保

所拓展特约商户是依法设立、从事合法经营活动的商户，并承担特约商户收单业务管理责任。上述《管理办法》还规定，支付机构从事收单业务，存在"对发卡银行的调单、协查和银行卡清算机构发出的风险提示，未尽调查等处理职责，或导致发生风险事件并造成持卡人或发卡银行资金损失"等情况，情节严重的，央行可注销其支付业务许可证；涉嫌犯罪的，依法移送公安机关。

12.1.2　融资领域

P2P 网贷在中国高速发展，在提高社会资金运用效率的同时也积累着信用风险，不断爆发出的老板跑路、提现困难、公司倒闭等案件，让大家对这种金融模式的发展前景产生了一定质疑。据网贷之家统计，截至 2013 年末，有 75 家 P2P 网贷平台出现了提现困难，甚至倒闭，涉及投资金额超过 13 亿元。2013 年 10 月，开业仅 5 个月的湖北省天力贷投资有限公司成为又一个倒下的 P2P 网络借贷平台，创始人跑路被捕，涉案金额 4 464 多万元；网赢天下上线仅 4 个月就遭遇清算停业，这家公司没有完善的风控和信贷部门，仅有十几个客服、IT 人员和财务人员，其平台上的贷款年利率高达 50%；因遭遇黑客攻击，中财在线部分用户数据泄露，引发投资人恐慌。而那些尚未出现问题的平台，也都不同程度地存在各种风险。

（1）借款人的信用风险。P2P 网贷平台业务主要是针对小微客户的小额贷款服务，在获取高收益的同时，相对风险也是比较高的。虽然在实践中，P2P 网贷平台常常建议客户采用小额分散投资的方式控制风险，但在客户源头评估上，仍需合适的信贷技术和线下尽职调查。但目前受种种因素制约，存在较高的借款人信用风险。

一是中国的征信体系建设较为滞后，缺乏类似于欧美的完善的个人信用认证体系，总体信用环境较差，且 P2P 信贷平台尚未接入央行征信系统，其主要依据公安部"公民身份认证信息系统"、"国家教育部学历学位系统"等 20 余个数据源以及上海资信、北京安融惠众等第三方征信机构对借款人进行资信审核，审核成本高而效率低。

二是虽然线下尽职调查服务和信用分析服务可以在一定程度上降低借款人信用风险，但成本较高，很多 P2P 网贷平台无力进行严格的线下尽职调查，风险也因此有所上升。

三是一旦出现坏账或违约，缺乏对借款人还款的有效约束。征信体系不健全，也放大了道德风险。借款人并不在乎自己的信用，违约成本低，在高利率的情形下还容易出现"逆向选择"，越是信用差的借款人，越愿意承受高利率的代价。

四是由于不同的P2P公司之间缺乏信息共享机制，一个借款人可以同时从多个P2P平台融资，从而使得借款总额大大超过其风险承受能力。对此，尽管已经有一些第三方征信机构开展重复贷款查询功能，但由于接入第三方征信机构接入需要人力、技术和资金的投入，很多风控意识不强的P2P平台仍然没有接入。

（2）网贷平台管理风险。目前成立一家网贷公司几乎没有门槛，只需拿到工商局的营业执照，并在工信部备案即可。P2P行业实际上是"三无"：无准入门槛、无行业标准、无机构监管。而由于目前P2P市场发展迅速，各家公司都在努力"拼规模"，特别是一些得到风险资本支持的公司。在规模导向的短期目标驱使下，风险控制可能被严重忽视，这给行业发展埋下很多不定时炸弹。

这些有问题的网贷平台，其注册资金大多只有500万~1 000万元，通过500万~1 000万元的注册资金撬动动辄几千万元甚至上亿元的成交量，这种高杠杆的运作模式使网贷平台承受很高的运营风险。同时，这些缺少风控能力的平台也很难应付大额借款的逾期。例如，已经被立案的浙江家家贷，在出事时的待还金额高达1.1亿元，而注册资金仅500万元，杠杆高达22倍。常州汇宝信贷也出现了同样的问题，其运营团队只是之前一家网贷平台的客服人员，缺乏实际的放贷经验和风险管理能力，由于借款过度集中，一笔几百万元的逾期便拖垮了它。

由于资金流量规模较小，银行不愿意为P2P网贷公司提供资金托管服务，这便给部分网贷平台提供了建立"资金池"的机会，也是"天使计划"等网贷诈骗案得以发生的原因。虽然目前不少P2P公司宣称其平台的融资违约率极低，但事实上其背后依靠的是资金池的搭建，整个平台的信用风险正在不断积累，原先一些口碑较好的网贷平台因资金链断裂而一度停业的案例值得反思。

此外，担保过高也会产生一定风险。担保机构担保责任余额一般不超过自身实收资本的5倍，而网贷公司担保倍数突破10倍警戒线是业内常态。一旦发生大面积违约，则会直接摧毁网贷平台。

（3）**侵犯客户隐私风险**。借款者为了成功借到款项，往往被鼓励公布尽可能多的个人信息。虽然很多 P2P 网贷平台采用了匿名方式公布借款人信息，且采取措施阻止借款人上传更多可鉴别身份的个人信息，但借款人选择公布的信息经整合后往往可以判断出其本人身份，个人隐私容易被泄露，从而带来风险。一些网络借贷平台，为了惩罚那些未能及时还款的借款人，甚至采取公布其个人隐私信息的做法（例如个人通话详单、银行账户流水以及借贷者亲属信息等）。尽管平台也是不得已而为之，但从法律角度审视，此类行为本身就存在违法的嫌疑。

（4）**其他业务合规风险**。虽然都打着 P2P 的旗号，但不同 P2P 公司的业务模式存在很大差异。目前，仅有少数几家 P2P 平台还坚持不提供担保、不承担信用风险，许多 P2P 机构都一肩挑着筹资、资金中介和担保等多个职能，但由于对资金来源和去向缺少监控，又没有资本约束，其中蕴含风险是不言而喻的。该行业尚处于快速创新阶段，一些不规范竞争难以避免，甚至可能出现非法集资、资金挪用、恶意欺诈等违法违规行为。这是该行业健康发展面临的严峻挑战。

首先，洗钱风险。反洗钱工作的基础是通过金融机构报送可疑交易，而目前 P2P 网络借贷平台并没有实现客户身份识别的手段，也没有履行可疑交易报告等反洗钱责任。

其次，非法集资风险。由于行业门槛低又无外部监管，P2P 中介机构有可能突破资金不进账的底线，演变为吸收存款、发放贷款的非法金融机构，甚至变成非法集资。有些 P2P 网贷平台以理财产品发行人的角色从事融资和投资活动，这种行为在一定程度上已经突破了 P2P 网贷平台作为信息中介的原本定位。

最后，不少 P2P 平台的实际利率已经达到 20% ~ 40%，有的还突破了"民间借贷利率不超过人民银行基准利率的 4 倍"的法律保护范围。此外，如阿里小贷等网络贷款在几分钟内可以实现自动定价、审批，这与银监会《关于加强服务小微企业的若干意见》中的"双人审核、现场检查"等规定也存在一定矛盾。

重庆重拳整治 P2P 网贷平台

2013 年 7 月，重庆金融办、重庆工商局、重庆公安局、重庆银监局、央行重庆营业管理部等联合进行了历时三个月的 P2P 业务整顿：一家 P2P 公司已予注销；其余 4 家被要求逐笔清退现有债权债务。

这 5 家 P2P 公司在实际经营中已向非法集资演变：一是向出资人担保并承诺固定收益、参与借贷、销售理财产品，涉及金额 1.07 亿元；二是以入股投资公司形式，私下承诺固定收益，涉及金额 3.34 亿元；三是发行销售附固定收益回报的商业预付卡聚集资金，吸收资金并未直接进入借款人账户，而是进入公司或其法定代表人账户，再向不特定对象放款，涉及金额 0.42 亿元。

（5）**大数据等先进技术的风险**。目前一些较为成熟的大型网贷平台，其风险管理的核心在于数据的整合、模型的构建和精准分析，通过将自身系统内部的数据（如好评率、销售量、物流等数据）和一些外部数据（如税务、电力等数据）相结合，利用基于大数据的信用评价模型算出借款人潜在违约率，并以此作为放贷标准。这些方法对数据的质量依赖度很高，且缺少长期检验。如果数据构成和数据维度较为单一，数据质量不高，这一模式在实际操作中将面临风险。

12.1.3　理财领域

（1）**收益兑付和流动性风险**。投资理财类中第三方支付机构将原有的客户保证金转换成货币基金等投资理财产品，是 2014 年我国互联网金融中所出现的一种业务模式。从其投资标的货币基金来看，存在达不到预期收益率甚至发生亏损的风险，然而有的互联网理财产品却声称能够保证收益。互联网直销基金大多提供 7×24 小时交易服务，而货币市场基金有固定交易时间，有的产品为保证流动性还需垫付自有资金。因此，互联网金融机构面临收益兑付风险和垫付资金的流动性风险。

（2）**过度宣传风险**。新成立的网络融资企业或新发售的理财产品往往采用过度宣传手段，如有的企业对虚高的预期收益率大加宣传，某些产品公开宣传其年化收益率能达到多少，是银行活期存款利率的多少倍，而对于亏损等风险提示不足，误导投资者对预期收益的理解。这种不实宣传影响的其实是金融体系的整体声誉。

（3）**赔付风险**。近期又发生了理财平台的用户资金被盗案例，用户要求索赔，而声称出现案件将"全额赔付"的某互联网企业则要求用户必须举证该资金流失"不能归责于客户自身原因"方可实施赔偿。

12.1.4 网络货币之比特币

（1）**比特币的由来。**网络货币满足货币的全部或部分职能，例如价值尺度、流通手段、储藏手段、支付手段、世界货币的职能，代表产品是比特币[1]。比特币诞生于 2008 年，制造过程俗称"挖矿"，具体方法是通过性能强大的电脑解决复杂的数学问题，然后获得一串加密代码。如果代码符合要求，就可以获得一定数额的比特币。全世界现存的比特币为 1 170 万个。根据创始人设定的规则，比特币的新增流通量将每年缩减一半，直到 2140 年。到那时，比特币将达到 2 100 万个的峰值，再也不会产生新币。正因为其发行的有限性，不会有伪钞，不会有通胀和过度发行的问题，比特币通过便捷的互联网轻松跨越国界，受到全世界新锐人士的追捧。2013 年，比特币币值上演过山车，单个价格突破 400 美元后，在 11 月 15 日和 19 日两度问鼎 900 美元。与诞生时 1 美元可兑换 1 300 个比特币相比，4 年间其身价涨了 117 万倍。

（2）**比特币存在的风险。**比尔·盖茨认为比特币是技术创新，但投资大师查理·芒格却认为比特币是老鼠药。各国官方对比特币的态度也各不相同。一方面，德国政府宣布承认比特币作为一种"货币单位"和"私有货币"(private money)，加拿大、韩国、中国香港也先后出现了比特币 ATM。另一方面，比特币则在中国、法国、荷兰、挪威、泰国等国家频遭"泼凉水"，被认为是不合法货币，导致币值大跌。2013 年 12 月 5 日，中国人民银行在其官网上公布了五部门联合下发的《关于防范比特币风险的通知》，明确宣布比特币不具有与货币等同的法律地位，不能且不应作为货币在市场上流通使用[2]。2014 年 2 月，全球比特币交易重要平台 Mt.Gox 宣布因大量比特币被盗而暂时关闭。

比特币等网络货币在交易和支付中不可避免会遭遇流动性风险、操作风险和支付安全问题，其币值也波动颇大，而且其货币发行者的信用比不上中央银行，相关支付功能也比不上中央银行管理的支付清算系统。网络货币还有很强的匿名

▶ ▶ ▶ ▬▬

[1] 比特币定义为：一种由开源的 P2P（Peer to Peer，点对点）软件产生的虚拟货币，它通过大量的计算产生，使用整个网络的分式数据库来进行交易确认。由于它具有不依赖于任何发行机构，不需要任何流通机构和管理机构，并且交易快捷、无法伪造的特点，所以具有"去中心化"的明显特征。

[2] 《通知》规定，各金融机构和支付机构不得以比特币为产品和服务定价，不得买卖或作为中央对手买卖比特币，不得承保与比特币相关的保险业务或将比特币纳入保险责任范围，不得直接或间接为客户提供其他与比特币相关的服务。

特征，监管难度大，可能被用于非法活动（比如洗钱等），造成法律风险和声誉风险。

全球最大规模的比特币交易所运营商申请破产保护

全球最大规模的比特币交易所运营商 Mt.Gox 于 2014 年 2 月宣布，因交易平台的 85 万个比特币被盗，公司已经向日本东京地方法院申请破产保护。

Mt.Gox 首席执行官卡尔普勒表示，比特币丢失是因为公司系统存在漏洞，虽然 Mt.Gox 将就所遭到的黑客攻击提起刑事诉讼，但此举并没有实际意义。日本财政大臣麻生太郎 28 日表示，他一直对比特币持怀疑态度，日本政府在 Mt.Gox 事件后应该采取行动。没有人承认比特币是真正的货币，虽然他预料到比特币会出现崩溃，但没想到这么快。美联储主席耶伦则指出，比特币作为一种创新的支付手段，完全独立于银行业，因此，美联储没有监管比特币的权力。但美国财政部等其他机构可以监管比特币是否被用于洗钱和其他犯罪活动。

Mt.Gox 宣布暂时关闭后投资者欲哭无泪

12.2 国内互联网金融监管现状

互联网与金融，一个强调便捷，一个强调规范；一个强调创新，一个强调稳健。以上提到的互联网金融存在的种种风险，一方面是人才不足和经验缺乏所致，另一方面则是由于发展初期监管缺位，行业野蛮生长。

12.2.1 互联网金融的风险问题已经受到关注

互联网金融的风险问题已经受到日益广泛的关注，主要是因为近年来，尤其是 2013 年以来互联网金融飞速发展，涉及其中的普通公众群体越来越庞大，而互联网金融本身蕴藏的种种风险和创新性质，又加大了其出各种状况的概率。一旦出了问题，处理不当很可能引发群体性事件，甚至引发系统性金融风险。所以除了创新之外，目前关于互联网金融风险方面的讨论也越来越多。

与商业银行相比较，互联网企业对于金融风险的管理能力有待加强。如若风险管控体系建设过于滞后，则可能导致互联网金融风险的不断累积，对互联网金融的发展甚至整个金融体系的稳定都会产生不利影响。监管部门已经注意到互联网金融领域存在的种种风险，并着手进行了大量的调研与政策制定。互联网企业也纷纷对行业不规范的竞争格局表示忧虑。比如很多 P2P 平台担心现在未能有效规范而出现的种种乱象，可能会破坏整个行业的健康发展。第一，由于进入门槛较低，个别公司借机进行欺诈活动，有可能引发投资者对 P2P 网络借贷业务的信任危机；第二，个别公司通过突破非法集资等法律边界获得快速发展，一旦出现大的问题，整个行业的发展可能都会遭遇打压；第三，由于缺乏必要的行业标准，在该行业仍处于"跑马圈地"阶段的情况下，一些公司盲目扩张、缺乏应有的风险控制与管理体系，一旦出现倒闭，整个行业也将受到冲击。因此，大多数公司都希望接受一定的监管，以确保该行业的公司能健康竞争，避免无序发展导致行业最终陷入困局。红岭创投创始人表示，"目前单靠道德的约束是很难规范这个行业的，有更多的监管和规范才能走得更远。"

因此，为了互联网金融的健康发展和金融系统的安全稳定，不能听任其不受约束地"野蛮生长"，而应该从现在开始重视互联网金融的监管和自律，强化市场准入，实施功能监管，促进监管公平。而那些误以为加强监管就是压抑创新、就是忽视草根的片面认识也应该予以纠正。

12.2.2 国内互联网金融监管现状

"用小客户的钱，需要严格监管"。小客户风险承担能力弱、风险识别能力差，应该借助金融监管进行适当保护，而 P2P 等互联网金融业务正符合这一金融监管的原则，金融监管的目标一是保护金融消费者权益，二是防范系统性风险。

目前，人民银行已将第三方支付纳入监管范围，相关监管政策和机制还有待完善，P2P网络贷款平台及业务、网络理财产品等也将被纳入监管范围。总体而言，国内对于互联网企业、电商机构等从事的金融业务监管还存在大量空白，缺少完善的法规规范，未建立透明的信息披露制度。

1. 对第三方支付的监管

国内第三方支付的监管历程可分为两个阶段：第一阶段是无监管状态。在该阶段，整个市场处于发展初期，虽然业务发展迅猛，但由于监管政策法规相对滞后，第三方支付市场运营管理混乱。第二阶段为监管强化阶段。针对第一阶段出现的涉嫌非法投资、洗钱、套现等违法行为，央行先后出台了一系列的监管办法，如《非金融机构支付服务管理办法》（2010年6月）、《非金融机构支付服务管理办法实施细则》（2010年12月）、《支付机构客户备付金存管暂行办法（征求意见）》（2011年11月）、《支付机构互联网支付业务管理办法（征求意见）》（2012年1月）、《支付机构预付卡业务管理办法（征求意见）》（2012年9月）、《支付机构客户备付金存管办法》（2013年6月）等。2014年3月13日，中国人民银行支付结算司下发通知，由于虚拟信用卡和二维码支付业务在客户实名制审核、支付指令确认、支付安全、交易信息的真实完整和消费者权益保护等方面存在风险隐患，与现行支付业务规则有一定冲突，故暂停了这些业务。

这些管理办法明确地将第三方支付纳入监管范围，明确了央行的监管主体地位，将第三方支付行业的监管明朗化，建立了第三方支付机构的市场准入制度，从法律层面明确了第三方支付业务中非金融机构的法律地位，确认了其从事相关金融服务的合法性和合规性，保证支付服务市场健康有序发展。

但对比欧美等国外成熟监管经验来看，当前我国第三方支付监管还存在一些有待完善的问题：

一是第三方支付监管立法有待完善。目前制定的《非金融机构支付服务管理办法》仅是一部部门规章，法律效力层级比较低，导致可采取的监管和处罚方法有限。

二是第三方支付的分类不适应业务发展和监管需要。当前《管理办法》基本上是按照支付工具或者支付通道的角度来对非金融机构支付服务进行分类的，随着科技的发展和支付服务市场分工的进一步细化，各种支付工具、支付方式和支付渠道之间相互融合，导致现有的分类方法不能体现各种支付业务的本质特征和风险特点，也给监管和相关法规制度的制定造成了困难。

三是对消费者权益的保护仍显不足。互联网金融机构的高科技特征导致消费者与支付机构之间存在着更加明显的信息不对称，而我国对第三方支付的监管刚刚起步，因此在消费者保护方面仍存在诸多不足，如客户信息被泄露、客户备付金被挪用、服务协议霸王条款等，均缺乏明确的监管要求与惩戒措施。

2. 对 P2P 网络贷款及网络理财的监管

关于 P2P 网络贷款平台监管，银监会办公厅 2011 年 8 月发布了《中国银监会办公厅关于人人贷风险提示的通知》。该通知揭示了人人贷中介服务存在的诸如影响宏观调控效果、容易演变成非法金融机构、业务风险难以控制、不实宣传影响银行体系整体声誉、监管职责不清、法律性质不明、贷款质量低于普通银行类金融机构等七大风险。人民银行办公厅则于 2013 年 6 月发布了《支付业务风险提示——加大审核力度提高管理水平防范网络信贷平台风险》，提出存在对网络信贷机构审核及管理不严、风险意识不强及信用卡透支用于网络信贷等三项风险。

但上述通知仅是提示银行等机构重视人人贷风险管理，有效防范欺诈、套现等风险，但对 P2P 网络贷款平台涉及的借款人、贷款人、担保方以及中介服务方及相关风险均没有纳入监管范围。因此，从整体上看，我国对 P2P 网络融资的监管还处于一个灰色地带。关于 P2P 网络借贷平台并没有明确的监管主体，"都想管，又都怕管"的格局使得想规范发展的 P2P 网络借贷平台成为监管空白区。

再看网络理财。我们对于网络理财的监管主体和创新行为也均没有明确规定。以"余额宝"为例，该产品涉及基金销售及支付结算，这属于证监会监管；同时它又是支付宝旗下的产品，而支付宝由人民银行监管。在实际操作中，由于监管主体不明确，往往导致被动的事后监管或无从监管。此外，对于网络理财，还缺乏严禁变相吸收存款、资金来源及应用的要求及监督、产品宣传未充分揭示风险、禁止夸大收益等的监管规定。

12.3 有缰的互联网金融会怎么样：创新与监管的平衡之道

12.3.1 互联网金融监管的国际借鉴

1.国外对于互联网金融监管的共性特征

前文已经对互联网金融的国际监管实践进行了一些论述，此部分主要对欧美互联网金融监管的共性特征进行总结，以供参考借鉴。

首先，**欧美对于互联网金融监管的态度都比较明确，即必须监管，且重视监管**。要求这些互联网金融行为必须严格遵守已有的各类法律法规，将互联网金融纳入现有的法律框架下，基本形成了涵盖制度标准、交易保护、交易规则等的互联网金融监管体系。其监管体系主要包括消费者权益保护法、信息保密法、消费信贷法、第三方支付法规等。

其次，**构建监管体系的指导思想以行业发展阶段为依据，从自律的放任监管到强制的监督管理**。在互联网金融发展的初期，监管注重鼓励创新，实施适度监管，营造良好环境，推动规模扩大。当行业进入基本成熟阶段，再实施针对性更强的监管措施、制定行业标准、进行规范监管。

最后，**从监管目标看，兼顾鼓励发展与控制风险**。监管体系强调维护稳定、健全和高效的体系，保证互联网金融企业的稳健发展。例如，监管当局根据互联网金融各业务的不同特性，有区别性地制定监管措施，通过规范交易、加强资金管理规定等监管措施，维持市场秩序的公正性，保护金融参与者的合法权益，并防范洗钱等方面风险。

在监管手段方面，其围绕金融消费者和投资者的权益保护为重心，主要使用注册登记制度和强制性信息披露制度。往往没有统一的主监管机构，涉及哪个监管机构的职责就由相应的监管机构负责监管。美国第一网络银行、贝宝支付等就曾分别由银行和证券监管机构负责监管。

2.国外对于互联网金融监管的差异之处

由于具体情况不同，各国在互联网金融监管强度与监管模式等方面存在一些差异。

从监管模式看，美国和欧盟呈现较大差异。美国针对互联网金融的监管制度已发展得较为完善，主要从证券交易和货币服务两个角度进行管理，实施功能性监管。美国将 P2P 机构作为借贷中介机构进行监管，将第三方支付视为货币转移业务进行监管，其监管重点主要是借贷交易和资金转移的过程，着力打造权力的分散和相互制约机制，监管部门包括财政部货币监理署、美联储、联邦保险公司等多个部门。欧盟针对互联网金融的监管则有所不同，其基本上是机构监管，倾向于对互联网金融的参与者给出明确的界定。

由于发展程度和具体国情不同，因此各国采取了强度不等的外部监管措施。例如，英国、澳大利亚等国家采取的是"轻监管"的方式，其硬性的监管要求较少，占用的监管资源也较少。而美国监管体系的硬性要求则较多，比如美国监管认定 Prosper 出售的凭证属于证券业务，并将其纳入监管范围。

12.3.2 我国互联网金融监管的主要原则

1. 根据不同发展时期，采取不同监管政策

互联网金融的可持续发展，离不开人才培养、经验累积与创新尝试，更离不开适当监管与行业自律为其创造出一个良好的外部环境。对于互联网金融这一新业态，总体上应当给予包容，坚持鼓励和规范并重、培育和防险并举的理念，维护竞争秩序、促进公平竞争，构建市场自律、司法干预和外部监管三位一体安全网。在监管的过程中，既要防范风险，还要避免管束缚行业创新和发展。如何在呵护创新和维护秩序之间寻求平衡，是互联网金融监管模式选择面临的一大难题。

从我国第三方电子支付行业兴起与纳入监管的过程来看，在互联网金融发展初期，监管部门采取观望态度有一定合理性：一是因为行业发展初期创新、变化速度很快，监管难度较大，过早监管又可能束缚其发展；二是行业发展初期规模较小，缺乏监管的规模经济，即使出了问题社会波及面也不会太大；三是互联网金融业务混合了多种业务属性，难以清晰界定其监管归属。但是，一旦某项金融创新达到一定规模，出现了较为成熟的模式，监管部门就应该及时介入，以促进行业的规范、健康发展。

因此，根据当前我国互联网金融的发展现状，应当坚持从放任到监管再到适度放松的过程和节奏，逐渐完善监管法律、标准及组织框架。在初期，支持网络金融创立发展，注重强化规范宣传，倡导行业自律，推动行业规模和效益增长；

发展中期，实施严格的市场准入监管，并逐步过渡到针对经营行为的动态监管，加大监管力度、扩大监管范围；走上规范发展阶段后，再回归适度监管。

2. 互联网金融监管五原则

原则一：创造公平竞争环境，实现同类业务同一管理

互联网金融的本质还是"金融"。无论是哪种机构开展的金融活动，都应当受到监管，而且应适用统一的监管规则。否则，就会产生监管套利和监管不公平，导致"劣币驱逐良币"。目前，国内对于商业银行的监管体系已经成熟规范，但对于互联网企业、电商机构等从事的金融监管还存在大量空白。因此，应尽快在互联网金融领域实现"一致性"监管，即不论是互联网企业还是传统的持牌金融机构，只要从事的金融业务相同，原则上就应该受到同样的监管，就是所谓的"同类业务同一管理"，同时对互联网金融企业的线上、线下业务的监管应当具有一致性，以促进建立平等的竞争环境和减少监管套利。

原则二：实行分类监管与动态监管

金融监管部门应当实行分类监管，对不同互联网金融平台和产品对经济社会的影响程度和风险水平予以评估，并根据评估结果进行动态调整。应明确监管范围、监管方式和监管强度，构建灵活、有效的互联网金融监管体系。对于那些影响较大、风险较高的，应明确纳入监管范围，实行严格监管；对于影响较小、风险较低的，则可以采取市场自律、注册等监管方式。

原则三：监控和防范系统性风险

一方面，互联网金融通过提高资源配置效率、增加金融服务供给、推进实体经济可持续发展等作用降低了系统性风险水平；另一方面，由于准入门槛低、市场爆发力强、影响范围广、信息科技风险突出等特性，在快捷提供金融服务的同时，也加快了相关风险积聚的速度，极易形成系统性风险。上述互联网金融对系统性风险呈现出的"双重性"应引起监管部门的充分重视，建立对系统性风险的监控和预警机制。

原则四：现场监管与非现场监管相结合

要创新动态监管手段，建立现场监管和非现场监管相结合的监管模式。非现场监管应定期对网络金融机构报送的财务会计报表、重大事项报告、交易纠纷和诉讼案件报告等进行分析，据此进行针对性监管，增强实时监管能力。现场监管可以全面深入了解监管对象情况，侧重对制度安排、流程运行、风险控制、依法合规、系统安全等进行细致监督评价，提示其完善内控制度，强化内部控制，从而有效规避经营风险、避免网络违法犯罪活动的发生，促进网络金融企业稳健经营。

原则五：加强监管协调

由于互联网金融市场的参与者众多、交易方式广泛、横跨多个行业和市场，因此若想有效地控制风险扩散，离不开有效的监管协调。第一，通过已有金融监管协调机制，将各部门有关互联网金融机构业务运营、风险暴露等方面的信息进行共享，并统一监管立场。第二，加强金融监管部门和司法部门之间的合作，打击互联网金融违法犯罪。第三，加强金融监管部门与地方政府之间的协调，维护金融稳定，防止发生区域性、系统性金融风险。

12.3.3 对我国互联网金融监管的具体建议

1.实行牌照制度，强化市场准入标准

我国第三方支付机构的市场准入，已明确由人民银行进行审核管理。对于 P2P 网络融资平台等的监管真空，建议尽快明确监管部门或部际联合监管安排，实现行业发展的统筹管理和规范，可以考虑由央行、银监会联合发布一个指导意见，建立全国统一的规范标准。在具体管理上，则可以授权地方金融办作为主管部门。

2.实施功能监管，构建监管部际协调机制

建议对互联网金融实施功能监管，即针对网络金融开展的业务进行监管。例如，如果互联网企业或电商机构开展贷款业务，应建立完善的风险防范机制，资本约束、损失拨备等都应符合监管要求；如果开展理财业务，应严格规范资金运用，杜绝虚假宣传，遵守合规销售、风险揭示、信息披露等规定；如果开展支付业务，应按规定留存客户身份资料，并履行反洗钱、保障客户资金安全等义务。同时，针对互联网金融已横跨支付、融资、理财等多个金融领域的现状，建议构建网络金融监管部际协调机制，形成以"一行三会"为主，商务部、工信部、工商总局、税务总局等部门为辅的既专业分工又统一协调的监管制度。同时需要加强金融监管的国际合作，促进跨国互联网金融风险的协同处置，推动互联网金融跨国治理机制的完善。

3. 完善法律法规建设，适应互联网金融发展特征

密切关注网络金融发展态势，根据信息技术、业务范围、产品创新等情况变化，及时修订监管要求，出台风险提示，借鉴国外监管经验，形成一套完整的监管适用法律规范安排。主要建议包括：第一，对互联网金融模式的发展演变进行密切跟踪与充分研究，明确各类商业模式与违法行为之间的界限，对于金融违法犯罪行为予以严厉打击，从而推动互联网金融健康有序发展。在打击金融犯罪的同时，也应当考虑与时俱进地修改《商业银行法》、《证券法》、《保险法》、《票据法》等金融法律法规的部分条款，以适应互联网金融发展趋势。第二，借鉴国际先进立法经验，尽快出台《放贷人条例》、《电子资金汇划办法》、《网络借贷行为规范指引》、《网络理财产品规范指引》等与网络金融发展相关的法律法规、部门规章、规范性文件，明确各方权利和义务，防范控制金融风险。第三，网贷管理办法应具有较强的具体化和可操作性。例如，对于用户识别，应要求相关机构了解和审核用户身份、资信状况、借款用途和业务范围等，规定互联网企业及时更新用户信息资料，承担反洗钱义务；规定沉淀资金实施第三方托管，以确保资金安全；要求互联网企业建立严格的内控制度，防范操作风险，明确资金划转流程，向监管部门定期报送资料，接受监管部门的监督；在业务过程中，明确各方法律关系，平台不与借贷双方发生债权债务关系等；依据现行法律，P2P平台在强制分拆配比时，一定要坚持小额，注意《商业银行法》司法解释的金额和人数限制（20万元或30人）；平台应建立必要的风险控制机制，例如提取风险准备金或者引入担保。

4. 加强信息披露与监管双方的双向沟通

主要建议包括：第一，在基于充分研究和良好实践的基础上，监管机构应提出互联网金融各类业务的技术标准，例如，对各类业务的数据监测、分析的指标定义、统计范围等，明确经营性指标和风险性指标的定期与实时报送和分析机制。第二，在此过程中，应注重灵活性，以及时捕获新的风险，在定期评估的基础上持续完善风险监控机制。第三，互联网金融企业应主动与监管机构沟通，双方应围绕业务模式、风险识别、产品创新等达成共识。对于法律没有明确规定的"灰色"环节，互联网企业应及时与监管部门沟通，避免法律风险，并主动推动行业规则的逐步健全。

5. 加强消费者教育和消费者保护

互联网金融市场在提供给消费者高效交易模式的同时，也带来了越来越多的金融机构与消费者之间的权益之争，监管者既要维护消费者的权益，以维持市场的信心，又要维护机构的权益，以促进互联网金融市场的创新与发展。强化消费者保护是金融监管的一项重要目标，也是许多国家互联网金融监管的重点。

主要建议包括：第一，在充分认识互联网金融的基础上，应积极推动互联网金融消费权益保护的法律制度框架的完善，保护消费者合法权益。第二，广泛开展互联网金融时代的消费者教育工作，针对目标群体，采取多样化、有针对性的教育模式，促进公众对互联网金融产品的了解，提高消费者对于风险的识别能力。第三，加强执法力度，切实维护支付人、投资人、借款人等互联网金融客户的合法权益。第四，对侵害消费者权益的行为予以打击，加强客户信息保密工作，维护消费者信息安全。第五，保持互联网金融消费投诉渠道的畅通，例如，监管机构开通金融消费权益保护咨询投诉电话以及开发网络投诉渠道。

6. 强化行业自律

开展行业自律，相较于政府监管其优势在于：一是作用范围和空间更大，二是效果更明显，三是自觉性和主动性更强。鉴于互联网金融创新仍处于快速成长阶段，在监管部门出台有关规定之前，行业协会的自律规范应该先行。今后一段时期，对于互联网金融的监管态度和监管强度，甚至整个互联网金融行业的发展走向，很大程度上取决于互联网金融行业自律程度和发展秩序。

主要建议包括：第一，行业领头企业应充分发挥主动性，加强责任意识，带头制定行业自律的标准，建立自我约束机制。第二，针对一些借款人利用各个P2P公司之间缺乏信息共享的漏洞，行业协会应建立信息共享平台和黑名单共享机制，将平台信息共享设为常态机制。第三，互联网金融协会等新成立机构应当在规范行业运营、构建市场公平等方面尽快发挥影响力，提升整个互联网金融行业的合法合规经营意识，强化风险管控能力。第四，应尽快建立央行征信系统与网络借贷平台的对接机制，实现信用数据的双向共享，提升民间信贷活动的安全性和规范性。

总结以上，我们发现，随着互联网金融的快速发展和参与主体的不断增多，其潜在风险正在积聚，并时有发生。我国对互联网企业的金融业务监管还存在不少空白，这既不利于互联网金融本身的发展，也影响整个金融体系的稳定。因此，在鼓励互联网企业金融创新的同时，有必要加强互联网金融的外部监管和行业自律，强化市场准入，实施功能监管，完善法规体系建设，保障消费者权益，促进监管公平。

13   适应社会发展、重塑商业精神：银行经营理念变革

互联网等信息技术正在快速改变中国社会。社会变革从生产、交换、消费、分配四个维度全面展开，并主要将继续在生产、交换领域引发巨大变革。互联网在金融领域的渗透在促进金融市场竞争、优化客户体验的同时，引发了诸如加大货币调控难度、威胁金融安全等很多值得深思的问题。而且，互联网改变的不仅仅是商业模式，更重要的是中国的商业道德标准也在发生变化，以参与、分享、平等、开放等为内涵的"互联网精神"成为企业文化的新标杆。在互联网时代，商业银行如想继续成为时代的领跑者，那么必须努力吸收、植入"互联网精神"。

13.1   互联网与社会变革

互联网对中国经济的改造主要遵循如下演进路径：首先是消费领域，互联网等信息设备逐步成为企业、家庭的必买品，初始主要是为了办公、学习之用，以生产资料和生活资料的形式体现在国民消费领域；其次是交换领域，互联网强大的信息传播和查询能力，使利用信息不对称而立足的批发零售行业受到强烈冲击；再次是生产领域，交换领域的变革推动了生产方式的变革，各种定制模式陆续出现；最后是分配领域，生产资料的投资以及行业变革的结果最终以利益分配的变化体现出来。

13.1.1   互联网对社会生产的影响

工业社会的生产以规模化为目标，而生产商与消费者之间的信息不流通、不对称往往导致生产具有一定的盲目性和滞后性，并最终造成生产在过剩与不足之间徘徊，形成经济周期。互联网的发展，极大地减弱了这种信息的不对称，在促进产商更加快捷高效了解市场、认知消费者的同时，也让消费者有了提出个性化需求并影响生产环节的机会。这一新型的生产模式，即 C2B。C2B 狭义上可理解为通过聚集分布分散但数量庞大的消费者形成采购集团向商家集中采购的行为，即聚定制；其更普遍的概念是由消费者发起需求，企业进行快速响应的商业

模式。从 B2C 到 C2B，关键的变化是消费者角色的演变，消费者从传统工业时代的被动响应者变为真正的发起者、决策者。

互联网可以使消费者足不出户就能对产品信息进行全面深入的了解，并通过价格、性能以及用户评价等的对比，做出更加理性的选择。换句话说，传统商业中"买的没有卖的精"已不再适用于做足功课、更加精明的"网络达人"。网络时代，消费者对产品的品质要求会更加严苛，对于个性化需求更加迫切。

消费者行为的变化正在倒逼企业真正贯彻落实以消费者为中心的 C2B 商业理念。其中的先行者包括小米手机、海尔家电以及家具企业尚品宅配等。海尔是国内率先引入定制概念的家电企业，消费者可在海尔商城（海尔的网店）选择家电的容积、颜色、图案等。这一类定制属于 C2B 里的浅层定制，即模块定制。还有一种深度定制，即消费者深度参与生产流程，厂家完全按照客户的个性化需求来生产，其典型代表是家具企业尚品宅配（新居网为其网店）。因为定制的最大难题是如何解决规模化生产与个性化定制之间的矛盾，而尚品宅配借助计算机技术将不同客户的每笔订单重新拆单分解，每块板都有独立的条形码，相同尺寸的板材会一起合并批量生产，各个部件生产好后，便依照编号重新合并订单送达客户。显然，对于寸土寸金的城市居室来说，家具私人定制最大限度地满足了空间的利用和个性化需求，其对成品家具生产的威胁是不言而喻的。

随着 3D 打印生产制造技术的不断完善和发展，从厂商能力角度，为消费者更深入和广泛地参与和决定供给自己的生产活动提供了保障。

13.1.2　互联网对商品交换的影响

交换也可谓流通，就是买卖行为。当前互联网对中国经济社会最大的影响聚力于此。传统的商品交换依赖于批发商、零售商，而部分零售巨头或以连锁企业或大型商场的形式，把控了一些地区或行业商品交换乃至产业链中的龙头位置。而近些年来，以淘宝、京东、天猫为首的电商平台争夺零售市场的势头十分凶猛，战果也非常显著。根据网购老大——淘宝（含天猫）公布的数字，2003 年淘宝网总成交额为 3 400 万元，而 2012 年这一数字超过了 1 万亿元；2012 年"双11"淘宝单日销售额 191 亿元，2013 年这一数字达到 350.18 亿元。而且淘宝拥有300 多万活跃商户以及 8 亿支付宝注册用户。与网购的火热形成鲜明对比的是一些传统零售实体店的冷清甚至亏损。毫无疑问，互联网正在改造甚至颠覆商品交换模式及消费者行为。网购热背后的因素除了电商对消费者的多年培育（如淘宝"烧钱"多年免费开店），更重要的是，互联网对人们生活方式、消费方式的潜移默化，以及"80"后、"90"后等一批敢于尝鲜、追求自我、注重社交的年轻人逐步成为消费主力。

尽管目前中国网购交易仅占社会消费品零售总额的 6% 左右，但一大批传统企业对电商的心态已经转变。不少连锁巨头、百货企业纷纷上网开店，如苏宁向互联网的激进转型[1]，力图重夺辉煌。无论其成功与否，变革本身就意味着挑战自我的勇气和决心。当然也有不同的选择：苏宁的竞争对手国美并未跟进，其 2013 年业绩反而开始扭亏，比苏宁持续亏损的情形似乎好一些[2]。但业界普遍认为，线下店长期受到冲击已是大势，而电商转型能成功的概率也并不大。"向左走还是向右走"已经成为传统零售巨头们在做战略选择时的头疼问题。

短期来看，淘宝等电商巨头已然占据非常有利的位置，苏宁、国美，包括银行系统的电商平台到底能在其中抢回多少市场份额、夺回多少客户，似乎都很难预测。长期来看，与当前美国网络购物与社会消费品零售总额的占比达 15% 相比，中国网络购物还有很大的增长空间，更热爱网购的中国年轻人可能会给这个市场带来更大惊喜。

13.1.3　互联网对消费的影响

从经济学的定义出发，前文所谓的网购影响的其实是交换，而非消费，或者说是影响了消费方式。消费是社会再生产过程中的最终环节，是指利用社会产品来满足人们各种需要的过程。消费又分为生产消费和个人消费。从微观的视角来看，互联网已经影响到了消费。

从生产资料消费来看，从 20 世纪 90 年代初互联网走出校门进入企业、家庭之后，便以电子计算机为载体广泛、快速地融入到社会生产的各个环节，无论是制造业还是服务业，企业不断加大对信息设备的投资，以便更好地了解市场、适

▶▶▶ ────────────────────────────

[1] 苏宁 2009 年推出电商服务，早国美 1 年，2013 年初改名苏宁云商，启动 O2O 线上线下同价，随后联手弘毅资本收购 PPTV，释放出强烈的转型互联网信号。

[2] 根据国美高层的说法，国美业绩转好一是因为电商业务增长较慢，相应的"烧钱"也少，二是线下店关闭较多，剩下的店面相对经营情况较好。

应市场、提高生产率。毫无疑问，在传统发展方式已不可持续、中国经济期待新型新兴产业的过程中，信息产业将发挥举足轻重的作用。在 2010 年政府工作报告中，物联网、三网融合、3G 被明确提及，IT 投资已经并将继续成为很多行业最大的生产资料投资。

从生活资料消费来看，互联网不仅方便消费，也创造了消费。根据 2013 年麦肯锡发布的报告，中国有 61% 的网络零售为转移消费，也就是从线下转移至线上。其余的 39% 则是由互联网创造出来的消费，即假如没有互联网，这一部分消费将不会存在。按照 2013 年 1.3 万亿元的电商销售额看，电商企业在一年内就创造了 5 000 亿元的消费，对于消费具有巨大的推动作用。

13.1.4　互联网对利益分配的影响

经济学上的分配指的是产品或产值在生产要素，即劳动、资本、土地、企业家之间的分配，即初次分配；政府再通过收税及公共设施、社保教育等投资进行二次分配。市场经济中初次分配基本由市场决定，人们因掌握要素不同自然会出现收入不均的情况。从社会再生产的角度来看，互联网对分配似乎并无影响，互联网与其他 IT 设备一样作为投资的一部分在企业收入中分得相应的产值。但从更微观的视角来看，互联网已经开始影响到社会各方的"利益分配"[①]。

例如，前述传统家电连锁巨头国美、苏宁，在互联网购物盛行之前，通过占用店面销售渠道控制了家电产业链的龙头地位和利润支配权，而家电生产商处于弱势地位，利润微薄。淘宝、京东的崛起，很快打破了传统零售链条和实体渠道优势，如今部分大型电商已成为拥有产业链中收入分配决定权或影响权中的"大哥大"。从这个意义上说，互联网已影响到零售业的"利益分配"。

再如最近风头无二但也饱受争议的"余额宝"。仅仅数月，"余额宝"资产规模就从零发展到四五千亿元，成为规模空前的货币基金大佬。"余额宝"本是为支付宝用户提供余额理财的一个工具，但因其存取方便、全额承保及远高于银行活期的年化收益，迅速分流了大量银行活期甚至定期存款。虽然"余额宝"的流动性管理、资金安全、资产管理能力尚受质疑，但活期存款从银行搬家，再以协

▶ ▶ ▶ ────────────────────────────

① 此处"分配"的概念与经济学意义上的不一样，是指收入、利润在竞争对手之间的分配，或行业或企业利润率的高低，因此，我们把它定义为"利益分配"，以示区别。

议存款的方式流回银行，导致银行资金成本上升、储户及阿里获益已成为既定事实。受"余额宝"效应影响，百度、腾讯等互联网大佬也迅速推出了各种互联网理财产品；商业银行也被迫推出各种"宝"应对存款搬家。单以这个回合而言，互联网已经撬动了金融业这块大蛋糕的"利益分配"。

值得注意的是，中国社会的变革只是全球信息化浪潮的一个组成部分，信息化在改造社会生产模式及人类生活模式的同时，必将对全球经济格局形成冲击与影响。美国经济学家杰里米·里夫金在《第三次工业革命》一书中提出，第三次工业革命将以数字化制造为核心内容，引发能源生产利用、社会生产方式、生产流程、组织方式以及生活方式等人类社会的重大变革，进而影响全球产业分工与贸易格局，促使全球利益分配重新洗牌。面对持续高涨的能源价格、日益严峻的环境问题以及经济转型的迫切需要，中国如何借助互联网把握这次机遇，是一个值得深思的问题。

13.2 互联网与金融变革

13.2.1 网络货币对货币体系的冲击

2013 年比特币"疯波"使人们重新认识网络货币（电子货币）。2000 年前后，随着互联网的高速发展及电子商务的逐步兴起，网络货币开始为大众熟悉。网络货币是以公用信息网 (Internet) 为基础，以计算机技术和通信技术为手段，以电子数据 (二进制数据) 形式存储在计算机系统中，并通过网络系统以电子信息传送形式实现流通和支付功能的货币。具体而言，网络货币就是采用一系列经过加密的数字，在全球网络上传输的可以脱离银行实体而进行的数字化交易媒介物。

我们将网络货币按照发行主体不同主要分为两类，并分别定义为电子货币和虚拟货币。电子货币指由银行等金融机构发行的替代纸币流通、具有法币功能的电子形式的货币；虚拟货币由网络企业等非银行等金融机构发行的，仅存在于特定软件或网络中的一组可以传输并可用于支付的电子数据。前者基本在银行的体系之中，而后者则可以脱离银行而存在。电子货币主要形式为智能卡、电子信用卡、数字钱包、电子支票等。虚拟货币大致可以分为三类：第一类是游戏币；第二类是门户网站或者即时通讯工具服务商发行的专用货币，用于购买本网站内的服务，如百度的百度币、腾讯的 Q 币，盛大的点券、新浪的微币；第三类互联网上的虚拟货币，如比特币（BTC）、莱特货币（LTC）等。

目前，包括游戏币、Q 币、比特币等在内的虚拟货币并非真正的货币，它们目前只在一定范围内进行流通，像 Q 币只是用在腾讯公司的体系内，它们还不完全具备货币的支付手段、价值尺度和流动手段等功能，还只是一定程度具备了"类货币"的属性。然而，随着网络的普及和相关网络产业的大力发展，它们的支付中介功能会被逐步放大。而且，与传统货币相比，网络货币具有发行主体多元、交易成本低廉、突破空间限制、蕴含风险较大的特点，它们的广泛应用已对传统货币体系、货币理论、货币政策产生了一定的影响[①]。

第一，网络货币使货币层次的划分更加模糊、计量更加困难。网银出现后，客户通过电子指令，可以瞬间实现定期与活期之间的相互转化；银行、券商、互联网企业网络联通之后，在网银以及支付宝等新兴支付平台上，客户可以瞬间将存款转换为证券或基金保证金，以及购买银行理财产品、网络理财产品，而理财产品目前还不在 M_2 统计范围之内；"余额宝"等多种"T+0"理财产品出现后，原本流动性较差的理财产品可以瞬间变回到银行存款。网络支付的快捷意味着货币存在的方式（M_0、M_1、M_2 等）具有高度的不稳定性，而且货币各个层次之间流动性的差别正日益缩小，界限正逐渐淡化。而且，不同层次之间流动性差异的减少，使得货币出现了向更高层次生息货币的转换，例如，大家都不存活期了，转向存取方便、收益更高的各种"宝宝"。这种变化对货币的界定、划分标准提出了新的要求。

此外，由于网络金融交易跨空间、地域的特征，也给货币的计量造成了混乱。消费者在电子商务买卖过程中，可使用多国货币进行交易。尤其是使用虚拟货币买卖音乐、软件、数据等非物质形态商品时，交易的发生以及货币的流动完全处于银行体系的监测之外。另外，客户来自国外的智力收入、服务收入、销售收入等，可以直接以外币的形式存放在其网络银行的账户之中，供日后消费使用。因而，在统计一国经济中的货币量时，不得不考虑居民手中持有的、未存放

---

① 本节观点大多引自谢平、尹龙 2001 年发表于《经济研究》的论文《网络经济下的金融理论与金融治理》。这也体现了谢平教授在网络金融研究方面的超前。

于本国银行中的货币的影响。

第二，网络货币会动摇传统货币供求理论的基础。从货币需求理论来看，以凯恩斯的货币需求理论为例，凯恩斯把货币需求分为交易性、预防性、投机性三个动机，由此构成了两类货币需求：消费性货币需求和投机性货币需求。消费性货币需求（包括交易性和预防性动机）与收入正相关，投机性货币需求与利率呈反向关系。网络货币流通和使用后，由于不同用途的货币之间易于转换，货币流动性增强，人们为交易和预防动机所持有的货币量的比例将减少，大量资金将随时准备着流向收益率更高的产品，投机性货币需求的比重将增加。因此，各种动机的分类将变得不明显，消费性货币需求将不只受收入的影响，也会因利率的变化的影响，同理投机性货币需求也会受收入的影响。

从货币供给来看，网络货币会使货币供给的内生性增强。基础货币等于现金通货、准备金之和，通货因将向高层次货币转化而减少。若央行对网络货币监管严格，垄断网络货币的发行，假设法定准备率不变，商业银行会因为网络货币便捷性，减少它在央行的超额准备金，使得基础货币减少；若央行放松管制，网络货币可以由非银行机构发行，则将会出现漏掉网络货币存款准备金的可能，准备金减少，从而基础货币减少。可见基础货币总额是趋于降低的。此外，网络货币使商业银行超额准备金的减少、现金漏损率下降，从而促使货币乘数上升。

第三，网络货币将加大央行对货币调控和监管的难度。一是货币中介目标的选择。如前所述，货币之间层次的模糊及计量的困难，会增加货币量的可控性难度；但网络货币会使得市场的反应更加迅速，利率这一价格信号类中介目标，有可能成为未来货币政策中介目标的主流选择。二是货币政策工具的选择。网络货币条件下，商业银行向中央银行贷款的意愿进一步下降，这就减少了中央银行调节基础货币的渠道，中央银行只能更多运用在公开市场上买卖证券的手段来控制基础货币。三是货币政策的独立性。网络交易平台的开放性、全天候和无疆界限制，使网络经济自然带有全球化的色彩。一国的货币政策已很难隔开其他国家经济与政策的影响。四是金融风险防控。网络货币，尤其是非金融机构发行的虚拟货币的信用风险；洗钱、行贿等犯罪难以发现的法律风险；网上瞬间交易量剧增，交易环节中断导致的支付清算风险；流动性风险的多米诺骨牌效应，引发的系统性风险；再加上央行跨国监管、跨界监管的难度，整体金融风险的防控难度将不断加大。

13.2.2 互联网对金融模式的影响

互联网在改变人类社会的生产方式、生活方式的同时，也在改变金融产品生产、创新的理念、模式和人们获得金融服务的渠道、方式。互联网金融体现出如下几个与传统金融模式完全不一样的重要特征。

1. 金融产品消费模式的特征

第一，去中心化。去中心化是互联网发展过程中形成的社会化关系形态和内容产生形态，是相对于"中心化"而言的新型网络内容生产过程。互联网早期的Web 1.0时代，例如新浪、搜狐等门户网站，其内容由专业网站或特定人群所产生；而Web 2.0时代，例如Wikipedia、Flickr、Blogger，其内容是由全体网民共同参与和创造的结果。只要使用互联网，任何用户都可以在表达自己的观点，共同生产、创造信息。当前Web3.0时代，随着更多简单易用的去中心化网络服务，例如Twitter、Facebook（微博、微信）等更加适合普通网民的服务的诞生，使得互联网用户更加便捷地表达自己的观点、实现更多展现自我的机会，内容更加多元化、更加丰富、更加精彩，提升了网民参与贡献的积极性。在一定程度上说，一个网民就是一个独立的信息提供商。

去中心化延伸到金融消费领域，可以看到如下变化：从信息发布来看，以前是单纯的商业银行门户网站的金融产品介绍，现在已经发展到消费者可以进行金融比价搜索、再到自己发布资金需求信息的P2P网贷网站；从信息传递来看，以前是客户经理电话、短信通知新理财产品发布，现在出现了微信群中亲朋好友之间进行理财产品推荐；从产品购买来看，以前客户只能把钱存入银行，发展到可以通过网络支付购买不同银行、不同支付平台代销的理财产品。传统金融机构与P2P网贷平台、比价搜索平台、网络销售平台等共同构成了金融服务的提供商。传统金融机构的中心地位正在不断被蚕食。

第二，碎片化。所谓碎片化，原意为完整的东西被破成诸多零块。互联网带来了海量甚至是过量资讯，人们注意力难以聚焦，"浏览"代替了"阅读"，"即时体验"代替了"细嚼慢咽"。金融服务如何适应现代人的"碎片感"？余额宝目前的成功正是源于其特点"碎"——购买时间可以零碎，只是支付宝账户开了一个小口，异常简便；资金可以碎小，不像传统基金、理财上万的门槛，1元起购；赎回时间可以零碎，T＋0交易，随时能卖出，甚至不用卖出也能使用，余额宝里的钱可以直接用于网购、转账等。阿里小微金融服务集团国内事业群总裁樊治铭说"网购群体里年轻人非常多，他们可能没有太多金融头脑，而且是'月光族'，但零碎的钱通过一键开户，一键购买，碎片化理财就可以做起来。余额宝是互联网金融的一小步，是整个基金行业的一大步。"

余额宝之后，易宝支付推出了"碎片化支付"产品"一键支付"，即用户可以对自己碎片化的行为随时进行支付，如游戏支付、阅读支付、购物支付、影视娱乐支付等。"碎片化支付"最大的优点是流程简单、方便、快捷，不需要个人账户、不需要密码、不需要跳转到网银或者第三方支付网站，就可以在最短的时间内直接完成支付，实现了支付流程的简洁化。易宝支付高级副总裁余晨表示，用户行为方式的碎片化必然对支付方式提出相应的要求，第三方支付企业必须突破思维限制，进行技术革新，推出更方便、快捷的"碎片化支付"模式。有人认为，在这个快节奏、碎片化的时代，企业之间的竞争实际上就是一场消费者碎片化时间的争夺战。

第三，场景化。应用场景化就是把互联网金融的快捷、便利、通俗的投资方式用合适的途径传播给广大的投资者和消费者，并融入日常生活。2014 年伊始，互联网金融的应用场景化已然开始了实践。微信支付的马年发红包活动，已经在短短的春节期间做了最好的示范，近亿用户，几乎零成本的推广，给微信支付的应用场景化做了很好的产品实践。可以说，微信支付虽然在客户数量和使用黏性上不能和支付宝钱包相比，但在客户发展的速度和传播上胜过支付宝，一个是广度上占优，一个是深度上领先。

应用场景化是下一个阶段互联网金融发展的趋势，目前可以看到的是，大多数互联网金融，如电商小贷、在线理财、支付、P2P、众筹、金融服务平台、互联网货币等，都还是在传统互联网的框架内做互联网和金融的嫁接，而下一个阶段，就需要把这种嫁接场景化，融入日常生活。支付宝钱包和微信支付在线下"打的"市场的争夺，以及平安"壹支付"的入场，都是为了把电子钱包融入日常生活，是账户虚拟化的表现。

传统金融自然不会坐以待毙，不管是之前推出、现在有所波折的民生电商，还是民生直销银行、招行微信银行、P2P，以及银行在线下领域力推的社区银行，从广义上来说，无非都是为了满足用户体验需要，拉近与客户距离。而平安壹钱包则是线下场景化的又一个实践，不论效果如何，其积极意义值得肯定。2014年，互联网金融将在应用场景化上进一步丰富、完善自身的用户体验，并在此基础上进行客户的拉锯战，道理很简单，用户习惯谁的互联网金融应用，熟悉谁的投资理财平台，谁才能获得更长期的用户黏性，这和互联网公司抢流量是一个道理。

2. 金融产品生产模式的演变

第一，开发迭代化。迭代原指一种软件开发方法，与传统的瀑布模型（Waterfall Model）开发架构不同。简单地说，瀑布模型就是先定义需求，然后构建框架、写代码、测试，最后发布产品，直到这时客户才能见到这个产品。迭代的方式就有所不同，假如产品要求6个月交货，开发者可能第1个月就会拿出一个产品，客户会针对产品不完善或功能缺失等问题提出修改意见，这样开发者就能知道自己距离客户的需求有多远。然后，开发者再花1个月改进，又拿出一个更完善的产品来，让客户提意见，直到最后产品功能、质量逐渐逼近客户的要求。

当我们对用户的需求判断不是很准确，或者客户需求变化太快时，迭代具有非常显著的比较优势。互联网时代，一是客户需求、品味变化很快；二是同业竞争激烈，产品更新快；三是技术更新快。因此，迭代相对而言，迭代化开发更加适应互联网时代产品开发的要求。

金融产品的开发也是如此。当我们有一个好的创意时，如果继续使用传统的开发模式，遵循理论推导、模型验证、市场调研、产品开发、市场反馈的过程，就显得过于冗长。或许，等我们开发出产品时，客户的口味早就变了，抑或市场早被先行者抢走了。互联网为产品开发者与消费者之间提供了快捷高效的互动，因此，在互联网时代，无论是研发产品还是提供服务，应该更多通过实践、通过优化来逼近。用户的需求是什么？首先打出去，然后再校验，只要有双向的反馈，终将离真实越来越近。所以迭代是互联网产品开发的最关键的一个基石。

第二，业务综合化。政府对互联网创新的宽容和默许，使得互联网企业的综合化经营程度已远远超过了常规金融机构，形成了跨越科技、金融、商业等多个领域的真正混业化经营。以阿里巴巴的多元化战略为例，在电商平台，阿里旗下的淘宝、天猫2013年"双11"一天的销售额为全国零售额的一半，优势明显；在金融业，阿里已经进入小贷公司、基金、保险等多个行业；在线下实体，阿里O2O项目已经上升到集团战略层面，无论是合作厂商数量还是产品服务规模都将大幅度提升；在物流业，2013 年 5 月阿里组建"菜鸟网络"，计划打造遍布中国的开放式社会化物流仓储设施，"让全中国 2 000 个城市的网购包裹在 24 小时内送到家门口"。或许，当银行家们还在忙于应对各种余额宝的挑战和呼吁加强互联网金融监管之时，阿里已经完成在电子商务、物流、金融的战略布局，阿里已不再是一个网站，而是一个商业帝国。

面对互联网企业的雄心，商业银行等传统金融机构似乎并无良策。监管规定使得商业银行跨出金融业态的步履维艰，是选择固守金融业底线，走专业化、精品化道路，还是跨越界限，通过电商平台、第三方支付平台，进入商业领域，都值得商业银行慎重考虑。

第三，平台数据化。如前所述，商业银行跨界之路并非易事，但一家叫 IP Commerce 公司的出现，也许给正在发愁的银行业带来了某种启示。IP Commerce 采用了苹果的思路，利用云平台加 API（Application Programming Interface，应用程序编程接口）进行管理，已由一家第三方支付公司变成了一个核心数据业务平台。具体模式是，IP Commerce 提供支付平台，让增值应用通过接口接入。如，客户想要购买一辆汽车，那么 IP Commerce 根据支付企业提供的信息整合数据，经过加工后告诉客户哪里有最便宜最优惠的 4S 店，也可以通过搜索其他用户的评价向客户推荐一个性价比最高的 4S 店，客户只需等待提示，然后按指示花钱。这种商业模式跨越了第三方支付、商业、金融业务，成为一个依托大数据分析提供多种服务的互联网金融服务平台。或许这是商业银行的一条可选之路。

传统网银不具备营销和服务功能，客户登录、交易、完成、退出系列过程之中，网银与客户毫无互动。从在线时间来看，中国 6 亿多网民每天平均在线时间将近 3 个小时，而银行客户每个月累计在网银站点的在线时间不超过半小时。因此，银行要真正做好营销与服务，了解客户、留住客户，就必须对传统网银进行升级换代，将传统网银业务、电商平台业务、金融搜索和资产管理业务等功能融为一体，改造为一个开放的互联网金融服务平台。同时，将客户的账户信息、个人信息、购物信息、企业信息等收集、整理、分析，以更好地为电商提供全面的金融服务。综上，互联网对金融模式的影响可以归结为六化：**去中心化、碎片化、场景化、迭代化、综合化和大数据化。前三者是对金融消费模式的影响；后三者是对金融产品开发、生产模式的影响。**

互联网在金融领域的渗透在促进金融市场竞争、优化客户体验的同时，引发了很多值得我们深思的问题：网络货币的兴起、无卡支付环境的推广、传统支付中介的边缘化，是否会引发货币需求的巨变和调控难度的倍增？是否会威胁金融体系的安全？互联网去中心化的金融消费模式是否会引发过度竞争，导致利率水平的提高，最终伤害到实体经济？互联网企业混业化的经营布局，是否存在不公平竞争，扰乱经济金融秩序，并对中国监管体系及政策构成挑战？

13.3　互联网精神与银行理念变革

互联网的无往不胜，并非仅仅依赖于互联网带来的科技变革，其间也蕴含着颇为深刻的商业精神。互联网时代的企业，需要改变的不仅仅是商业模式，更重要的是培育适应互联网时代的商业道德和企业文化。其实，"互联网精神"这五个字就蕴含着博大精深的商道。"互"意味着相互协作、客户参与；"联"意味着共同分享、亲密亲切；"网"意味着平等开放、全面惠及；"精神"即互联网时代的竞争精神、市场化精神。

13.3.1　"互联网精神"解析

1. "互"意味着相互协作、客户参与

客户参与已经成为互联网时代企业运营竞争的关键因素。客户参与一般可以分为三个阶段，第一阶段是邀请客户参与服务设计，第二阶段是及时回应客户的需求，第三阶段是总结优化服务流程。如何让客户参与到服务过程来，借客户的思维，撬动服务的杠杆，是未来重要的发展方向。

客户参与在企业生产中的典型代表就是 C2B 模式。正如前文我们对小米手机、海尔家电以及尚品宅配的介绍分析，互联网时代"私人定制"将替代或者部分替代规模化生产模式而成为一种主流生产模式，尤其是在更需要人性关怀和亲密互动的服务型行业。

对于商业银行来说，"私人定制"早在百年前就已出现，那就是私人银行业务。在互联网时代，由于沟通成本的大幅降低，以及金融市场的全球连接，更多的普通客户也将有机会享受到类似于私人银行的服务。客户可以与客户经理通过互联网、移动互联网、网络视频、智能终端等多种模式互动，客户提出自己的理财需求，理财经理根据基于大数据的客户信用评分体系和金融消费习惯分析，在很短时间内给出合理化理财建议，并引导客户到银行"一站式"金融平台进行购买、消费。

从国外银行的情况来看，利用互联网技术与客户互动已是普遍现象。例如，西班牙对外银行，客户在其网站上可以根据个人情况，选择不同的定制产品和营销产品；客户可以决定网站的页面内容，并可改变信息的呈现方式，使客户感受到与银行的互动和参与感。再如，以色列的 Mizrahi Tefahot 联合银行将实体渠道的个人化特点与电子渠道的近便性相结合，客户可以自己选择渠道与银行联系，如电话、电子邮件、SMS 短信服务、聊天记录等；也可通过视频会议与个人理财顾问联系。再如，国内智能网点的应用，已将客户体验从冷冰冰的 ATM 设备变成了人性、互动、能及时答疑解惑的远程接触。

2. "联"意味着共同分享、亲密友善

共同分享是互联网的天然属性。纵观互联网的历史，自互联网的鼻祖"ARPAnet"网络建成至今已有 40 多年的历史，互联网产生的早期就是为了美国研究机构和高校的科学家们能够分享研究资料。美国有几个学生本想用 E-mail 分享照片，无奈邮件太大而无法发送，于是他们决定建立一个视频分享网站，于是有了 Youtube。而 Yahoo 当初创立的时候也不过是为了满足杨致远和他的朋友们看球赛的需要。

互联网的分享作用便于企业与个人、个人与个人之间时时沟通、共享信息、分享快乐，同时也将企业、个人牢牢地吸引在互联网（移动互联网）的相关工具、软件（APP）之上。例如，2014 年马年春节期间，腾讯的"微信红包"一夜走红。无论身处何处，只要在微信群中，都可相互讨要、分发红包。"微信红包"将传统的发红包注入社交网络的新时尚，使微信用户之间可以分享"红包"、增添喜庆，也让微信作为一个社交"工具"瞬间凝聚了数亿客户，为腾讯下一步的商业行动奠定了良好基石。

在 Web3.0 时代，随着社交网络工具与移动智能终端的普及，网络已进入了点对点和强关系网的时代。无论是互联网企业，还是传统金融机构，都在积极思考如何利用新型网络工具，加强与客户的联系、贴近与客户的距离，达到分享金融信息、销售金融产品的目的。

3. "网"意味着平等开放、全面惠及

当前，互联网已经成为社会运行的基础设施，平等、开放、全方位地向各个领域和群体扩张渗透，信息生产的总量与日俱增，成为人们日常摄取信息的重要渠道之一。人类的信息制造、传播模式，正在互联网的推动下发生本质性的改变。

互联网的开放特性决定了其没有时间和空间的限制，任何人随时随地可使用互联网，只要遵循规定的网络协议。而且，开放的特性不仅仅体现在可以突破时空的限制，更主要的是思维空间的开放，思想火花的碰撞极大地拓展了人们思维的边界。另外，互联网的存在方式决定了互联网是一个平等的世界，去除了权力、身份、容貌等标签，网民可以平等相待，互联网面前人人平等。

正是基于这种人人平等、全面覆盖的互联网思想理念，余额宝"一元起存、当天赎回"的平民理财理念为其成为国内货币基金第一人奠定了基础，并因此掀起了一阵"宝宝"之风。在互联网面前，客户不分贵贱，不分等级，与传统的金融服务"嫌贫爱富"形成了鲜明对比。商业银行基于物理网点、人工的成本因素，其理性选择必然会遵照"二八定律"选取客户，在小微企业融资、理财资金起点等方面做出倾向于中高端客户的举动。但互联网的发展，为金融服务的"长尾效应"得以发挥，为理财走入寻常百姓奠定了技术基础。

4. "精神"，即互联网骨子里的商业精神、竞争精神

人们对互联网精神的理解，绝大多数仅限于前述的三个方面的内涵，即相互协作、客户参与、共同分享、亲密友善、平等开放、全面惠及，也有人将之简称为协作、分享、平等、开放、普惠。但我们认为，**互联网精神更深刻的内涵应该是商业精神。而商业精神的实质，就是公平意识、维权意识，就是讨价还价的意识、权力和勇气。**例如，互联网的"参与"意味着，客户网购商品或服务后不满意就可以给出差评，促使店主不敢随意假冒伪劣；客户有了低成本维护自身权利的渠道，不再投诉无门。互联网的"开放"意味着，客户可以货比三家，轻松通过网络搜索获知其他店家的报价，从而有了讨价还价的底气；而商家不可能再随意提价。互联网的"分享"意味着，客户享受好的产品、服务时，可以迅速通过微信微博电邮与朋友分享，"好事"可传千里；而坏事更是如此。互联网的"平等、普惠"意味着，更多的客户可以获得同等服务，更多的竞争者参与、提供服务。归根到底，互联网精神的本质就是唤醒民众的参与意识、自我意识、民主意

识和维权意识；使得消费者具有了站在商业对手的立场与商家讨价还价的意识、勇气和底气，而不再是互联网时代之前的信息弱势群体、产品被动接受者、受委屈时的投诉无门者。

同时，互联网的开放性、包容性也吸引了更多的外来者，市场竞争程度不断上升。而互联网"第一第二吃肉，第三第四喝汤，没有第五第六"的行业特征使得互联网企业成功的必备条件，就是充满竞争精神。回顾互联网十余年发展，互联网企业"长江后浪推前浪，前浪死在沙滩上"的案例不胜枚举——早期的风流人物所剩无几，剩下的似乎都熬成了大佬；三四年前人人忙着"偷菜"的开心网好像有些淡出视野了；近年来新浪、搜狐等门户网站的风光似乎也被 BAT 替代了。为了生存，成功的互联网企业必须要具备竞争精神，需要拥有狼性的凶猛和狐狸的灵敏，甚至为了竞争还要敢于游走于规则边缘。

反思国内商业银行，尤其是国有商业银行，当前"老爷病"、大企业病还未彻底去除，"但求无过"的慵懒经营思路、能上不能下的人才管理理念还没有得到根本改变。如何适应互联网时代、市场化时代的残酷竞争，是摆在习惯于竞争之中"中庸无为"、业务创新流程烦琐、应对问题反应迟钝的商业银行面前的首要问题。**面对咄咄逼人的互联网企业和自我意识觉醒的金融消费者，如果传统金融机构丧失竞争精神和昂扬斗志，其命运将比"技不如人"来得更加悲剧、可怜。**不过可喜的是，这样的悲剧并未发生。2013 年以来，商业银行纷纷推出了自己的快捷支付应对第三方支付；推出了自己的"宝宝"应对"余额宝"等理财产品；推出了自己的微信银行抢占社交平台；推出了自己的电商平台抢夺网购市场。

相互协作、客户参与、共同分享、亲密友善、平等开放、全面惠及的互联网精神，归根到底就是以客户为中心的经营理念。以客户为中心就是要尊重客户的体验，保障和实现客户的权利；发现和挖掘客户的潜在需求，并依此开发出产品来满足这些需求。而**互联网蕴含的商业精神，归根到底就是通过市场化、法制化、商业化的竞争手段，吸引客户并留在客户，千方百计增强客户黏性的竞争精神。**

总之，随着互联网在金融领域的渗透，金融机构服务理念正在发生深刻的变化。把客户放在首位、以客户为导向已经成为众多金融机构的重要战略，因为他们深知赢得了客户就赢得了市场；放弃中庸保守、勇于直面挑战、积极采取对策，已经成为传统金融机构的竞争策略，因为他们深知"不变革的后果就是被人革命"。我们期望，互联网不仅仅是改变商业模式，更重要的是改变中国的商业道德。"互联网精神"五个字蕴含着博大精深的商道，不夸张地说，互联网精神，是互联网时代企业长久生存唯一能依赖的"法宝"。

中国工商银行理念变革之工银现金宝

工银现金宝（工银现金快线）是工银瑞信推出的一个收益远超活期、资金取用快速灵活的现金账户。存入现金宝账户就是购买工银瑞信货币基金，资金风险低，而且用户可以随用随赎，没有任何手续费。采用 1.00 元固定份额净值交易方式，自基金合同生效之日起每个开放日将实现的基金净收益分配给基金份额持有人，参与下一日基金收益分配，并按月结转到投资者基金账户，使基金份额净值始终保持 1.00 元。

工银现金宝融合了共同分享、平等开放、全面惠及的互联网精神。第一，用户通过互联网分享了工银现金宝的高收益。2013 年，工银现金宝收益是活期存款的 12.5 倍。2014 年 2 月 27 日，7 日年化收益率为 5.75%。第二，工银现金宝可通过官方网站、天猫旗舰店、手机客户端、微信等多渠道进行购买或赎回等。第三，不设置门槛，工银现金宝 1 元起购，7×24 小时随时可购买、可取现。

工银现金宝主页

13.3.2 商业银行如何重塑商业精神

互联网企业通过第三方支付"挤压"商业银行支付结算业务，通过"余额宝"、"理财通"等网络理财工具"侵蚀"商业银行存款业务，通过 P2P 等各种平台网贷"抢夺"商业银行信贷业务。更重要的是，互联网企业在未来最为重要的客户端——移动互联领域已经领先于商业银行。客户逐步习惯了在手机上通过微信与朋友联系，并见识了微信红包的魅力；习惯了通过支付宝购买商品，并将零钱从银行账户转到支付宝上购买"余额宝"；甚至开始习惯了把每月工资转到各种"宝"上并每天审视、享受每日利息收益；尝试着将闲置资金通过各种安全性较高的 P2P 平台进行分散投资。商业银行似乎正在逐步变成互联网企业资金托管的管家，成为互联网企业背后的"影子"；成为与客户（尤其是个人客户）越来越远的陌生人。面对如此险峻的形势，商业银行应该如何自我改革，甚至自我革命呢？重塑商业精神，成为银行变革的重中之重。

一是吸收狼性文化，经营理念商业化。互联网行业的残酷竞争，使得落后者不仅要挨打，连生存都会出现问题。因此，商业银行面对拥有兼具狼性凶猛和狐狸灵敏的互联网企业，唯一的出路是变得比狼更加凶猛、比狐狸更加灵敏。商业银行需要敢于亮剑、狭路相逢勇者胜的精神。此刻商业银行正处在生存还是衰落的十字路口，互联网企业留给商业银行思考的时间并不多。

面对阿里等互联网企业"农村包围城市"的围困堵截和"暗度陈仓"的不断蚕食，商业银行要具备超强的危机意识，要有"同业只是要钱，互联网企业却是要命"的生存危机感，要努力求变，不但要变，而且要快变，将市场、客户放在首位，努力争夺第一、第二，继续保持金融市场的主导者地位，决不能成为互联网企业大餐之后的捡漏者。

二是承认落后并奋勇反击，战术选择主动化。阿里十年的发展，终于汇小溪成大江，奔流如潮，势不可挡；其在第三方支付领域完胜银行，正是由于银行当年的不以为然。落后就要挨打，阿里至少在第三方支付领域已经将商业银行以及银联等官方机构挤压出局。以史为鉴，商业银行必须要承认落后并奋勇反击。在业务上，商业银行需要对市场需求迅速反应，不能再像之前那样寄希望于政策、监管对互联网企业的限制。银行必须要做出选择，而且要快，否则市场份额流失更多。余额宝的出现让商业银行纷纷被动应战，被迫推出类似的同质产品，虽然面子难看，但却体现出壮士断腕的坚决果敢。还有，诸如工商银行的融e购电商平台、逸贷等创新产品和服务，都是努力留住客户、扩展市场的正确战术。虽然由于刚刚推出，效果尚有待观察，但敢于革新，就有机会。

三是高度重视渠道管理，扎实推进客户中心化。互联网企业"先撒网再捞鱼"的做法在互联网时代绝对值得传统金融机构借鉴。互联网时代各种资讯铺天盖地，人们时常处于信息过度状态，并容易产生盲然感、盲从感，没有足够的时间进行深度思考。在这种情况下，"第一印象"非常重要，这也决定了互联网企业必须要具备强烈的客户争夺意识，无论怎么做，是烧钱、烧钱，还是烧钱，都必须把客户先吸引过来，留下来，形成客户依赖之后，再收费来赚取利润。相反，商业银行之前的做法都是"不见兔子不撒鹰"，对于客户的挑选是重重把关、精心挑选，效率低下，客户体验很差，只有优质客户才可能享受到相对优质的服务，而对于普通客户的维护基本都是漫不经心。这种做法在信息社会之前尚可实行，因为客户信息来源有限，也没有很好的、低成本的理财通道。而现在，互联网企业为所有客户提供了无孔不入的信息传播渠道和价低质优的金融理财通道，客户可以轻易比较、发现哪家公司的收益率高、哪家公司的体验感优越，从而轻易地进行存款搬家和理财转移。因此，商业银行必须要重视渠道管理，对包括网点服务、ATM服务、电话服务、手机银行在内的各种渠道进行统一规划、重新包装，将客户体验放在首要位置。

四是学会"烧钱"，人才管理市场化。商业银行，尤其是国有商业银行在忽视客户流失的同时，也常常忽视员工的流失。我们很难看到国有银行在人才流失时作出补救的反应，往往都是"来去自由"，或是违约赔偿了事，因为国有银行很难按照市场化的水平给出相应的工资。马云曾有过名言，"员工走了，只有两个原因：一是钱少了；二是受气了。"国有商业银行的人才流失或许更多的就是一个原因：钱少了。过去是股份制银行"挖人"，不久的将来可能就是互联网企业来"挖人"。商业银行的市场化不仅仅是针对客户、针对业务，更应该针对员工，以市场化的待遇留住人、引来人，商业银行才有更好的前景。"舍不得孩子套不着狼"，商业银行不仅需要学习互联网企业的烧钱能力，更需要学习其烧钱的技巧。人才，是最值得"烧钱"的对象。

五是激发自下而上的创新，业务流程网络化。互联网带来的最大变革，并不是所谓的无纸化办公、保持文件和提高沟通效率，虽然这好像是很多企业购买电脑的初衷。最核心的应是网络化的组织架构与业务流程。看看腾讯目前的核心产品——微信的开发过程，就能发现，互联网企业往往会采取自下而上的创新模式。相反，商业银行的传统做法，往往是领导出思路，下面成立项目小组，在领导和专家的指挥下，大家齐心协力做出一个产品。结果如何呢？当产品出来后，客户已经跑了。对于业务流程，商业银行应该不断尝试、推进网络化、扁平化的处理模式。例如，办公系统，原来是同时需要几个平级单位（或平级领导）审批的，需要一个一个地来，一个审批完再到下一个，现在采取平级同时发送、同时审批的流程。再如，对于一个项目程序、一个研究报告，如果运用云计算的处理方式，则可以同时几个人进行编写、创作，每个人看到的项目报告都是实时更新的，工作效率得以大幅提高。信息时代，效率可能比效果更重要，而网络化、扁平化的业务处理流程，正好符合这一规律。

总之，互联网技术在与金融服务相互融合的过程中，迸发出一系列创新的火花，全方位引发了中国社会的剧烈变革，推动着整体金融服务水平的提升和金融业的市场化发展。虽然，中国银行业并不是像有些人所认为的那样，既不会运用互联网技术，也不会对数据进行分析和整合，但毫无疑问一个全新的互联网时代已经到来，在虎视眈眈的互联网企业的窥视之下，国内银行业要想继续保持在金融业的核心地位，成为互联网金融浪潮的弄潮儿和时代的领跑者，就必须变革。除了在经营理念上顺应时代的变革，学习并贯彻互联网精神之外，商业银行还要继续对自身的体制机制、运作流程、产品创新和客户体验等进行全方位的锻造与革新。

14　立足当下，放眼未来：互联网时代银行的竞争战略

面对互联网金融大潮的挑战和自身的"短板"，今日的银行，不应麻木，更不应慌乱，而是应着眼于互联网金融崛起的良机，深刻理解和把握金融的本质和互联网精神的实质，巩固自身在风险控制、投资管理等资金时间再匹配方面的优势，借鉴互联网企业在支付结算等服务上贴近客户、快捷方便等空间再匹配方面的特点，积极贯彻战术上扬长避短、战场上勇于亮剑的竞争策略，融合传统金融智慧，再造新的互联网金融，以期成为互联网金融的推动者、领跑者。

14.1　客观分析、前瞻判断，是商业银行战略布局的前提

面对互联网金融的潮流和互联网企业的挑战，商业银行不应故步自封、漠然轻视，不应妄自菲薄、坐以待毙，更不应盲目妄动、邯郸学步。商业银行首先应该沉着冷静，全面分析互联网金融的发展前景和当前的竞争态势，给予战局清晰的判断；其次再根据竞争双方的优劣势，明确双方当下的主战场，积极调动相关资源，做到兵来将挡、水来土掩；最后，应该进一步调查、预测对手未来的进攻路径，演练攻防招式，把握攻防节奏，以期未雨绸缪，成为未来战局的主动者。

14.1.1　沉着冷静，客观判断发展大局

虽然互联网金融来势汹汹，但传统金融多年积淀，已有深厚的客户、技术和人才根基。通过对成本、市场和客户的分析，我们认为，互联网金融并不能无限扩张，尤其是互联网企业跨界经营达到一定规模之后，中期发展将面临明显瓶颈。

第一，互联网金融不会长期低成本扩张。从技术成本的角度看，在互联网技术方面，新技术研发、存储／计算／网络设备的采购维护、信息安全保障等环节都需要大量的资金加以保障。而且随着数据量的不断增大，信息系统的复杂度将大幅提升，上述成本也将随之上升。

在人力成本方面，互联网金融业务的开展离不开系统架构设计、数据库开发、软件设计开发、用户界面设计、金融产品开发定价、风险控制、信息安全管理、市

场营销等多个领域，而且各个领域的专业人才需要深层次地沟通与整合，因此，随着经营规模的不断扩张，互联网金融的人力资源成本将远高于其他行业。

在市场营销方面，互联网金融长尾效应的发挥离不开大量的客户。在平台推广初期，为了获取数量高、质量好的客户，互联网金融平台需要在市场推广方面投入大量资金，统筹整合平面、广播、电视、网络媒体、移动终端应用等多种渠道，同时开展产品推广与用户习惯培养。而且，我们认为，互联网金融客户也具有互联网客户的显著特点，即对新颖、方便、高收益的产品极为敏感，客户迁移率高，因此客户黏性并不十分牢靠。

由此可见，和其他行业一样，互联网金融的发展需要在诸多方面投入大量资金；互联网的成本优势，不应过分夸大。对商业银行来说，主要将注意力集中于几大互联网巨头及其重点预研、培养的新兴业态上，便已足够。因为，互联网行业显著的马太效应导致小公司很难在互联网行业做大。

第二，互联网金融无法占有全部金融市场。从市场占有率的发展趋势看，互联网金融只能占据部分金融市场。由于互联网金融正处于发展初期，目前行业的时点信息和总体资金量都尚不足以对其发展趋势进行准确分析，因此这里以网络购物为例加以类比说明。由图 14-1 可见，尽管网络购物市场规模逐年增长，但增长速度逐年下降，目前交易规模占社会零售额的比重尚不足 6%（艾瑞咨询，2013）。

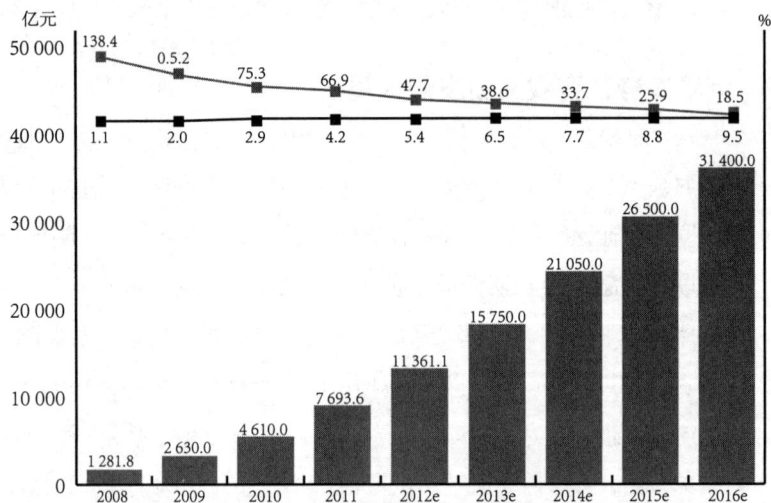

图 14-1　2008—2016 年中国网络购物市场交易规模

互联网金融与传统金融的关系和网络购物与传统零售的关系具有一定类比性，据此，我们可以对互联网金融将来发展的体量与趋势做出一个粗略的感性判断：虽然互联网金融为金融消费者提供了更多的选择或者更便捷的方式来获取金融服务和产品，但这些更多的选择并不能完全代替线下金融产品和服务（如现金存取、公司金融、投行顾问、私人银行、复杂的理财和保险产品等），而且互联网金融对传统金融的替代率会在达到一定高度之后逐步趋缓。

第三，并非所有客户都偏好快捷的互联网金融。从客户的群体分布和产品偏好来看，在客户群体方面，由于互联网金融产品具有易于理解、使用简单等特点，对于特定的客户群体具有较强的价值和竞争力，但在特定客户之外，产品的竞争力将受到影响。以网络支付为例，从图 14-2 和图 14-3 中可以看到，在 18—35 岁群体以及高学历群体中，网络支付具有一定优势，但在 35 岁以上群体中，网络支付并不占优（艾瑞咨询，2013）。尤其是对于资金量大、年纪较大的客户来说，安全的银行网点服务始终是其第一选择。目前中国财富阶层的平均年龄为 40 岁左右，由此我们判断，只有 5~10 年之后，当更年轻的客户成为财富主力时，互联网金融才可能真正迎来大机遇。反过来说，传统金融还有 5~10 年的时间转型。

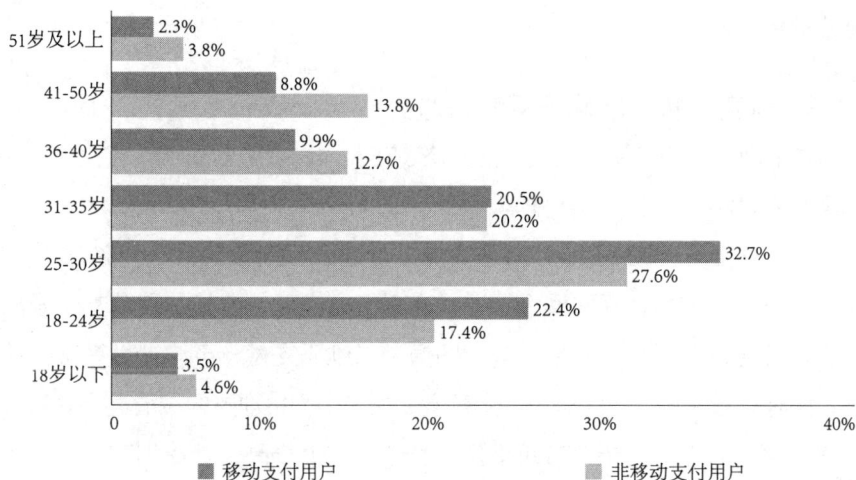

样本：N移动支付＝5420；N非移协支付＝1120；于2012如何12月－2013年1月通过iusersurvey在43家网站及艾瑞iclick社区联机调研获得。

图 14-2　2012 年中国网络支付用户年龄分布

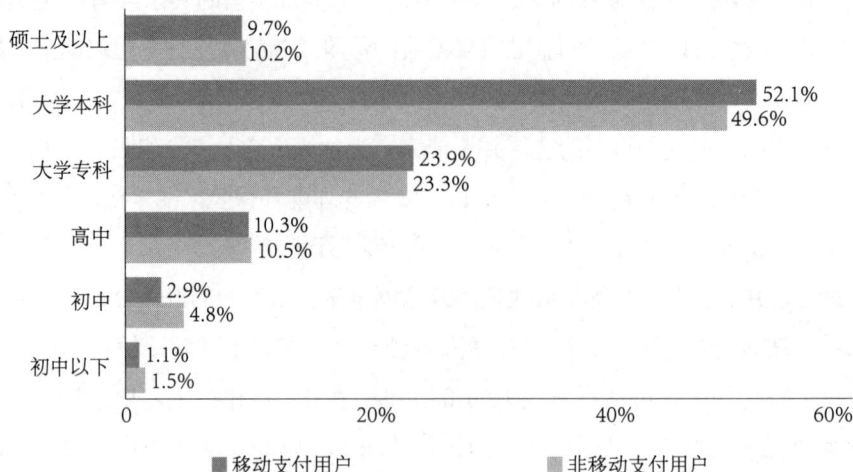

图 14-3　2012 年中国网络支付用户学历水平

以上从成本分析、市场占比、目标客户三个方面对互联网金融行业进行了分析，所提观点既不是否定互联网金融的创新价值，也不是对互联网金融的发展持悲观态度，而是对这个新兴的行业提出一些理性的分析思路，以便对其前景作出冷静分析。

14.1.2　认真分析，准确把握竞争态势

通过前面章节的论述，我们已然知晓，在互联网金融的战场，商业银行与互联网企业之间各有所长，各有利弊。双方目前的战局判断基本如下：

第一，目前是互联网企业主攻，商业银行主守。在网络支付、网络信贷和网络理财这三个主阵地，互联网企业已经在第三方支付，尤其是移动支付领域夺下一城，目前正不断扩大战果，且试图通过二维码支付、声波支付等奇兵迂回包抄，同时，已经将一面红旗——余额宝，插在了网络理财的城墙之上。银行内部在略有慌乱后迅速出招，纷纷推出各类余额理财产品，针锋相对，至此各类"宝"的进攻节奏明显放缓。在网络信贷的战场，也出现了一个冲阵先锋——阿里小贷，但目前是孤掌难鸣，其独家兵器——淘宝平台数据，难以为其他互联网企业所模仿；P2P 平台的进攻则相对乏力，隐有溃散之端倪。

　　第二，双方战场交错，身份时有变换。互联网企业与商业银行你来我往，斗智斗勇，竞合关系快速转变，是战友还是对手，有时难以分辨。双方有时合作，例如 eBay 与平安银行的联姻、慧聪网与民生银行的合作，还有 2011 年之前阿里小贷与建行长达两年的合作；有时上演分手，例如阿里和建行出于利润瓜分和合作效率等问题，合作转冷；有人换装出场，例如平安集团推出的陆金所，发展态势良好，成为了 P2P 领域的明星；有人双边下注，例如 2013 年 7 月，中信银行在推出基于中国银联的 NFC（Near Field Communication，近场通讯）支付工具的三周后，推出一款"绕开"银联、更为便捷的二维码无卡支付工具。2014 年中信银行拟分别与阿里、腾讯合作推出虚拟信用卡，也是耐人寻味。是合作，是对抗，还是"潜伏"，大戏才刚刚开场。

　　第三，目前双方实力差距较大，银行尚有布防时间。虽然互联网企业进攻的炮火猛烈，但银行体量庞大、整体实力雄厚，尚有足够应对时间。从 2013 年的市场占比来看，第三方支付仅占网银支付的 0.4%；P2P 网络借贷与金融机构贷款总额的占比约 0.15%，加上阿里小贷等平台融资，占比也应不到 0.3%；纵使余额宝再如何凶猛，所有网络理财估计也仅为银行理财产品余额的 2%。而且我们认为，当前互联网金融热存在泡沫成分，互联网企业狩猎金融的能力被人为夸大，中期发展瓶颈明显，不具备大规模进入信贷等银行关键业务的能力。因此，只要银行积极警觉，应对得当，且不祸起萧墙，互联网企业要在金融领域继续扩大战果（目前已有一席之地），并非易事。

　　第四，攻防态势不易转换，互联网企业在支付结算、存款理财等局部市场，进攻大有余力。按照我们前面的理论分析，从金融功能来看，支付可以与信贷、投资分开，信贷、投资却无法脱离支付，而支付业务基本靠拼成本、拼价格进行竞争。因此，当互联网企业凭借第三方支付工具在小额支付领域逐渐掌握海量客户，获得公众认可，并通过商业保险的方式控制账户盗用风险，做出"包赔"承诺时，没有网点、人员等包袱且有烧钱习惯的互联网企业在支付领域已基本无敌天下，银行能做的只有限制支付额度等拖延其进攻节奏的无奈之举。当然，短时间拼成本也可以，如同银行系余额理财产品的推出，但杀敌一千，自损八百，很难持久。互联网企业掌握着支付这一空间再匹配的武器，可攻可守；而银行在信贷投资、风险控制等时间再匹配功能上的优势，却只有防守的份儿。这正是银行最苦恼的地方——

互联网企业掌握了进攻的主动权。最关键的是，互联网企业基本占据了"入口"这一关键战略要点。日常生活中，人们通过如百度、淘宝、微信等"入口"进入互联网的频率和耗时，远远超过各种网银"入口"。而在小额支付、移动支付、存款理财、标准化金融产品代售、金融比价搜索等市场，掌握了"入口"决定权、流量分配权的互联网企业将在与合作的金融机构的谈判中占据绝对主动权。

第五，电商平台、网络支付、基金销售、小额贷款都将是双方针锋相对的主战场。银行系电商平台的推出，正是为了弱化淘宝、京东等网络购物平台对物流、信息流的垄断，但目前还未看到太多实际效果。未来，围绕电商经营方面的竞争将在所难免。移动支付市场，中国银联主导的 NFC 手机支付与第三方支付主推的二维码支付都试图成为移动支付的主流。实际上，国内移动支付产业链上的企业，无论是中国银联、电信运营商，还是商业银行或第三方支付机构，都在竭力打造自己的支付平台，各方竞争与布局的较量，已开展多年并将持续。基金销售方面，2013 年互联网企业余额宝、百度理财、理财通等产品相继推出，货币基金销售出现爆炸式增长；但股基、债基、保险等复杂或风险较高的金融产品，销售依然平静。在小额信贷市场，大企业脱媒化的加剧必然促使银行将目光投向中小企业，而小微企业也是互联网企业的主要目标，因此，双方的利益冲突不可避免。

14.1.3 前瞻判断，提前布局，积极筹备攻防演练

互联网金融的战争才刚刚开始，未来存在很多变数，商业银行必须要前瞻判断互联网企业的各路进攻招式以及敌我应对演化，以期做到心中有数，手下不慌，未雨绸缪，提前应对。对于未来的战局，作为单个银行来说，前瞻判断应包含两个大的方面：第一，谁是对手，谁是朋友；第二，对手的进攻手段有哪些。从这两方面出发，我们有如下分析、预测。

第一，未来，平台之争将异常激烈。说到底，互联网金融的未来业态就是以互联网平台为依托，客户自助为主、银行远程服务为辅的经营模式。平台，即前文的"入口"，将成为所有有志于互联网金融的金融、非金融企业的竞争焦点。我们认为，互联网行业的马太效应，注定了平台的垄断性、排他性，也就注定了将来互联网金融的主流平台，可能只会存在七八家甚至还要略少一点；其他网络金融机构都将成为这几家平台的参与者或者附属、下线，类似于生态系统中树干

与树枝、树叶的关系。那么，谁会成为"树干"，谁又甘于担任"绿叶"呢？未来竞争的激烈程度可想而知。

第二，银行的同业竞争可能将是互联网金融行业竞争的主旋律。互联网金融前途远大，互联网金融平台异常重要，这已是不少银行业界高层的共识。交通银行董事长牛锡明先生就对互联网金融给予了高度关注，认为互联网金融并不只是技术和渠道的革新，而是颠覆商业银行传统经营模式的全新业态。建设银行、工商银行对于电商平台的建设，也从侧面证实了其高层的聚焦点。但将来主流平台只有数家，而且BAT等互联网企业大佬似乎已经占领了几个，那么，对于五大国有大型银行、近十家全国性股份制商业银行等有竞争实力的银行来说，平台争夺战的"内斗"已不可避免。如果认可这一推测，我们对中信银行只争朝夕、为抢占先机"两边下注"的行为，也就不难理解了。

第三，跨界收编、跨界合作，将是未来互联网金融竞争的常态。一方面，或许银行最想做的事情就是收编大型互联网企业，可惜很难。一是法律上并不允许，传统金融机构被银行法、监管规则与各种牌照缚住手脚，无法与互联网企业、草根机构站在同一起跑线，更不敢轻易"抢跑"。二是大的互联网企业，目前市值也并不比银行少多少，银行整体收购根本不可行。2014年2月底，腾讯市值超万亿港元，折合约1 480亿美元；阿里集团上市后市值估计也将超过千亿美元。而目前国内最大银行工商银行的市值约2 000亿美元，招商银行约400亿美元，中信银行300亿美元左右。因此，收购或者收编中小型互联网企业，进而与大型互联网企业集团对抗，是银行不多的选择之一。另一方面，大型互联网企业，也将会收编或与各类小型银行深度合作，将数量庞大但科技实力较弱、无独立IT能力的三四线城市商业银行、信用社发展成为自己的前台和线下网点。

第四，未来互联网企业进攻的主要路径，将包括：争取银行牌照、发行虚拟（实物）信用卡、掌握风险定价技术、得到征信体系支持等。这些攻防招式，我们在第10章中已有阐述。对于银行来说，给互联网企业发放银行牌照，大家统一监管、公平竞争，或许是一件乐意见到的事情[①]。虚拟银行卡对银行来说，有影

[①] 虽然银行担心是否会既给互联网企业银行牌照，又不要求资本约束，但央行曾经表态，发放牌照就意味着资本约束与资本门槛的限制，这是一体的。

响但不大，因为虚拟信用卡以及电商平台自营的信用消费业务（如京东白条）还是以网购的应用场景为主，且目前信用卡的发行还须依靠商业银行；倘若银行系电商平台不振，即使同样推出虚拟信用卡，反击作用也不大。但互联网企业发行实物信用卡、借记卡的影响却是致命的，因为这意味着线下支付市场也将被互联网企业突破，而且资金可能会在互联网企业内部形成"吸储、消费、投资"的闭环，银行将被彻底屏蔽。掌握风险定价技术、纳入监管体系、得到征信体系支持将促进网络信贷市场的规范化发展，但在国内法律制度和信用体系尚不健全、违法违约惩罚力度不够，信用数据尚需积累、信用评估主要依靠人工的背景下，银行短期的应对或许有两种：一是自己设立 P2P 平台，背靠大树，发展小微信贷，肯定比草根 P2P 要强很多；二是置之不理。但长期来看，风控技术作为银行生存之本，其相对优势是不可丢失的，因此银行将力争在以大数据为依托的信用风险评估技术上率先突破。

基于以上分析判断，我们认为，一方面，目前互联网企业尚未掌握金融的核心技术——巨额资金的风险控制和金融投资，而风险控制主要依靠多年积累的客户信息和风控技术、风控人员，金融投资主要依靠跨市场的金融专业人才。随着互联网企业的规模扩大，其侵入金融领域的技术、人力成本将大幅上升，扩张势头也势必放缓，而且银行的品牌信用和资金实力也具有互联网企业不能比拟的巨大优势。另一方面，互联网企业的凶猛和凌厉的后续攻势，确实值得银行十二分地警惕和奋勇反击、积极应对。在信息社会发展、大数据广阔应用、金融互联网化的大趋势之下，商业银行只有自信自强，以"大风控"为基石、"大数据"为工具、"大平台"为目标，通过巩固自身优势，加强同业合作，才有可能"御敌于国门之外"，才有可能成为基业长青的"百年老店"。

14.2 建立健全"大风控"，增强核心优势，是商业银行当下的立足之本

风险控制是金融业的核心，银行相对互联网企业的最大优势就在于大资金的风险控制与风险定价。无论是银行，还是试图进入金融领域的互联网企业，良好的风险管理都是持续经营的前提。2014 年 4 月，P2P 龙头且风控做得最好的宜信

被曝 8 亿元坏账难追回。虽消息未被证实，但据《互联网金融报告 2014》[①]的内容，国内 P2P "坏账比例极难达到 1% 以下，有的平台坏账率甚至达到 5% 以上，而公布数据的几个 P2P 网贷平台的坏账率都在 2% 左右。至于线下销售和尽职调查的费用，据业内人士估计，达到整体费用一半以上。" 2013 年以来，伴随 P2P 平台贷款规模 "疯涨" 的是，坏账率的不断走高以及跑路数量的攀升。据统计，继 2013 年 75 家平台关门之后，2014 年初的一个月里又有 10 家跑路或倒闭。

相对而言，中国银行业的风险控制更为成熟、规范，2013 年底行业不良贷款率为 1%。但值得注意的是，近年来银行不良率出现了反弹势头，且还未停止；一旦房地产贷款及地方政府平台债风险大规模爆发，对中国银行业来说，就不再是创新问题，而是生存问题。让我们做一个简单的测算，以 2013 年中国银行业的信贷总量 76 万亿元、净利润 1.38 万亿元来估算，如果行业不良率升高 1%，则意味着新增 7 600 亿元的不良资产，行业利润立刻下降一半以上。到那时，或许银行的 "高利润" 时代将一去不复返。因此，对于体量庞大的银行业来说，风险控制更是关键。

需要强调的是，面对目前国内经济下行压力增大、金融脱媒加速、利率市场化深化、互联网企业侵袭等诸多不利因素，银行必须要坚持稳健经营、坚守风控底线的大前提。**基于此，我们提出了 "大风控" 的概念，就是紧紧围绕风险管理，利用移动互联网时代的新思路、新技术，坚持和吸收商业银行传统风险管理优势和精髓，从风险技术、风控目标、风控应用等方面全面整合、健全和创新风险管理体系，以适应互联网时代的风控要求。**

14.2.1　发展新型风控技术

国内商业银行已经在长期的经营过程中形成了一套相对完整的以抵押为基础的风险定价体系。随着现代商业银行竞争的日趋激烈，风险控制与风险定价的思想和方法也在不断演进，互联网企业正凭借以信用为基础的风控理论走出一条风险定价的新路[②]。**对此，商业银行应该紧跟国内外风险管理的前沿，及时掌握风险**

▶ ▶ ▶ ▶

① 韦夏怡、张莫：《P2P 坏账传闻引发市场担忧》，载《经济参考报》，2014-04-10。
② 以美国目前规模最大的 P2P 网贷平台 Lending Club 为例，该平台上的全部贷款都是无抵押信用贷款，利率定价依据贷款人不同的信用状况被分成了 7 级 35 等。精细灵活的利率定价已成为 Lending Club 的核心竞争力。

管理的先进技术，在风险与效率之间寻求新的平衡。

第一，重视以信用为基础的风险管理体系建设。商业银行服务中小微企业的最大障碍就是风险评估，因为贷款企业或个人往往不能提供可以作为抵押的资产，这就迫切需要一套以信用为基础的风险管理体系，供应链金融业务的开展也离不开这一体系的支持。要将"抵押"与"信用"作为风险控制的两个重心，统筹并重发展。

第二，建立内外结合的信用评级、评分平台。信用评级、评分体系是风险管理与定价的重要基础，商业银行除了自主进行评级方法研究与应用之外，还应与央行征信中心、上海资信等官方信用评级机构展开合作，并尝试与新兴的互联网资信审核企业共同探讨基于企业资金流和用户行为的辅助评级办法。

14.2.2 重视新型风险防控

互联网金融发展之下，商业银行不仅要对传统银行的风险继续加以关注，还必须对金融互联网化之后的新型风险予以重视。

第一，信息系统风险和技术风险。互联网金融的运行高度依赖计算机、网络通信和交易软件，极易爆发系统性故障和遭受网络"黑客"及病毒的攻击。网络黑客易利用系统漏洞和缺陷进入主机、窃取信息、盗取客户资金；网络病毒的扩散和传染，极易引发大范围的机器、网络感染和破坏。传统金融中技术风险一般只带来局部损失，而互联网金融中，一旦发生客户资料泄露、资金损失等安全事故，则容易引发声誉风险和连锁反应，甚至引发挤兑等灾难性的后果。

同时，我国互联网金融的设备和软硬件系统多来自国外，缺乏有自主知识产权的独立开发技术，也容易因为技术选择的失误造成系统紊乱和巨大损失。因而，为了应对技术风险，应提高相关软硬件设备的设计和制造水平，逐步摆脱国外的技术制约；加强行业内机构间的沟通与协调，短期内制定与国际同步的、统一的技术标准，防止选择性技术风险的一再重演。长远考虑，还应致力于国际新型金融技术标准的制定，因为拥有标准的制定权，才能真正掌握国际金融业务的主动权。

第二，政策风险和法律风险。互联网金融的相关立法尚未建立健全，创新与违法之间往往就相差半步。因此，商业银行必须仔细研究相关法律法规，并积极与主管机关沟通，防范合规风险发生。同时在与互联网企业的合作中，严格按照相关法规，照章办事，杜绝违法行为，避免事故追偿责任。

例如《中国银监会关于加强电子银行客户信息管理的通知》（银监发 [2011]86 号）第三条规定："对于由第三方机构完成安全认证的电子资金转移与支付业务，商业银行应至少在首笔业务前由本银行通过物理网点、电子渠道或其他有效方式直接验证客户身份，并与客户约定双方相关权利与义务。"而目前支付宝等快捷支付以"创新业务、改善客户支付体验等"为名目，其客户身份验证、客户与银行签约已经脱离银行渠道或界面，而是通过支付宝网页进行，明显不符合 86 号文要求。对于第三方机构无视监管法规的问题，商业银行必须做好权衡，否则，一旦发生支付安全事故，银行将很有可能为这一收益并不可观的业务承担主要风险责任。

第三，互联网金融的流动性及兑付风险。互联网金融大幅提高了资金的周转效率和资金的流动性。互联网金融消费者的客户黏性往往不强，尤其是货币基金等标准化、低风险产品，一旦其他基金的收益率相对提高，则极易发生大规模资金转移的问题，引发流动性危机。而且互联网金融超越时间、空间的限制，使得风险的传播速度更快、范围更广，影响更加恶劣。同时，非金融机构缺乏银行针对流动性风险的三级防控体系：备付金储备、银行间同业拆借、央行作为最后借款人。一旦发生兑付风险，非金融机构将难以应付，并将快速地传染到金融机构。所以，商业银行不仅要做好自身的互联网金融流动性风险管理，也要加强对合作的互联网机构流动性风险的警示、监控。

第四，各类互联网金融业务风险。商业银行需加快梳理、研究网络支付、网络理财、网络信贷等互联网金融业务的流程，查寻其间的主要风险点，并进行重点防控，积极研究、借鉴银行同业在互联网金融领域的成功经验，如平安收购壹卡会后推出的"平安付智能"、平安集团的 P2P 平台"陆金所"、建行"善融商务"等银行系电商平台的管理经验和风险防控策略。同时，及时跟踪各类互联网企业、银行合作机构在金融领域的创新，寻找其间与银行相关的安全隐患，积极沟通协商，提前采取措施予以防范。例如积极展开调研，密切与中国银联、移动通信商、互联网企业、金融同业等相关合作机构的沟通、配合，探索、解决 NFC、二维码等新型网络支付产品、众筹等新型融资模式的风险隐患，防范其间的系统性风险。

14.2.3 风控技术的推广和利用

总体来说，互联网与金融的融合不可逆转。风控能力突出的商业银行，尤其是大型商业银行要在未来的互联网金融平台争夺战中占据一席之地，就必须利用好自己掌握的风控技术优势，加快风控技术的应用和推广。

第一，在风险总体可控、合法合规的前提下，尝试 P2P 借贷、众筹等新型业务。虽然源生的 P2P 借贷与众筹属于直接融资的范畴，但商业银行开展类似业务却有着得天独厚的优势：银行多年积累的风险定价体系可以辅助利率定价，丰富的企业与储户资源可以快速地完成匹配、稳固的信用优势有利于业务的推广。商业银行完全可以依据国内法律法规开展相关尝试，寻求风险可控、合法合规的轻资产业务新领域。

第二，风控能力的出租。如前所述，大型商业银行要想成为平台生态系统的主导，就必须寻找优势互补的合作方或者向风控技术的需求者提供技术输出，以期合作共赢。例如，银行可以通过向 P2P 平台、小贷公司输出信用风险识别、评估、管理技能，向第三方基金销售机构输出流动性风险管理技能，向二三线城市商业银行输出科技风险管理技能等多种方式，成为风控技术的输出者。这样，银行的盈利不再局限于资金出借，技术、信息优势也将成为银行盈利的来源之一。更重要的是，风控合作不仅有利于银行成为主流平台，而且对于整个金融体系的风险控制也是有利的。

14.3 争夺"大数据"，谋取信息优势，是商业银行未来的基业之石

阿里金融能从众多互联网企业中脱颖而出，支付宝的便利性仅是其一，大量商户、用户的交易数据、信用记录、投诉日志才是阿里真正的竞争优势。通过对这些数据的分析，阿里小贷能够迅速对客户信用水平和还款能力进行评估，从而有效控制风险。如果商业银行对此再无动于衷，将很可能被拥有大数据思维的阿里金融击败，并任其发展成为众多小微企业，以及各地小银行的"后台老板"，成长为金融业真正的大佬。

虽然我们认为，**商业银行多年积累的大量金融相关数据，如资产数据、财务数据、信用数据以及个人信息、支付记录等结构化数据**，并不比互联网"非结构

化数据"的价值要低，反而更有利于挖掘出客户的真实金融需求和信用状况。但是，图像、音频、视频、网络浏览等非结构化数据的几何增长速度，以及其对风险控制理念的颠覆性创新，使得商业银行必须要提高警惕，加速非结构化数据的收集、分析和应用。而且，非结构化数据的使用也能够给予商业银行对结构性数据的挖掘一个相互验证的机会。目前对国内商业银行而言，最关键、最迫切的一项战略抉择就是大力推进大数据技术发展，加快构建信息化银行。

14.3.1 解开大数据和信息化银行之谜

（1）大数据究竟是什么？目前对于大数据还没有一个完全一致和统一的界定。维基百科上将大数据（Big Data）解释为互联网广泛运用背景下出现的一类现象：一家网络公司日常运营所生成和积累的用户网络行为数据"增长如此之快，以至于难以使用现有的数据库管理工具来驾驭，困难在于数据的获取、存储、搜索、共享、分析和可视化方面"。这一解释突出的是互联网时代信息量极度膨胀和难以管理的特征。专业信息技术研究机构 Gartner 给出的定义则是：大数据是需要新的处理模式才能具有更强决策支持力、洞察发现力和流程优化能力的海量、高增长、多样化的信息资产。而麦维克托在其著名的《大数据时代》一书中指出，大数据是指："不用随机分析法这一捷径，而采用所有数据的方法，即不再依据传统的抽样统计方法采集数据，而是应用全部数据。"显然，麦维克托所指的大数据是一种数据的分析与运用的方法。

将各种观点汇集在一起，就能对大数据作出如下基本界定：其一，大数据是一种新的数据分析与运用技术；其二，大数据是在现代信息技术急速发展背景下对由此产生的海量信息数据进行分析运用的技术方法；其三，大数据技术发展运用的目的是更为有效地挖掘庞大信息资产的价值，以支持决策、发现需求和优化流程；其四，大数据着眼于整体数据分析以及数据之间相关关系的发现和使用，而不是基于样本分析基础之上的推测与判断，因此具有显著优于传统数据分析方法的精确性和对重要细节信息的发现、挖掘和利用的能力。

（2）信息化银行与大数据究竟是什么关系？对于信息化银行的界定可以通过与银行信息化的辨别加以说明。银行信息化主要是指将现代信息技术引入和应用到银行经营运作的相关环节，实现由信息管理辅助或替代人工管理的过程，银行信息化强调现代信息设备、工具和技术在银行经营中的应用。而信息化银行除具有银行信息化的含义外，更强调依靠信息来组织与统筹银行的经营管理。可以说，信息化银行是建立在银行信息化基础上的银行运营管理模式的一种革新，是更高层次的银行信息化过程。具体地看，信息化银行有四项突出的特征：

一是运营集中。信息化银行参照工业化大生产的方式，将过去分散处理的作业模式转变为工厂化、规模化、标准化的作业模式，实现对业务的集中处理、前中后台的有效分离以及风险的集中监控。二是系统整合。即从银行全局出发，以客户为导向和中心，通过建立统一的 IT 中枢和架构，将核心业务系统、客户关系管理系统和银行内部其他管理系统整合在一个平台之上，实现系统的互联互通，以强化银行内部的协同合作，提升对战略决策的执行力、对市场和客户的服务响应力。三是信息共享。即突破信息传导、查询的时空限制，实现对银行经营管理各类信息的集中共享和跨平台检索，提高信息的可用性、易用性，最大限度地挖掘信息的价值。四是数据挖掘。即银行对经营管理的各类信息进行收集、储存、处理、分析与应用，提炼和发现有价值的信息，为银行服务客户、研判市场、评估风险和配置资源等提供决策支持。从这一特征可以看出，信息化银行与大数据技术之间具有非常密切的内在联系。信息化银行要求通过挖掘信息、利用信息来优化改革银行的经营管理，而大数据正是这样一种对海量、复杂信息进行挖掘与应用的思维与方法。因此，**大数据既是信息化银行建设的重要内容之一，同时也是实现信息化银行目标的前提与基础。**

14.3.2　打造强大的信息处理能力

随着信息技术的不断推陈出新，商业银行对于信息处理能力的依赖将越来越强，信息技术将成为和风险控制技术、风险定价技术等同样重要的核心技术，不同的商业银行也将根据自身的业务特点和定位，发展具有自身特色的信息处理系统，以求在日趋激烈的互联网金融竞争中获得一席之地。如何才能打造强大的信息处理能力呢？我们认为商业银行应从以下几个方面着手：

第一，建设专业化的信息处理团队。专业化的信息处理，并不是当今常被提及的 IT（Information Technology），而是包括分布式计算机网络硬件、大数据平台开发、高实时性数据挖掘、高可用性数据统计、模块化数据视觉展现等多种技术的信息处理技术，我们可以将其称之为"数据技术"（Data Technology，DT）。商业银行的信息处理能力建设过程中，由 IT 向 DT 的转变是必经之路。这一路径的实时过程中，商业银行将逐一解决一系列技术和非技术的现实难题，例如"自建"和"外包"的权衡与抉择、集中式中心化的主机系统与分布式去中心化的大数据分析系统的对接、信息处理团队的团队亚文化与商业银行的企业文化的融合、信息处理技术实验室的设立与发展等。

第二，**紧跟世界领先的数据处理技术**。移动互联网提供的新型服务渠道和数据收集渠道、大数据分析技术提供的客户行为数据分析能力、云计算技术提供的内部员工办公协同能力和内部运营数据的分析能力等，都是新兴数据处理技术带给商业银行的全新生产工具。在商业信息化的未来，商业银行将依托专业化的信息处理团队，保持与世界先进的软件生产商进行良好技术同步，并在关键核心技术方面，走出一条"跟随使用开源技术→参与开发开源项目→提出并统筹维护开源项目"的信息处理技术自主发展道路，以掌握最核心的数据分析核心竞争力。

第三，**积极而审慎地开展新技术的业务应用**。所有的信息处理信息技术在商业银行的应用都具有两面性：一方面，新技术会提升业务效率、降低运营成本；另一方面，新技术的引入，会在数据接口、数据审核信息安全等方面引入不可预测的风险点。在技术革新节奏日益加快的当今和未来，如果新技术引入不够及时，商业银行就很有可能面临核心竞争力丧失的危险，因此在新技术的推进过程中，既要对新技术保持敏感性，积极跟进与研究，又要以审慎引入的原则守好底线，不惜一切代价保证银行核心信息系统的稳定，保护客户隐私与信息安全。

14.3.3 加速数据挖掘和信息应用

互联网金融天生跨界于 IT 和商业银行之间，除资金流动等传统数据以外，还留存了海量的结构和非结构化交易数据信息，包括订单数量、销售增长、仓储周转，以及客户交互行为、行业排名、广告投放等，比商业银行更具有数据积累和挖掘方面的天然优势，可为其精准营销、定制服务、客户评级和风险控制提供技术支撑，从而优化客户体验，增加客户黏性。

面对互联网企业的强力挑战，**商业银行必须重视"信息"这一要素在未来银**

行产品、服务和经营中的重要作用，双方比拼的就是谁能够通过海量数据的积累，利用数据挖掘技术，提供具有高附加值的金融业务。因此，**商业银行在提高信息处理能力的同时，必须加快大数据的挖掘和信息的应用推广，将信息优势转化为经营优势，将信息处理能力转化为盈利能力。**

（1）**制定信息应用战略，争夺信息优势**。在互联网金融浪潮之中，商业银行应该充分重视信息的价值，制定短期和长期的信息挖掘、应用和发展策略。

首先，短期内要以存量信息的深入挖掘为切入点，加强数据挖掘在经营中的应用。一是打通内部各业务条线之间的信息壁垒，增强存量数据的共享性。二是打造数据分析师团队，提高"存量数据"向"有价值信息"的转化能力。三是创造数据挖掘在外部营销、内部管理各项事务中的应用场景，提升商业银行的经营效率，降低经营成本。

其次，应该制定长期信息发展战略，保证银行在商业活动中的制信息权。一是以征信、信用评分体系建设为切入点，拓宽银行的信息收集渠道，将信息收集的范围覆盖到经营、管理、营销、服务等各个环节，提高银行数据的丰富与完善程度。二是改善数据挖掘"收集—清洗—挖掘—应用—评估—反馈—改进"这一处理链条的执行效率与频率，提高数据挖掘的集约化、自动化水平。三是尝试自主建立底层软硬件和数据库开发团队，降低 IT 体系的运营成本。

（2）**营销方式从盲目撒网的"扫射"变成精确定位的"点射"**。为应对互联网金融的挑战，银行需要在尽可能短的时间内对业务结构进行有效调整，发掘新的增长点，并建立起适应于新形势的业务架构。其中最大的挑战在于如何准确发现业务调整的机遇和市场所在。过去更多依靠的是人的主观判断，例如发展中间业务时，什么客户需要什么中间业务产品，主要由客户经理作出判断，然而受制于成本和精力，客户经理很难做到对客户一一进行详细调查，信息缺乏完整性，因此可能的结果就是把不合适的产品推介给客户。

而运用大数据技术则能够有效解决这一问题。银行可以通过提取分析客户过去消费、支付、汇划、融资、投资以及客户工作性质、生活习惯、行为特点等各类信息，更为全面和准确地分析判断出客户的现时需求，甚至可能预判出客户的潜在需求，实现从传统的推广型或关系型营销向基于数据挖掘分析的精准营销转变。同时，对客户信息的提取、挖掘与分析过程完全通过信息系统与分析模型完成，因此银行可以同时对成千上万个客户进行分析、聚类，并制定针对各类别客户的差异化业务拓展策略，既节省了大量人力，又能提供更为完整和可靠的业务决策信息。大数据技术的运用，将极大改变银行过去发掘业务机遇和拓展客户的传统模式，显著提升效率与准确性，将有力支持银行的业务转型和结构调整战略，为应对金融脱媒的挑战提供重要依托。

（3）从支付、融资和产品中介跻身信息中介。银行要应对第三方支付等电商企业的竞争，并保持业务优势，就必须尽快弥补信息短板，做到比电商企业更了解客户。实际上，当前对银行威胁最大的几家电商企业，本身仅仅是交易或支付中介，并没有直接掌握客户资源，但电商企业对于客户信息的掌握方式和利用程度独具优势。例如，阿里巴巴的成功之处就在于抓住了信息，它对商户发放贷款的主要依据就是对用户交易记录的分析。因此，如果想形成对客户信息的深度把控，不再被电商企业隔离在客户核心信息层之外，商业银行就必须加快推动大数据技术的广泛应用，通过对信息收集、整理、分析与运用体系进行深层次改造与完善，充分挖掘客户群的信息财富，形成信息化时代新的竞争优势。这将是银行应对互联网企业竞争的根本途径。

14.4　发力"大平台"，占据战略高点，是大型商业银行的唯一出路

对于未来的平台争夺战，前文已有阐述。那么对于五大国有大型银行以及部分全国性股份制商业银行来说，为了占据"大平台"的战略高点，应该如何建设维护，如何合众连横，如何平衡各方利益呢？

14.4.1　平台核心的选择

国有大型商业银行建设"大平台"，是选择以电商平台为核心，还是以资管平台（即金融超市）为核心？是自己单干，还是与其他金融机构强强联手？这些都是重大问题。**我们的建议是试错前行，一行一策；联手为主，单干为辅；多元并购，目光长远**。试错前行，一行一策，就是要摸着石头过河，先启动相关业务，再找合适路径。互联网金融不论是在中国，还是国外，都是新事物、新业态，因此，想占据平台发展先机，就不能按照常规循序渐进，必须按照互联网企

业不断"试错"的发展模式，探索、寻找适合本行的平台建设模式。联手为主，单干为辅，就是在发展初期，必须要放弃画地为牢的狭隘思想，不拘一格谋发展，借助互联网互通互联的优势，联合券商、保险、基金、信托、投行等国内甚至国际优势互补的金融机构，并积极开展与互联网电商平台、第三方支付、比价搜索平台、第三方征信等互联网企业的深度合作。多元并购，目光长远，就是通过设立子公司收购、直接收购、股票置换等多种途径兼并、收购平台主要机构，获取金融业全牌照，最终形成具有完整平台生态系统，能够为客户提供一站式、全功能服务的大型金融集团。

（1）借鉴阿里金融经验，探寻平台发展路径。阿里金融现有的四个核心板块正是以电商平台为依托，为网商和消费者提供贷款、担保、保险等一揽子金融解决方案。其一，支付宝是起步较早、发展最好的一个板块，目前的发展重点是加快推进移动支付和线下支付的布局，最新推出的手机客户端和"信用支付"业务，已经具备移动金融的雏形。其二，阿里小贷是阿里金融的重要组成部分，包含淘宝贷款和阿里巴巴贷款两类。其中面向淘宝平台卖家的淘宝贷款占比 80%，放贷审核、发放可全程在网上完成；阿里巴巴贷款则主要面向"诚信通"企业会员，由阿里金融委托第三方机构于线下执行放贷流程中的实地勘察环节。其三，众安在线是在全国均不设任何分支机构的互联网保险企业，完全通过互联网的方式进行销售和理赔，业务对象可能会是阿里小额贷款保证保险和消费信贷保证保险。其四，商诚融资担保有限公司是为完善互联网交易的链条，为消费金融创新和小微信贷服务提供保障而成立。

毫无疑问，阿里金融的平台是以电商平台为核心。借助淘宝、天猫在网购市场的巨大优势，阿里金融的支付、小贷、担保业务发展良好，而余额宝的热卖更是吸引了多家保险、基金公司在淘宝开店，进一步强化了阿里金融的平台优势。"三马联合"让阿里入股保险公司，入主天弘基金使余额宝"肥水不流外人田"，再加上银行牌照试点的申获，依托电商平台，阿里金融已经初步完成向金融集团的华丽转型。对于银行系电商来说，要想中短期内达到淘宝、天猫的销售额和客户数，不异痴人说梦；前方路虽坎坷，但大型银行已无路可退，并购大型电商是一种选择，差异化的电商平台和资管平台发展战略也是一种选择。

（2）打造银行系电商平台，突出差异化竞争优势。在淘宝、京东等互联网企业的电商交易中，商业银行只是作为一个支付的通道，海量的交易信息都被第三方支付平台所屏蔽；而互联网金融生态系统的核心却是产生和处理客户信息的环节。商业银行要打破这种信息垄断，实现对客户与市场信息的全程把控，就必须深入到 B2B、B2C 交易的全过程中去，深入到现代信息资源的富集层，就必须搭建起属于自己的电子商务平台。与当今热门的电商平台相比，商业银行的电商平台应该形成自己的比较优势。比如，实现贷款业务与电商平台交易无缝嵌入。一方面，在信用评估、个人授信的基础上向在电商平台消费的个人客户提供消费贷款，客户可以即时在线完成全部贷款的申请流程，并在第一时间获得贷款。另一方面，基于平台的交易流和资金流，向商户提供经营贷款，帮助商户做好运营资金管理。再比如，可以向零售客户提供更有吸引力的积分政策。在推出电子商务平台的同时，对银行卡积分政策进行改革，为每个个人客户开设类似于活期存款账户的银行卡积分账户，客户可以在电子商城中将银行卡积分兑换成现金进行消费，同时对客户在电子商城的消费也可以给予一定的积分奖励。这样既解决了目前银行卡积分使用途径偏窄的问题，也赋予电商平台更高的附加价值。

发挥以上比较优势，银行的电商平台才有可能跨界反攻，实现贷款业务、支付结算业务、银行卡业务的有机联动和融资中介职能、支付中介职能与丰富的客户资源的全面整合，从而显著提升银行在电子商务产业链中的位置，由原来单纯的支付结算通道，上升为真正意义上的信息中枢。

（3）另辟蹊径，尝试以网络资管为核心的平台战略。与淘宝、京东等互联网电商平台 PK 网购业务，银行系电商平台的胜算不大。但尝试以网络资产管理平台为核心，建设金融、投资业务大平台、大集合，再回头反哺电商平台，或许也是一种发展途径。发展策略包括：**第一，拓展经营范围**。商业银行的网络资管平台应该加强商业模式的建立，从客户实际需求和生活、消费投资习惯出发，拓展网上资产管理业务范围。一方面，需加强金融资产管理，提供覆盖债券、基金、股权等多个投资领域的理财产品，另一方面，还可考虑将非金融资产产品纳入到服务范围，例如一手及二手房产交易、古董、拍卖等，最终实现与客户、市场的对接，提升银行的核心竞争力。**第二，吸收国外成功经验**。如在网络资产管理平台中引入社交网络（如微信、微博、人人网等），客户可以将自己的经验和心得体会分享给朋友圈，方便客户对自己的理财方案进行优化；增设微信网络资产管理平台，客户可以随时随地查询自己的理财情况，扩大网络资产管理平台影响范围。同时，主动向客户宣传网络资产管理平台，优化现有业务的运营管理模式，打造网络资产管理平台一站式服务。

14.4.2 "大平台"战略的推进措施

"大平台"战略的实质，就是吸引客户、凝聚客户，将网络平台与客户的生活、消费、投资紧密关联，难以分割。因此，平台建设的中心任务，除了整合、发展、创新平台电子商务、资管管理业务，提供综合化金融服务之外，还包括通过大数据战略与"大平台"战略的相互支持，通过提高客户感知、变革营销模式、建设移动终端和培养复合型人才等有效策略，更好地吸引客户、服务客户、留住客户，从而推动商业银行的"大平台"建设。

第一，利用多种并购、合作方式，尽快搭建全功能网络平台。互联网时代，"快"是制胜的必要条件，"慢"却是必输的充分条件。因此，大型商业银行在"大平台"战略中，必须在战略思想、组织架构、人才使用等方面全面创新，才有可能抢占先机，尽快搭建"商务 + 金融"的全功能业务平台。最关键的是要破除思想禁锢，放弃封闭的自我开发、单打独斗的传统发展路径，寻找并购、合作、开源等多种方式，以开放共赢的思路尽快完善平台产业链和金融生态系统。商务方面，帮助开户企业客户尽快上线网络平台的同时，加快与国内产业链龙头的合作，争取形成"全产业链 + 特色差异化"的一站式电子商务平台；金融方面，除尽快将子公司产品纳入统一的产品库、在网络渠道实现一体化营销之外，还应尽快探索、加强与证券、基金、保险、小贷等金融机构以及第三方支付机构（特别是快捷支付产品）、第三方资管平台、P2P 平台、金融比价搜索等非金融机构的全面合作，完善金融产品序列。

第二，组织架构灵活化、网络化，适应平台的建设与发展需要。一方面，可以考虑外设平台。例如，民生电商发起人是民生银行的七家主要非国有股东单位和民生加银资产管理有限公司，而非民生银行自己。这样一来，民生电商与民生银行没有直接股权关系，仅为关联企业，就可以更好地包容互联网行业扁平的组织架构和激进的企业文化，为创新、并购、扩张尽可能地减少阻碍。另一方面，商业银行应该围绕"大平台"战略，从集团到支行，从后台科技到前台网点，进行全方位的组织架构适应性调整。例如组建网络金融部或网络平台部，全面统筹平台建设事项；设立平台协调委员会，建立财务、人力、产品、科技、营销、公司、机构、个人等各业务条线、管理部门之间的沟通、协调机制；业务流程网络化，以开放共享、平等协作的思想梳理、优化平台相关业务流程，提高工作效率。

第三，利用数据挖掘技术，掌握客户需求和发展规律。平台交易每天都会产生庞大的数据量，淘宝理财、百度金融、融360等平台也正是充分利用了其大数据的优势，通过数据挖掘技术对客户和商家的行为习惯进行分析从而掌握客户需求。因此，商业银行也应充分利用网络平台背后的数据优势，搜集、整合各个渠道中客户的浏览行为、业务办理偏好、对产品的咨询反馈等信息，进而对每一个客户都建立尽可能准确的数字画像；同时通过数据挖掘技术发掘这些数据背后的信息，包括客户的潜在需求、业务数据中存在的关联关系和业务规律，并根据这些数据预测业务未来发展趋势。根据挖掘出来的客户需求和相关规律，商业银行进行更有针对性的、有效的产品创新，设计算法、建立模型并根据客户的资金、资产情况和需求偏好提供个性化的商务解决方案、资产管理服务方案，从而提升客户忠诚度，更好地支持精准营销。

第四，利用平台优势，提高客户感知和服务能力。在互联网企业跨界金融的各项业务中，无一例外的都是建立起了比商业银行更加有效的模式来理解客户、感知客户，从而有机会更深层次地理解客户的业务需求和心理需求，并设法帮助他们解决业务困难和创造金融需求。例如，微信红包的火热，便是腾讯的微信支付充分感知、利用中国人传统的过年发红包的习俗，在短短数天凝聚800万以上用户的经典互联网金融案例。同样，"大平台"也将为商业银行感知客户、服务客户提供了有力支持。一方面，平台将成为产品创新的试验田，为商业银行探索类似"微信红包"之类的互联网金融产品的测试、反馈和改进提供舞台。另一方面，平台将通过整合资金、渠道、信息、金融产品等多种资源，解决商家的经营困难与消费者的购物困难，吸引大量的商家和消费者参与，力争形成"商务＋支付＋融资＋理财"的全产业链条，形成客户购物、消费、融资、投资的闭环。

第五，利用开放型平台，形成交互式营销。商业银行经过多年的运营，与制造业、零售业、交通业、物流业等行业龙头企业建立了稳定的合作关系。综合化

"大平台"战略的实施，将有助于商业银行更深入地走进企业客户的购、产、销、贷、存、管业务，实现产融的深度整合，通过对企业用户的一站式商务、金融服务，凝聚企业客户，并从企业用户这一优势方向打开与差异化竞争的新局面。另一方面，基于平台的一站式服务要求，商业银行需从客户角度出发优化业务流程，打破商业银行传统的部门、业务条线的局限，充分整合企业客户和相关的个人客户的各类金融信息（如存款、贷款、汇款、支付、银行卡、理财等），量身定制金融产品与服务，形成交互式营销模式。

第六，把握发展趋势，打造移动金融平台。目前，银行客户的大多数金融服务需求都可以通过非柜台渠道得以满足，手机银行、微信银行把每一部手机都变成了银行的柜台，让客户可以随时、随地、随心地享受金融服务。商业银行应该准确把握本轮互联网金融浪潮之中"移动互联网"的发展机遇。一是应将移动平台建设提升到与网络平台建设相同的战略高度。客户资源是商业银行的核心，移动互联网时代，掌握了移动终端就是掌握了客户基础，因此要从战略上予以重视。二是应将客户体验作为移动平台开发的基本出发点。客户体验的优势是第三方支付企业在小额支付领域中站稳脚跟的重要原因。商业银行在移动平台的开发过程中，应在客户体验方面学习并赶超互联网企业。三是应将移动平台功能与物理网点服务相结合。商业银行的金融产品种类繁多，单凭移动终端无法为客户提供全方位服务，因此应以线上线下相结合的理念，将 LBS、二维码、NFC 等新技术整合到总体设计之中。四是应将移动平台建设作为信息化银行建设的重要内容。以移动平台建设为切入点，完善银行的大数据体系，加强对客户地理位置、登录时间、浏览习惯等非核心业务数据的收集和挖掘。

第七，通过平台建设，推进渠道变革和网点转型。互联网技术极大地丰富了传统金融的服务渠道，除传统的柜台、ATM、POS 机等渠道以外，还可以通过电脑、手机等电子渠道以及互联网企业开发的移动电子钱包、移动基金客户端等新兴渠道接入金融网络，获取金融服务。因此，商业银行迫切需要运用 O2O（线上到线下）[①] 的思想来探索线上线下一体化，整合渠道，形成全渠道的统一管理，以

▶ ▶ ▶ ─────────────────────────────────────

① 早期的 O2O 把线上变成线下的前台，实现线上下单、线下服务，现在 O2O 已经发展到立足线下实体店、线上线下并重，信息与资源互通和共享。

提供高效、低成本的服务。平台建设作为线上渠道变革的关键，将与渠道一体化变革和网点转型相互配合、相互推动。一方面，平台离不开商务服务，商务离不开物流；"大平台"战略必然涉及物流网络的建设或整合。另一方面，互联网时代，网点转型也是关键，零售网点的服务基本电子化、自助化之后，网点和人员何去何从就成为了问题。因此，或许未来银行网点既承担金融服务，也承担物流服务，也是可能的。

第八，**积极培育互联网金融复合型人才**。互联网金融平台的科技属性和金融属性使得该领域的竞争在一定程度上表现为人才的竞争。目前商业银行员工的知识结构一般是纯经济金融专业或纯计算机专业，特别缺乏既精通计算机网络技术又熟悉银行业务运行和管理决策的复合型人才。因此，商业银行既要在员工招聘时对于复合型人才有所偏重，也要在工作中加强对金融专业人才的科技知识培训以及科技专业人才的金融业务培训，大力培养集金融业务知识、网络信息技术、市场营销技能、互联网工具运用等多种知识技能于一身的互联网金融复合型人才，打造一支既懂金融业务和公司管理，又懂网络程序开发和人机交互设计，还能熟练运用各种数据分析工具开展数据挖掘、精准营销，具备引导客户、培育客户和留住客户工作能力的人才队伍，为商业银行提供源源不断的发展动力。

面对互联网企业的凶猛攻势，商业银行只有沉着冷静，扬长避短，立足当下，放眼未来，才可能采取正确的应对策略，成为互联网金融的推动者、领跑者。我们认为，"**大风控**"是商业银行目前的立身之本，**大数据**是未来的基业之**石**，"**大平台**"是有志于主导互联网金融发展的大中型商业银行的战略要点。三者相互联系，相互支撑，只有抓住这三个要点，未来，商业银行才能通过大数据应用、建立信息化银行，巩固自身的信息优势、风控优势和人才优势；才能通过平台搭建、架构调整、流程优化、客户营销、移动金融、渠道整合之间的相互支撑，吸引客户、留住客户，获取与客户联系的直接通道，避免沦落为互联网企业的线下营销前台和金融业务处理后台。

15 渠道为刀、产品为刃：互联网时代银行的营销变革

互联网企业凭借线上渠道贴近生活、亲密无间的优势，阻隔了传统金融与人们之间的直接接触。渠道就如一把刀，为互联网企业劈开金融领域的大门提供了助力。而互联网企业在支付工具、支付方式、网络借贷、余额理财等方面的产品创新，就如锋利的"刃"不断从传统金融的身上切开一道道伤口。面对互联网企业的势大力沉的刀、小巧锋利的刃，商业银行该如何应对呢？显然，只有刀对刀、刃对刃，商业银行才有可能适应变革，再续辉煌。

15.1 刀为依托：互联网时代银行的渠道变革

15.1.1 线上线下一体化的渠道创新理念

渠道通常是指水流的通道，后被引入到商业领域，意为商品销售或流通的路线。如今互联网已进入"渠道为王"的时代。在互联网上，商品类别、营销费用、物流成本均呈现出显著的规模经济效应，电商规模越大，竞争优势越强，就可以获得远超线下的市场份额。例如，2013 年 B2C 市场最大电商天猫和京东销售额分别约为 2 700 亿元和 1 100 亿元，两者合计占国内电商七成市场份额，而线下商场中销售额最高的北京新光天地年交易额也不过 75 亿元，不及京东的 7%[①]。阿里巴巴依靠淘宝、天猫两个网购平台，赚得盆满钵满的同时逐步占据了国内互联网企业的头把交椅。

在互联网金融领域，"渠道为王"的理论同样适用。借助阿里巴巴旗下的淘宝、天猫、支付宝等功能强大的渠道，以及吸引的数以亿计的用户，阿里金融成为互联网企业在金融领域的领跑者、开拓者。由于线上交易比线下交易包含更为丰富、多维、实时和长期的商业、支付和物流信息，借助淘宝平台优势，阿里集聚了充分的数据来有效判断交易各方的财务情况、资金实力、信誉和资金需求，

▶ ▶ ▶ ────────────────────────

[①] 京东销售规模来源于其 IPO 招股说明书中 2013 年前三季度的销售数据并进行估算，淘宝和天猫的销售数据依据艾瑞咨询对网购市场规模和各企业市场份额的数据进行估算；线下商场的销售数据来源于网络公开资料。

从而为其从事融资，并逐步跨界金融提供了信息基础。阿里金融曾在 2 个小时内向 1.8 万淘宝卖家发放了 3 亿元的信用贷款。归根结底，阿里金融强大的渠道是其成功的要素之一。

在过去的很长一段时间内，国内很多商业银行将"渠道建设"理解为物理网点的扩张。近年来，随着银行业务种类的日益丰富，个人和企业客户的需求日趋多样化，电子和自助渠道已经广为客户所接受，渠道整合与创新显得十分必要。在本轮互联网金融热潮之前，国内银行业就意识到，粗放式铺设网点的阶段已结束，以往单纯把电子渠道当做降低成本的手段已经无法应对这种自下向上的转变，很多银行都开始了渠道创新的种种尝试。

渠道创新的概念最早由欧美银行提出，其核心思想就是通过整合商业银行的柜台、客户经理、电话、短信、手机等多种渠道，形成统一的渠道网络。基于这一网络，商业银行可以进行多渠道客户信息、业务信息的融合，根据不同渠道的特点优化费用和资源配置，减少客户和银行业务人员的重复劳动，将转账交易等简单重复性业务向自助或电子渠道分流，从而降低单笔业务成本、增强客户黏性；此外，商业银行还可以通过分析客户对各类业务渠道的使用情况，更全面地了解客户的需求信息和消费偏好，从而更加全面地了解客户、理解客户，为客户提供更加贴心的服务。

互联网时代，作为同时拥有线上网上银行和线下网点的商业银行，近年来已经在互联网与金融服务的结合方面取得了更多的进展，手机银行、网上银行、短信银行、微信银行、短信、微信等新兴服务渠道逐渐普及，网点自助设备的种类与数量不断增加等。那么，商业银行该如何进一步探索线上线下一体化服务，进而在信息化银行建设和互联网金融的大背景下，更高效、更低成本地提升服务水平呢？

（1）**打造线上线下一体化的渠道服务能力**。近年来，移动互联网技术和智能终端设备的快速发展，时空限制在很大程度上被新技术所打破，用户可以随时、随地接入互联网，基于互联网的商业模式开始不断涌现，B2C、C2C 等电子商务模式已经深入人心。而同时，大量的商业行为必须在线下以面对面的方式才能完成交易，O2O（线上到线下）、O2O2O（线上到线下、线下到线上）的业务理念因而受到原来越多的关注，很多经营机构开始了 O2O 理念的实践过程。

因此，商业银行需要围绕客户体验，尽快构建"一点接入、互联互通、全程响应、体验一致"的渠道体系，实现一体化的渠道服务能力。一方面，要快速、同步、协调地加快线上、线下渠道建设，提升各渠道服务能力；另一方面，要做好各渠道间的联动配合，建立各渠道、产品和流程之间的协调机制，打通渠道界限，发挥协同效应，通过全渠道接入为客户提供轻松快捷、体验一致的全流程服务。

（2）积极开拓创新，加快线上渠道的建设。我们认为，**移动互联是未来最重要的线上渠道**。商业银行紧紧抓住移动互联网这一重要技术发展趋势，实现多渠道接入、多产品整合，创新"智能终端＋移动互联网＋线下网点"的金融应用场景，通过与线下网点的统筹建设、有效协同，进一步改善客户体验，提升经营效率。一方面，要着眼于更便捷、全面地满足客户金融需求，优化客户体验，主动获取客户流量，提高客户黏性，努力成为线上用户的主要金融服务入口。特别是要融入情景化的设计理念，提升基础生活金融服务的便利性，同时要保证客户资金的安全性。另一方面，要发挥线上渠道信息积累快、信息量丰富、信息价值高、覆盖客户广的优势，加强信息与数据获取能力和利用能力建设，要将大数据挖掘技术运用到线上渠道的信息搜集和使用上，为精准营销和客户定位提供助力。

例如，让客户通过移动终端碎片化时间提升预约服务的易用性，优化预约流程，丰富预约服务业务种类，灵活运用多种渠道和方式向客户提供易用、高效、全面的预约服务；通过研发基于移动终端定位设备的 LBS 服务，引导和帮助客户更加灵活、更有效率地完成必须要面对面才能办理的业务需求；拓展微博、微信等社交网络渠道，搜集客户对商业银行的业务反馈，并利用社交网络改善商业银行在网络空间中的形象；结合商业银行既有的电商平台，融合零售信息与金融业务信息，根据客户访问的历史浏览、购买行为和实时浏览行为，为客户提供贴心的业务推荐与咨询业务；利用移动终端的 NFC 支付、声波支付、扫码支付等功能，结合商业银行既有的 PC 端网上银行、手机银行、微信银行等渠道的产品与服务，创造出更方便、更安全的商业银行移动支付通道和应用等。

（3）明确发展方向，加速线下渠道的整合。我们认为，**互联网时代，银行线下网点将出现两极分化**：一种是低成本、产品相对简单、为普通居民服务的社区银行模式；另一种是高大上、金融产品丰富、为高净值客户服务的财富中心、全能网点模式。而介于两者之间的线下网点，将因为很难把握成本与效益之间的平衡而找到生存、发展的空间。因此，对于线下渠道，一方面，在社区银行，要发挥网点的基础作用，同时丰富服务职能，降低运行成本、提升渠道效能，让网点避免成为互联网金融时代的负担。另一方面，在财富中心，要充分发挥网点员工的作用，增强客户的亲近感和信任感，提升银行形象，并通过优化业务流程、提升网点布局，为来行客户提供专业、优质、高端的服务体验。

具体来说，社区银行应从网点地理位置的特点出发，向社区居民提供贴近生活的金融服务，并通过改造柜面业务的服务流程，发挥智能自助设备的优势，为客户提供可自助处理和填单的预处理自助终端，实现与柜台交易无缝衔接，使到达线下网点的客户以"自助服务为主、银行员工辅助"的方式办理业务，从而有效提升网点的服务效率。同时辅以专业的银行业务人员的面对面咨询服务、社区生活服务（例如水电气缴费、物流快递配送中转、特色休闲服务等）等，结合移动终端的便捷功能，将社区网点打造成为"生活 + 支付 + 金融"的便民服务中心。

对财富中心来说，则以专业的业务人员和完备的金融产品，为高净值客户提供全方位的金融服务。具体而言，客户经理可以通过手持移动终端与网点运营管理平台互联，调度网点服务资源并且直接响应客户；同时网点从选址、产品组合设计、营销队伍建设、业务场景挖掘等方面进行改革，发挥商业银行的线下网点和人力资源优势，结合私人银行、企业客户专属的移动终端，将财富中心打造成为客户便捷、放心、安心的金融服务中心。

15.1.2　线上渠道创新案例：直销银行 + 移动银行 + 银行电商

线上渠道，必须紧紧抓住移动互联网这一重要技术发展趋势，以客户的使用体验为中心，实现多渠道接入、多产品整合，创新"智能终端 + 移动互联网"的金融应用场景，进一步改善客户体验，提升经营效率。

1. 以网络为主渠道的直销银行

所谓直销银行（Direct bank），指没有实体业务网点，而是运用信件、电话、传真、互联网及互动电视等媒介工具来进行业务操作的银行。北美及欧洲等发达国家在 20 世纪 90 年代就已经有了直销银行。早期的直销银行主要是通过电话来开展业务，如 1989 年成立的 First Direct 银行就是提供 24 小时的电话服务。进入

21 世纪后，得益于互联网的大范围使用，直销银行不再单一地依靠电话这一渠道，转而运用互联网来提供服务。

相比传统银行，直销银行最大的优势就是不依赖于物理网点，从而将成本大大降低，进而在利率水平和服务收费等方面更具竞争力。此外，直销银行的目标客户与传统商业银行业也不相同。直销银行的服务受众是中等收入群体，这类群体通常具备以下特点：注重实惠高效，对利率变化敏感，看重消费体验；熟悉并习惯使用互联网，大多有网上消费经历。

不像国外已经发展了三十多年，我国的直销银行是最近几年才起步。国内不少商业银行业虽开通了电话银行、网上银行、手机银行等服务，但这些业务还是需要依托于具体的物理网点，并非真正意义上的直销银行业务。2013 年以来，随着北京银行、民生银行等银行直销银行业务的陆续开展，我国直销银行或将迎来大发展。

2013 年 9 月，北京银行与荷兰 ING 集团合作推出直销银行服务模式，宣告我国首家直销银行的诞生。北京银行的直销银行运用了"线上＋线下"渠道服务模式。其中，线上渠道包括网上银行、手机银行、网络营销平台等；线下渠道采用便民直销门店模式，通过 VTM（智能银行机）、ATM、CRS（自动存取款机）、自助缴费终端等各种自助设备开展业务。运营初期，首先在北京、西安、济南等地率先启动。相比国外传统的直销银行，北京银行的直销银行是"自助设备＋直销门店"的模式。

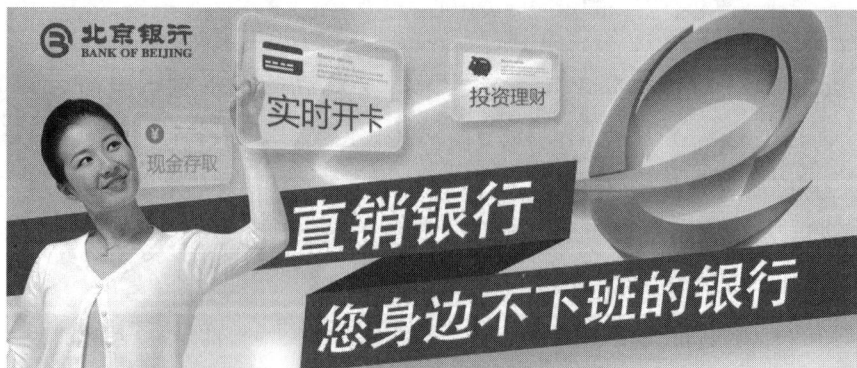

北京银行直销银行 PC 端主页

2013 年 9 月，民生与阿里巴巴签署战略合作协议，决定在直销银行业务领域开展合作。2014 年 2 月 28 日，民生银行直销银行正式上线，主推三款产品："如意宝"、"随心存"、"轻松汇"[①]。此后，还将推出贵金属、小额消费贷款、公共缴费等产品。

民生银行直销银行 PC 端主页

轻松汇　　我的账户　　随心存　　如意宝

民生银行直销银行特色功能

　　民生直销银行的另一大特色在于时尚、友好的移动端用户应用，让客户可以通过移动渠道随时随地办理相关业务。

----

① "如意宝"与此前多家银行推出的银行版"余额宝"理财产品十分类似，具有自动申购、门槛极低、随时支取等特点。签约"如意宝"的客户可选择民生加银基金公司旗下现金宝货币基金，或汇添富基金公司旗下的基金宝货币基金。"随心存"则是一款人民币储蓄增值服务产品。签约"随心存"业务后，如电子账户资金达到起存条件 1 000 元，自动生成期限 1 年的随心存账户，在此存期内可随时支取本金，系统根据存款期限按最大化结转利息，保证存款人的存款收益。"轻松汇"则是一项基础资金汇划功能，满足了客户电子账户和绑定银行卡间的资金汇划需求。该功能融合了跨行资金归集、跨行通等资金汇划手段。

民生银行直销银行移动端界面

2014 年 3 月 27 日，兴业银行在成功尝试"钱大掌柜"品牌网站之后，正式上线了兴业银行直销银行，其特色功能是允许用户持工行、建行、农行、招行、民生、中信、光大、平安等多家银行卡，通过电脑、手机等移动设备直接在其上选购热销理财产品、基金以及定期存款、通知存款等，免掉了繁复的注册、登录、跨行资金划转步骤。用户可以随时随地随身一站式查看、管理、调拨上述各家银行卡上的资金，在产品购买的具体操作上，兴业银行直销银行也为客户体验做出了特别考虑，用户可以按照个人的理财需求偏好，如产品收益率、期限、发行截止日要求等对待选产品进行排序，方便用户迅速找到适配的产品。

兴业银行"钱大掌柜"品牌网站

兴业银行直销银行 PC 端界面

2. 以社交为中心的移动渠道

"社交金融"这一概念，是平安银行提出的。2014 年 1 月 16 日，中国平安在上海举办互联网金融战略春茗沟通会，首次公开其"1333"社交金融服务平台。作为平安社交金融渠道的重要创新，壹钱包内测版当天上线，针对平安内部员工及部分客户进行测试。

所谓社交金融，就是将金融融入"医、食、住、行、玩"的生活场景，主要依托 1 个钱包：壹钱包；实现 3 大功能：管理财富、管理健康、管理生活，并逐步推出具体的生活场景应用。

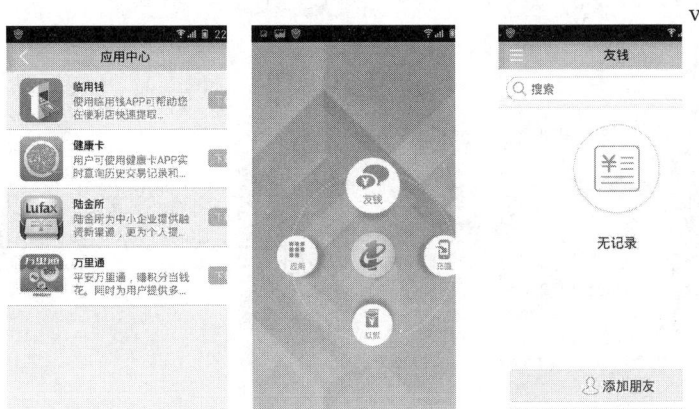

平安银行社交金融的移动渠道——壹钱包

管理财富，就是服务客户实现"赚钱、省钱、借钱"的需求。"赚钱"的需求，通过购买陆金所、银行、证券理财产品等实现；"省钱"的需求，通过平安银行万里通来实现积分抵现、消费返还、商圈折扣等功能；"借钱"的需求，则通过信用支付、无卡消费、小额贷款等具体产品来实现。

平安银行的积分互通渠道——万里通

平安集团一站式金融服务平台——24 财富

管理健康，就是指中国平安正在进行的"健康保险＋健康服务"的医疗网络服务平台。通过该平台，用户可测算风险年龄与生理年龄的差距，利用活力系统、计步器等健康管理系统，引导或规避影响健康的因素，促进建立健康的生活、学习、工作、娱乐、饮食、运动方式，进而引入如药品、保健品、健康体检等，为用户提供更丰富的健康体验。

管理生活，就是通过医健通、壹钱包、万里通、平安好车、平安好房等应用平台，让客户通过平安集团整合的一体化渠道，随时随地地获取平安银行所提供的金融产品和服务。

3. 以数据为核心的银行电商渠道

银行电商是国内商业银行在渠道创新方面所采取的一项重要手段，通过建设电子商务平台，商业银行可以拓展服务界限、丰富客户信息、提升服务效率、整合传统金融产品、服务和渠道。

2012 年 6 月，建设银行推出了名为"善融商务"的电商平台，兼具 B2B 和 B2C 功能。据公开数据显示，截至 2013 年底，"善融商务"平台交易额超过 300 亿元，其中 B2C 交易额超过 10 亿元。

交通银行于 2012 年 10 月推出了电子商务平台的交行"交博汇"。通过"交博汇"，企业可以在十分钟内建立一个自己的网上商务平台，实现商品销售、企业采购、企业收款、品牌推广、在线促销、信息资讯、金融理财、融资授信等众多服务。

中国农业银行于 2013 年 4 月首先在武汉推出了"E 商管家"电商平台，之后又在全国其他部分区域试水，为传统企业转型电商提供集供应链管理、多渠道支付结算、线上线下协同发展、云服务等于一体的定制化商务金融综合服务。

2013 年 7 月，民生电子商务有限责任公司在前海注册，主要股东包括民生加银资产管理有限公司、南方希望实业有限公司、东方集团商业投资有限公司、福信集团有限公司等，是国内首家与商业银行形成对应关系的银商合作企业。

中国银行则于 2013 年 10 月正式推出了名为"中银易商"的电商平台，意在解决传统金融服务"贵"、"烦"、"慢"的问题，同时通过广泛合作建立大联盟，以 O2O 的模式拓展电子商务领域，中行还希望通过电商平台介入非金融服务领域，实现金融与相关产业结合的深度融合。

中国工商银行于 2014 年 1 月 12 日推出了电商平台"融 e 购"，欲提供消费和采购、销售和推广、支付融资一体化的金融服务，打造用户流、信息流、资金流"三流合一"的数据管理平台，建起个人用户、商家之间的桥梁，完成交易与金融工具的闭环。

15.1.3 线下渠道创新案例：招行咖啡银行 + 民生社区银行

除了电子渠道，实体物理渠道的网点转型也是国内商业银行进行渠道整合的重要方向。在网点转型方面，各家银行不约而同地选择了轻量化、小型化、智能化的发展方向。

（1）招行"咖啡银行"。2014 年初，招商银行开始了以咖啡连锁助力网点扩张的轻量化网点建设尝试。据招行官网介绍，2014 年，招商银行将与"咖啡陪你"（Caffe bene）保持结算、收单领域的合作，同时还将在咖啡银行网点合作、特惠商户、客户优惠活动、小微金融产品等方面做更深入的探索。其中，双方首度发挥各自渠道优势，将银行"搬进"咖啡店，打造全新的咖啡银行模式。咖啡银行将一改银行的传统服务环境，将咖啡厅休闲、轻松的氛围和咖啡文化带入银行网点，为客户带来"理财经理 + 可视化柜台 +ATM"的全新服务体验。理财经理可以实现对客户的一对一接触服务，可视化柜台可以将客户引入云端进行银行全产品线的检索和销售，ATM 则满足了客户最基本的存取款的需求。

"咖啡陪你"是韩国的咖啡连锁品牌，2012 年 3 月进入中国市场。目前，全国已开设门店近 300 家，分布在北京、上海、青岛、杭州、成都、深圳等 16 省近 20 市，计划到 2014 年开设门店 1 000 家。对于"咖啡陪你"来说，银行的金融服务等于是一种增值服务，特别是对于有高端理财和增值需求的商务人士，具有较大的吸引力；而对于银行来说，融入具体的某个零售业态，可以直接发现零售业态的金融服务需求，并进行细分行业的金融产品设计，成熟之后可以作为一种金融服务特色在该行业推广。目前招商银行与"咖啡陪你"的合作刚刚启动，招行目前只是在"咖啡陪你"的店面开设了网点体验区，正式对外营业则还尚需时日。

招商银行与"咖啡陪你"合作的咖啡银行模式

咖啡银行的内部环境，右侧为可视化柜台

（2）民生社区银行。在轻量化网点建设方面，民生银行也已经进行了比较深入的实践。2012年，民生银行提出"小微、小区"的"两小"战略。"小区金融"战略作为其"强力聚焦两小"战略的一部分，希望通过大量铺设便利店的方式进入社区，吸收小区居民存款，挖掘居民及附近商户的信贷需求。这种金融服务网点被命名为"小区金融便利店"，一般派驻2—3名员工，目标是形成以小区为圆心、1.5公里半径或15分钟范围内的便利式服务网络，在功能上与附近的支行网点形成业务互补。所提供的金融服务仅限于咨询服务和终端自主服务，并不能办理现金等柜台业务，现金支取服务以自助ATM覆盖。

通过社区银行的密集布点，抢占市场份额，加快客户下沉，为社区业主的小微贷款作铺垫。目前，社区银行被定位为投资咨询和客户服务，主要满足客户的线下咨询需要，并提供相对应的产品销售和电子化操作指引。例如兴业的微型网点模式，在布局上和一般的网点相似，不过突出了布局的社区性，主要开在社区里面，其模式是依托于社区银行的布局和区位来满足客户的综合性金融需求；平安银行的渠道、交叉营销模式，其定位是把社区银行发展成为多种金融产品的销售渠道和展示场所，提供线下方便、快捷的用户购买体验。

2013年5月底，民生银行曾提出，将实现分行行长"一把手工程"，打造小微金融和小区金融，在三年时间内完成10 000家社区银行布局，其中，2013年计划设立2 000家，2014年、2015年各设立4 000家。尽管这一宏大的社区银行战略在 2013 年底遇到了监管层的审慎政策，但其背后的轻量化网点建设思路，还是得到了行业内外的普遍关注与认同。

15.1.4 针对渠道变革的银行管理架构调整案例

面对互联网金融的挑战，商业银行在积极需求渠道变革、创新的同时，也进行了针对性的组织架构和管理模式的变革。我们发现，近期以来，商业银行在加强渠道统筹管理、谋求线上线下一体化方面已有大量动作。

（1）**工商银行**。2014 年初，中国工商银行已经完成新一轮组织架构调整总体架构设计的初稿。原来的九个利润中心由虚做实，并视时机成熟增设电子银行部和银行卡业务部两个利润中心。新的机构调整在综合管理板块下**增设"渠道管理部"一级部**，主要吸收合并了原来分散在总行个金部、人力资源部等物理网点、自主机具的管理职能，将统筹渠道规划布局和管理，待电子银行利润中心成型后，还将统筹电子渠道。

（2）**中国银行**。2014 年 2 月，中国银行通过了架构改革方案。**电子银行部将撤销，成立网络金融部**。而电子银行部的网银、手机业务等全部划给了新成立的**渠道管理部**。从机构设置不难看出，中行正在加大财富管理与私人银行、网络金融及中小企业金融、海外机构的权重。

（3）**中国农业银行**。中国农业银行的组织架构调整方案业于 2014 年初亮相，全新组建了农村产业与城镇化金融部、**网络金融部**、资产管理部、小微企业金融部等多个新兴业务部门。在撤并重组部门中，力度较大的是撤并**产品研发部，重构全行产品研发体制**。同时推进运管分离，构建"大运营、大后台"的组织架构。而 2013 年 6 月，农业银行就已成立"互联网金融技术创新实验室"，探索并完善互联网金融创新机制，研究互联网金融业务。

（4）**中信银行**。早在 2013 年初，中信银行就成立了**网络银行部**，并提出"再造一个网上中信银行"的目标。该行网络银行部独立于对公条线和对私条线的部门，可以独立开展存、贷、汇业务，重点突破电子商务、移动支付和网络贷款等产品领域。

（5）**广发银行**。2013 年 10 月，广发银行将电子银行部更名升级为**网络金融部**，全面布局互联网金融。据广发银行网络金融部负责人介绍，新部门实现 IT 开发机制扁平化管理，产品开发人员即是客户服务人员，即将部分前台、后台、产品设计、营销人员融合在一起，并在部门内部专门成立了"客户体验小组"，随时观察和收集客户需求，更加接近市场、贴近客户，也缩短了 IT 开发的流程和周期。

商业银行纷纷设立渠道管理部、网络金融部，体现了三个主要意图：第一，整合银行所有对外渠道，协调线上线下，瞄准渠道一体化的变革目标；第二，拓展、延伸渠道的价值，增加客户挖掘、产品营销、利润创收的更多职能；第三，通过组织、管理架构的变革，确保对互联网金融业务的深度拓展。

15.2　刃为先锋：互联网时代银行的产品创新

15.2.1　"众包"思想的创新理念

1. 互联网企业的"众包"思想

与商业银行相比，互联网企业是将"众包"的思想应用到企业经营的多个层次与切面，不仅可以有效地贴近客户、优化产品的销售流程，更可以让客户融入设计、生产的各个环节、吸纳企业以外的社会资源助力企业的发展。

在产品营销方面，互联网企业采用"众包"的思想，让消费者成为产品的设计师、服务的考核员、商品的促销员、信用的打分者，在增强客户参与感的同时，让数以万计的客户成为企业的"编外员工"，帮助企业不断提升竞争力。

小米手机是客户参与产品设计的典型案例，客户可以通过论坛发表对已上市手机的意见和对下一代未上市手机的设想，也可以通过开放的程序接口开发手机的增强插件，提升小米手机的易用性；大众点评网为客户提供了一个"消费—评价—受益—消费"的正向反馈平台，对商家的产品与服务进行考核的人员，恰恰就是前往店家消费的客户；电商平台推出的"晒单"、"分享"等功能，可以让客户在微博、微信等公众平台上发布对于已购产品或服务的真实评价，并鼓励客户辅以照片加以说明——这种方式不仅是对平台服务的直接反馈，也是口碑营销的网络化实践，更增强了电商平台的信用——最重要的是，电商平台并不需要为此聘用专职人员，仅需付出平台的开发维护成本，就可以创造客户、平台、商家的多赢局面。

在核心技术开发方面，互联网企业采用开源的思想，让世界各地的代码爱好者和领先的技术人员都能参与到项目的开发中来。以阿里巴巴为例，阿里旗下的开源站点 TaoCode 目前维护着 58 个开源项目，涉及阿里核心业务的诸多方面。例如海量数据的高性能分布式数据库系统 OceanBase、虚拟的服务器集群系统 LVS、用于集群部署和管理的应用快照克隆系统 Avatar 等——通过项目的开源，可以方便地实现公司内的跨部门协作，甚至可以让非公司雇员参与公司的代码开发，这就是"众包"思想的独特力量。

2. 商业银行"众包"思想的应用

采用"众包"思想，借助开源、开放接口等方式接纳企业外部的技术人员参与开发，是互联网企业能够快速迭代开发产品、拓展客户渠道的重要方法。商业银行能否加以借鉴呢？

2013 年 10 月底，中国银行开放平台正式投入使用，平台的运作模式为"平台 + 服务"，借鉴"众包"的开发模式，导入外部资源进行应用程序开发，进而推出移动金融应用商店，最终试图实现银行、开发者、客户的多方共赢。浏览中国银行官方网站可知，截至目前，中国银行开放平台的金融应用商店内的金融服务产品包括账户管理、金融资讯、投资理财、贷款服务、移动支付、民生缴费等六大类别，个人及企业客户通过网页登录中国银行开放平台，就可以通过简单组合定制自己需要的产品与服务，中国银行则根据不同组合方式给客户推送相应的优惠和费率信息，提供数据及咨询服务。

中国银行开放平台主页

中国银行开放平台开发流程

中国银行开放平台中的移动应用

15.2.2　以客户为中心的产品设计

在对互联网金融的研讨中，"以客户为中心"来设计产品一直是热度最高的主题之一，移动支付、余额理财、P2P借贷等产品，无不被认为是产品设计方面的正面典型。近年来，商业银行已经在由电子化向互联网化的转型过程中，逐渐完善自己的产品设计。

（1）**在便捷支付方面**，各家银行都陆续推出了小额便捷支付产品，以工商银行的电子支付产品"工银e支付"为例，客户无须U盾、电子密码器等介质，即可在PC端或手机端完成单笔3 000元以内的网上购物、转账、缴费等业务，较好地满足了消费者和商户安全、便捷的互联网金融支付需要。"工银e支付"秉承了商业银行一贯坚持的安全性原则，并对手机号预留机制进行了优化，只要客户有工商银行卡（账户）和手机号，在工商银行门户网站、网上银行、手机银行、电话银行、自助终端等任一渠道，几秒钟就可以自助完成注册。而在移动支付过程中，只需输入预留手机接收到的短信验证码即可轻松完成付款。从应用场景来看，目前转账汇款、在线缴费等业务均可轻松完成，网购支付覆盖众多商户，所有与工商银行直接开通网络支付，或者通过主要第三方平台开通网络支付的商户，都支持个人客户使用"工银e支付"完成订单交易。

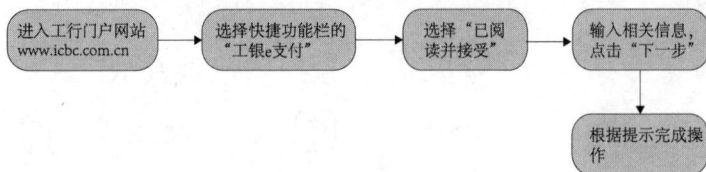

图 15-1　工银 e 支付开通流程

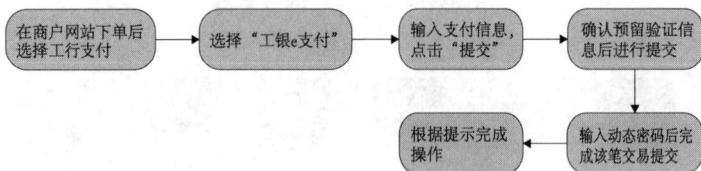

图 15-2　工银 e 支付操作流程

（2）在网络贷款方面，招商银行自 2013 年 9 月 17 日开始，通过"小企业 e 家平台"将 P2P 网贷业务悄然上线。根据招行网站资料介绍，融资项目的预期收益率在 6.1%—6.3%，最小投资单位为 1 万元。截至 2013 年 10 月底，共推出 7 个融资项目，金额最小的 58 万元，最大的 5 000 万元，融资期限则从 177—182 天不等，共募集资金 1.4391 亿元。其中，10 月 22 日推出的第 7 个融资项目，金额为 1 454 万元，上线当日上午 11 点前就已经募集资金超过 1 000 万元。另外，平安集团旗下的上海陆家嘴国际金融资产交易市场股份有限公司（陆金所），则在 2012 年 3 月就已正式上线了网络投融资平台（Lufax）。作为中国平安集团的网络投融资平台，Lufax 为中小企业及个人客户提供基于网络的投融资服务，除了 P2P 融资外，Lufax 还建立了比较完备的二级市场功能，支持投资者对债权进行转让。

陆金所首页

（3）**在信用贷款方面**，近两年国内中小银行和外资银行都已经开始了市场推广，例如平安银行的"新一贷"、中信银行的"信金宝"、花旗银行的"幸福时代"、渣打银行的"现代派"、华夏银行的"易达金"等。这种信用类贷款本身属于无抵押、无担保的高风险贷款形式，金融机构对借款人的资格审核相对苛刻，贷款利率和手续费也一直居高不下。

为满足客户对信用贷款的需求，工商银行于 2013 年 8 月 30 日正式推出了针对网上购物及刷卡消费的快捷贷款产品"逸贷"。该产品的目标客户定位于资信良好的优质客户，比如稳定型代发工资客户等。符合条件的客户只要持工商银行的银行卡等，在工商银行特约商户和合作网上商城进行网上购物或刷卡消费，即可以通过网上银行、手机银行、短信银行、POS 等快捷渠道实时申请贷款。"逸贷"采用信用贷款方式，无须抵押，系统自动审批，贷款瞬时到账。单笔消费金额满 600 元即可办理，贷款期限可在 6 个月、12 个月、24 个月、36 个月中自由选择，方便客户灵活安排消费和理财资金。"逸贷"产品集中体现了客户自主消费、自助融资、快捷便利的特点，不需借助任何融资中介机构办理；客户的提前还款无须预约，随借随还，柜面或电子银行渠道均可还款。在风险控制方面，除了利用客户数据进行的精细风控建模以外，工商银行还可对签约客户可贷额度实时监测，根据银行卡使用情况、代发工资情况及个人信用记录等对可贷额度进行动态调整。据工商银行官方网站介绍，截至 2014 年 3 月上旬，工商银行已累计向消费者发放新型个人信用类贷款"逸贷"59.38 亿元，贷款余额超过了 50 亿元，受惠客户数达到 6.8 万户。

（4）**在余额理财方面**，中国银行、民生银行、平安银行、广发银行、交通银行、工商银行、浦发银行、招商银行等银行已经陆续推出了余额理财产品。例如平安银行的"平安盈"、广发银行的"智能金"、民生银行的"如意宝"等。各家银行的余额理财产品也是各具特色，例如，民生银行的"如意宝"只要首次签约之后，账户里的活期存款将自动购买货币基金；平安银行"平安盈"则最早打出了 1 分钱起购口号。

15.2.3　快速迭代的开发模式

迭代的概念我们在第 13 章已有介绍。面对客户需求变化快、选择多、黏性小、转移成本低，同业产品创新快、品种多、价格竞争激烈的互联网金融时代，商业银行的产品开发流程必须要突破传统模式，避免理论推导、模型验证、市场调研、产品开发、市场反馈的冗长过程。否则，商业银行难以成为市场的领导者，而只能疲于奔命、随波逐流，却始终追不上金融消费者的口味变化。

1. 互联网企业迭代开发案例的借鉴

在互联网企业看来，要想从激烈的市场竞争立于不败之地，唯一法宝就是"快"，特别是产品从研发到推出，就是"唯快不破"，快速迭代，快做快发。

以下我们以腾讯公司的"QQ 农牧场"[①] 的敏捷迭代开发模式为案例进行分析。

过去近 10 年，腾讯的用户数不断增加，这些用户的年龄结构、消费习惯等时刻变化着。因此，精确掌握用户的产品需求较为困难，而传统的"用户调研、市场调查、产品规划"等方法显然不会很奏效。腾讯的开发团队认为，好的产品就是紧贴用户需求，让用户切身体验产品，让用户能第一时间感知并反馈。要做到这点，开发产品的基本要求就是"快速迭代"，比如"QQ 农牧场"版本更新周期几乎是以"天"为周期。

QQ 农牧场的**"极速模型"**

QQ 农牧场之所以能有如此高的发布频率，主要是因为腾讯研发团队并从产品、运营、技术、管理四个方面，贯彻了其价值观——"快"，具体包括：稳定迭代，小步快跑，并非在迭代结束时进行交付，而是在一次迭代中完成多次交付和发布过程；以特性为中心，随做随发，从特性规划、计划、开发、测试、发布都是以特性为单位来驱动；反馈及时，响应快速，让用户尽快用到新功能，尽快

①"QQ 农牧场"的作者王晶，腾讯 R&D 项目总监、敏捷教练。目前负责腾讯多个业务线重要产品的项目管理，探索并推行适合腾讯的敏捷研发及项目管理。

得到用户反馈信息，以便及时地对产品开发做调整；建设用户反馈渠道，满足不同用户习惯，提供多种方式的反馈渠道，让用户提出意见和建议；重视用户的反馈，快速响应；注重数据运营，有数据才有真相。

总而言之，互联网产品开发的"快"已经成为腾讯等互联网行业的基本法门，也是它们的一种基本能力。当然，要做到"快"，离不开开发团队的技术、运营、研发管理等多方面的紧密合作。

不过，迭代的开发方式并非十全十美，快速迭代所带来的弊端就是产品质量无法保证，因为时间有限，往往无法对产品进行足够的测试。因此，还需建立智能化的 BUG 管理系统，一旦 BUG 数量超过可容忍的最大值，就要分析原因并采取相应的措施来解决。实际上，快速迭代的实施是有前提条件的：第一是环境，周围环境在快速变化、没有足够的时间来进行产品需求分析及相关测试；第二是用户，用户不知道自己真正想要什么，产品需要通过迭代的方式进行试错；第三是成本，一般情况下可迭代产品的成本都很低，并可以快速地更新版本。

2. 商业银行的迭代式开发案例

2013 年 10 月，一项专业的手机银行使用调查显示，当前在手机银行业务使用方面，22.2% 的受访者是由于手机缴费而使用手机银行，19.8% 的受访者使用手机对自己的账户进行查询，另有 14.6% 的受访者则使用手机进行购物。显然，缴费充值在吸引客户使用手机银行入口中扮演了重要角色，做好了入口，自然会占据竞争的有利位置。

针对此情况，民生银行着手手机银行迭代创新，将"缴费充值"这一服务的品质提升到了新的高度。从民生手机银行诞生之日起，该项业务创新的步伐就不曾停歇，在经历了 15 次版本更新后，民生手机银行打造的一个囊括通信费、水电费、燃气费、取暖费、有线电视费等 200 余项缴费充值服务板块日渐成熟。缴费充值业务也成为民生银行为客户打造了基础功能齐全、特色服务丰富和方便实用的综合性移动金融服务平台的重要一环。民生银行电子银行部相关人士表示，"通过完善客户体验，开拓更多的支付项目，缴费充值极大地丰富了手机银行的增值功能，也实实在在地锁定了一批忠实客户使用。"据透露，该项业务的数据在 2014 年占据了民生银行移动支付交易笔数、交易金额总量的九成以上。

便捷的客户体验也为赢得市场好口碑打下了坚实的基础。2013 年 4 月，艾瑞咨询在发布的《网银覆盖人群最广 & 手机银行满意度最佳》调研报告中，民生手机银行用户满意度同业排名第一；2013 年底，中国金融认证中心揭晓年度中国手机银行综合测评结果，民生手机银行跃居 17 家全国性商业银行榜首，并摘得"中国最佳手机银行奖"桂冠。易观智库发布的报告中明确地指出，2013 年第四季度，以民生为代表的股份制银行的手机银行发展速度非常明显，在方向上确立了移动金融和普惠金融的整体战略，并通过跨行资金归集和缴费充值等创新功能，获取了大量用户。其公布的市场数据显示，民生手机银行 2013 年第四季度仍保持了手机银行领域的市场优势。

通过民生手机银行的案例，我们可以看出，针对互联网金融快捷性特点，传统银行业可借鉴 IT 产业经验，引入迭代式开发模式，即每次产品研发不要追求一次性达到功能最全、性能最佳，而是重点关注和实现产品的部分功能，再根据市场推广反馈情况逐步完善。这样做，既能有效提高产品推出频率，也能确保产品更贴近市场。因而，互联网金融产品的开发流程，"快"似乎比"稳"更加切合时代的要求。同样，其他的一些银行也在进行这样的尝试。据悉，目前广发银行已开始应用这种开发模式，如果银行在这方面多做一些突破，将有更多的机会击败互联网企业的"以快打慢"。

当前，互联网企业的开发模式有如下特点：第一，快速迭代已是腾讯等互联网企业产品开发的主流方式。第二，互联网企业的产品开发充分体现了"以快制胜"的原则，在迭代频率上远超商业银行。第三，互联网企业的开发团队短小精悍，集需求、计划、开发、测试、发布、反馈、回应等多种职责于一身，快速推出产品的同时，能够迅速针对客户反馈做出产品修正、完善。第四，互联网企业更多的是全新的产品，创新的氛围、思想、理念相对更强。

但是整体而言，相比互联网企业，商业银行的产品开发效率、速度还有一定的差距。这主要是因为：商业银行产品相对多样、复杂，除线上产品之外，还有很多线下产品；商业银行必须"稳健"、规避风险，产品的推出不经过反复测试很难直接面世；产品开发的需求、开发、反馈等职能往往由前中后台等多个部门承担，协调成本较高、反应速度较慢。虽有效率上有差距，但应该注意到，**商业银行关注的不仅仅是产品开发的速度和效率，更关注的是产品的风险可控**。即便如此，我们认为，针对互联网产品来说，商业银行产品开发效率有提升的必要，也有提升的空间。

总结本章，我们发现，互联网对现代生活无孔不入的渗透、无所不在的存在，使得互联网企业牢牢把握了人们线上生活的渠道。互联网企业凭借线上渠道贴近生活、亲密无间的优势，阻隔了传统金融与人们之间直接联系。商业银行唯有奋起反击，将"渠道为刀"，以"刀为依托"，打造线上线下一体化的渠道体系，以挡住互联网企业的快速进攻；将"产品为刃"，"刃为先锋"，加速产品的开发创新，以反击互联网企业的扰袭。

16 发展小微，反哺实体：互联网与银行小微服务变革

小微企业是国民经济发展的主力军，加强小微企业金融服务，是金融支持实体经济和稳定就业、鼓励创业的重要内容，事关经济社会发展全局，具有十分重要的战略意义。近些年来，我国小微金融服务的一个突出特点就是"互联网全方位和多层次地渗入"，互联网金融的出现，或将开启小微金融服务的新时代。作为我国最为重要的金融中介，商业银行一直是服务小微企业的主体。在互联网金融的浪潮下，商业银行应顺势而为，紧密融合，大力提升小微金融服务水平。

16.1 我国小微金融服务的重要性

16.1.1 小微金融是经济结构转型的润滑剂

在我国，小微企业超过 5 000 万家，登记在册的小微企业数量占我国企业总数的 99% 以上，分布在国民经济的各个行业，解决了 80% 以上的就业，创造了 60% 以上的国内生产总值和贡献了近 40% 的财政税收。由此可见，小微企业在稳定增长、扩大就业、促进创新、繁荣市场和满足人民群众需求等方面，发挥着极为重要的作用。近几年，国家已将"扶持小微企业发展、加强小微金融服务"纳入国家政策体系，并上升至国家战略层面。

2013 年 8 月国务院办公厅发布的《关于金融支持小微企业发展的实施意见》（以下简称《意见》）指出，加强小微企业金融服务，是金融支持实体经济和稳定就业、鼓励创业的重要内容，事关经济社会发展全局，具有十分重要的战略意义。《意见》提出了进一步做好小微企业金融服务工作的八项具体措施，例如，确保实现"两个不低于"的小微企业金融服务目标，即在风险总体可控的前提下，确保小微企业贷款增速不低于各项贷款平均水平、增量不低于上年同期水平。2013 年党的十八届三中全会明确要求发展普惠金融，央行根据全会精神提出要把"坚持民生金融优先，拓宽小微企业多元融资渠道，进一步优化小微企业金融服务生态环境"作为未来的重点工作，常抓不懈。

16.1.2　提升我国小微金融服务困难重重

在我国，用"步履维艰"来形容小微企业获取金融服务的处境一点也不为过。数据显示，我国的数千万家小微企业，真正可以在正规金融机构如银行贷款的仅一成左右，超过90%的小微企业从未获得过银行的经营贷款。事实上，对于小微企业而言，融资是它们最迫切的需求，提供融资服务也是它们最需要的金融服务。

然而，小微企业因规模小、实力弱、市场地位低等特征带来的经营压力大、成本上升、融资困难、配套金融服务匮乏等问题一直很严峻，如何破解小微企业难题促进小微企业健康发展，也已成为业界、学界、政界关注的重点。事实上，小微企业的融资问题是它们的"本质属性"，要彻底解决绝非易事。特别地，随着我国经济快速发展，经济结构亟须转型调整，小微企业面临的问题也更加突出。而且，当前我国各项金融基础设施亟待健全，提升我国的小微金融服务可谓任重道远。

16.2　互联网成为小微金融服务的一剂良药

近些年来，我国小微金融服务的一个突出特点就是"互联网全方位和多层次地渗入"，央行2013年也首次提出应"充分利用互联网等新技术、新工具，不断创新网络金融服务模式"。随着互联网金融的快速发展，或将开启小微金融服务的新时代。互联网为小微企业的发展提供了优良的生存环境。

16.2.1　互联网的天然优势

央行《2013年第二季度中国货币政策执行报告》中指出："互联网金融业在资金需求方与资金供给方之间提供了有别于传统银行业和证券市场的新渠道，提高了资金融通的效率，是现有金融体系的有益补充。互联网金融业依赖大数据分析有助于解决信息不对称和信用问题，提供更有针对性的特色服务和更多样化的产品，交易成本的大幅下降和风险分散提高了金融服务覆盖面，尤其是使小微企业、个体创业者和居民等群体受益。"具体看，互联网企业小微金融服务具备的优势主要体现在以下几方面。

1. 互联网的开放性、共享性和平民化

互联网的搭建基础"万维网"决定了网上信息连接成一个系统，并在任何能接入 Internet 的地方就可以使用形式一致的共享的开放的信息资源。而随着互联网和电脑在我国的快速普及，互联网已经成为了平民化工具，广大中小微企业都能便捷地使用互联网。特别是，诸如阿里巴巴这类大型互联网平台，仅旗下的天猫企业户就超过 70 000 家，这些企业可以方便地享受阿里小贷提供的金融服务。

2. 交易成本小，信息不对称程度低

互联网金融不受时间和空间的限制，并不需要大量的实体网点，理论上可以 24 小时营业；而依托电子商务平台和支付平台，互联网企业的贷款放贷审核、贷款发放可全程在网上完成，这不仅节省了传统商业银行下户调查、贷后跟踪等耗费的成本，也使得互联网企业开展金融服务的边际成本几乎为零，很好地适应了小微客户的小额、短期、高频的融资需求。基于这些特点，大大降低了提供互联网企业提供金融服务额成本，也极大地提升了小微金融服务的覆盖面和效率。

3. 聚合挖掘大数据，有效控制风险

互联网拥有着巨量的客户群，客户群的网络行为所留下的信息（包括上网记录、交易行为、交互方式等），为互联网企业从事数据挖掘、分析客户需求和精准营销提供了海量的数据支撑。互联网企业可以利用这些数据评估借款人的信用，从而既实现"无抵押、无担保"的便利模式，又较好地控制了违约风险。

16.2.2 典型案例分析

作为传统金融业与互联网结合的新兴领域，互联网企业小微金融服务可谓动作连连，集中体现为小贷公司、P2P 网贷和第三方支付的快速发展。以下以案例分析的方式，探究互联网企业服务小微企业的模式特征。

1. 阿里小贷

阿里小贷是全国首家完全面向电子商务领域小微企业融资需求的小额贷款公司。小额信贷业务是阿里金融自 2010 年面向阿里巴巴 B2B 平台小微企业和面向淘宝平台上个人创业者的小额贷款金融服务。

阿里小贷业务以其申请流程便捷、无抵押无担保等特点，受到小微企业和个人创业者的青睐，业务规模迅速增长。据报道，截至 2013 年 6 月末，阿里小贷累计投入贷款总额已超过 1 000 亿元，客户超过 32 万户，户均贷款额度 4 万元。与此同时，受益于参与者广泛及对消费者行为与偏好的精确把握，阿里小贷的不良率只有 0.84%，低于商业银行的平均水平。那么，阿里究竟是如何做到这些的呢？

第一，聚焦小额信用贷款。阿里金融主要是以提供满足小微企业和个人创业者需求的小额信贷为主（见表 16-1），包括阿里信用贷款、淘宝信用贷款和淘宝订单贷款等。这也是阿里相比其他互联网企业的核心优势。

表 16-1　阿里的金融业务介绍

产品种类	客户群	额度（元）	利息	期限
阿里信用贷款	阿里巴巴平台上，江浙沪地区普通会员和广东地区付费会员，注册满 2 年	5 万 ~300 万元	1.5%/ 月，按月计息	12 个月 3 天无理由退息
淘宝信用贷款	淘宝店铺经营时间满 6 个月，信誉良好，无地域限制	100 万元以下	0.05%/ 天，按日计息	12 个月
淘宝订单贷款	淘宝店铺经营时间满 2 个月，信誉良好，无地域限制	100 万元以下	0.05%/ 天，按日计息	30 天
虚拟信用卡（2014 年 3 月被央行暂停）	支付宝用户，无地域限制，首先推出无线客户端	200~5 000 元	免年费，签约商支付 1% 交易服务费	38 天免息期

第二，基于大数据获取借款人信用。阿里小贷的主要对象是阿里巴巴的会员或中国供应商的会员，这些会员企业的信用记录、交易状况、投诉状况很容易通过阿里巴巴系统网站获得；阿里小贷通过与淘宝网、支付宝等数据实现数据共享，海量的客户数据和交易数据，阿里可以迅速形成对客户信用水平和还款能力的评估报告，从而有效控制风险。具体看，在贷前，调取企业的电子商务经营数据并辅以三方认证信息，判断企业经营状况、信用情况和偿债能力；在贷中，通过支付宝、阿里云以及未来的物流系统监控企业资金流、信息流和物流情况，为风险提前做出预警；在贷后，进一步监控企业的经营行为，重估信用评判，并对违约客户处以限制或关停其网络商铺等措施，并向其他网络客户通报其潜在风险。

第三，通过地域限制降低违约风险。截至 2013 年底，阿里小贷的信用贷款面向注册地在北京、天津、上海、浙江、江苏、山东、广东且注册时间满一年的小微企业发放。不难发现，这些地区都是我国经济较为发达的地区。

2. 宜信公司

宜信公司创建于 2006 年，总部位于北京，是一家集财富管理、信用风险评估与管理、信用数据整合服务、小额借款行业投资、小微借款咨询服务与交易促成、公益理财助农平台服务等业务于一体的综合性现代服务业企业，也是国内大型的 P2P 小额信贷平台。截至 2013 年底，宜信普惠的小微金融业务已经遍及 100 多个城市及 20 多个农村地区，包括云南、内蒙古省内一些常规金融服务不容易覆盖的偏远区域，服务客户超过 100 万。经过近 10 年的探索，宜信在小微信贷方面已经积累了较为丰富的经验[①]：

第一，"接地气"的信用评估。在小微信贷中，信用调查、贷款审核是难题。具体实践中，银行通常的做法是让小微企业提供财务报表来审核其经营情况和信用情况，然而很多小微企业都没有报表，因此，与银行不同，宜信通过帮助小微企业建立财务制度和编制财务报表，从而建立小微企业的信用。初期探索时，宜信甚至通过小微企业的职工工资情况、货物存放情况等方式来识别信用。随后，2012 年 12 月 21 日，宜信成立"小微企业信贷服务中心"，该中心从小微企业的实际经营情况出发，不以营业执照、纳税记录、银行流水等作为硬指标，而是结合小微企业主所在的行业、地域、季节、用款计划等要素制订融资方案。

第二，网络借贷平台下的动态信用管理。宜信拥有 P2P 网贷平台，依托该平台，一方面，降低了高成长性人群和大众富裕阶层之间资金需求和资金供给的信息不对称，较低了交易成本；而通过使用 IT 和互联网技术实现了大多数服务的自动化，为更多的人群获得金融服务创造了技术条件；另一方面，基于平台积累的大数据，从贷前审批、贷中监控，到逾期管理，利用互联网技术实现对借款人信用的动态管理。此外，还结合第三方数据来源加强风险管理，比如，宜信与电商网站合作中，电商提供其用户的部分行为和经营流水数据，帮助宜信更好的进行信用评估；在促成借贷交易后，也继续利用客户的经营数据监控其经营数据，

▶ ▶ ▶ ▶

① 资料来源：中国社会科学院、宜信：《2014 中国普惠金融实践报告》，《哈佛商业评论》，2013。

及时发现潜在风险。

第三，与当地小额信贷机构展开合作。单一的信贷服务并不能满足从业面广、情况复杂多样的小微企业借款人的需要。为此，宜信通过与其他机构的合作，提升服务水平。比如"宜农贷"，这是宜信开发的以中西部地区需要资金的农村借款人为目标的网络借款平台。宜信与河南、青海、甘肃等地方的小额信贷机构合作，由农村信贷员上传借款人的基本信息和发展项目，有富余资金的则通过宜信的网络平台来出资资助。

16.3　更好地服务小微企业：银行互联网金融发展水平的试金石

16.3.1　商业银行小微金融服务的成效与经验

随着我国利率市场化改革的逐步推进，金融脱媒日益明显，我国商业银行对于拓展利润来源，多元化盈利模式的需求非常迫切，小微金融服务这片"蓝海"已经成为各大商业银行发力和竞争的重要领域。其中，针对小微企业融资"短、小、快"等特有特点，借助互联网技术来服务小微金融已经是商业银行的一大趋势。事实上，从本书第 8 章也可知，我国商业银行一直在利用互联网技术和信息化技术提升金融服务水平。经过不断探索，国内商业银行运用互联网来提供小微金融服务也已取得了一定成效，并积累了一定经验。

1. 网络融资规模不断增长

近几年来，以工商银行为代表的五大国有大型商业银行，和以民生银行、招商银行为代表的股份制商业银行，通过网络融资的方式给小微企业发放的贷款规模均实现了较大增长。以工商银行为例，2009 年底，工商银行将传统的信贷业务与电子商务发展相结合，借助网络技术手段，推出了具备工商银行特色的网络融资业务。推出三年来，截至 2012 年底，工商银行累计为 4.3 万户小微企业发放了7 710 亿元的网络融资贷款（见图 16-1），其中仅 2012 年就累计为约 3 万户小微企业发放了 3 288 亿元贷款[①]。

▶ ▶ ▶

---

① 史建平：《中国中小企业金融服务发展报告（2013）》，北京，中国金融出版社，2013。

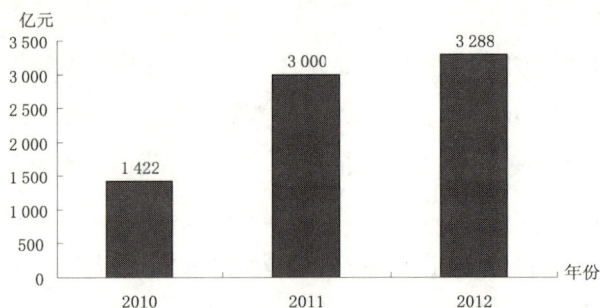

数据来源：工商银行历年年报；《中国中小企业金融服务发展报告（2013）》。

图 16-1　工商银行小微企业网络融资金额

2. 网络融资产品层出不穷

目前，商业银行网络融资的主流模式是利用互联网技术把部分模式和程序相对固定的传统线下业务（比如贷款申请、发放、回收及循环贷款）转移到线上来做，这种模式从本质上来说，是利用了互联网技术改进融资流程，提供融资效率，改善客户的服务体验，但对于包括贷款人的信用调查和审核这类融资核心环节仍是在线下进行。基于这类主流模式，具备较强实力的商业银行开始推出电子仓单、电子订单以及接入核心大企业供应链的信用，这种模式已经开始触及融资的核心环节，而利用互联网技术创新抵押品以及延伸核心客户的信用，也是商业银行发力互联网金融的重要趋势[①]。

近年来，各大商业银行相继推出了多种针对小微企业的网络融资产品，如表16-2 所示。通过这些产品，极大地便利了小微企业融资。

表 16-2　我国部分商业银行小微企业网络融资产品

银行	产品	描述
工商银行	网贷通	工商银行与小企业客户一次性签订循环贷款借款合同，贷款最高额度可达 3 000 万元，在合同规定的有效期内企业需要资金时自主提款，有闲置资金时还贷，最长可在两年内循环使用。

▶ ▶ ▶

---

① 史建平：《中国中小企业金融服务发展报告（2013）》，北京，中国金融出版社，2013。

续表

银行	产品	描述
工商银行	易融通	专为小微网商提供的融资系列产品，担保方式更灵活，在抵押、保证的基础上增加了网商联保和信用方式。
	网上商品交易市场融资	工商银行与网上商品交易市场合作，以交易商品现货等作保障，开发计算机辅助评价和利率定价模型，为市场交易商提供自助申贷、提款和还款等服务的短期融资业务。其中包括电子仓单买方融资和电子仓单卖方融资。
	电子供应链融资业务	以核心企业为依托，供应链上下游客户与核心企业通过电子商务网站或E-ERP平台进行电子在线交易，由工商银行凭借电子在线交易信息、商业资信记录，并依托核心企业信用，通过电子化渠道为核心企业上下游提供的在线供应链融资服务。
建设银行	e商通电子商务信贷产品	e商通电子商务信贷业务是为满足网络中小企业客户的融资需求，对通过义乌全球网电子商务平台发起业务申请，并符合建设银行相关政策条件的客户提供的信贷业务，包括"网络联贷联保"、"网络速贷通"、"网络供应商融资"。
	网络银行"e贷款"系列产品	网络银行"e贷款"系列产品是通过和网络平台、物流平台的合作，通过信息流、物流和现金流的三流对接，打造的供应链融资平台，包括网络银行"e贷通"、"e单通"、"e保通"、"e商通"、"e点通"、"e棉通"。
交通银行	"E贷通"	通过综合考虑客户职业、收入、信用状况、抵押物价值等情况，客户只需一次申请，即可获得短则1个月、长则3年最高100万元额度的授信，授信期内可循环使用、随借随还，而且都由客户在网上自行操作。
	联合在线网银	为中小企业客户量身定制，选取常用的账务查询、企业付款、财务通、汇出汇款、国际信用证和投资理财等基础功能。同时增加针对私营业主的对私转账、个人贷款和基金申购等功能，从而将个人网银与公司网银的重点功能相结合，个人、公司账户一对一绑定，实现一次登录即可完成公司和个人基本业务的处理模式。
	网上应收账款质押贷款	指客户可以通过交通银行企业网银自助申请应收账款质押贷款，并实现贷款流程全程电子化，银行自动审批通过后客户即可自助申请放款，随借随还。
	小企业"E贷"在线	为小企业客户提供了一个通过互联网自主进行贷款申请、贷款审批状态查询的渠道，具有服务效率高、成本低、互动性强等特点。

续表

银行	产品	描述
浦发银行	网上贸易行	依托该行网上银行的客户服务平台，以其国际结算服务平台为支撑，为中小企业客户提供国际结算网上服务和个性化网上金融增值服务的解决方案。
	网上自助贷	为中小企业开设网上申请贷款的渠道，服务重点侧重于依托于互联网技术进行原料采购、产品销售和生产经营的成长型企业。
招商银行	U-BANK 中小企业专属服务	"U-BANK 中小企业专属服务"品牌包含专门面向中小企业的现金管理、电子供应链、商贷融资、电子商务四大类近三十项产品，以及在线客服、电子账单、手机银行、主动追踪等十项中小企业专属增值服务，充分体现供应链金融的特点。且此品牌分为三个阶段：伴您成长方案、高级财务筹划、全面领先行动，根据各个阶段的显著特点以及对银行电子金融服务的需求特征提供不同服务。
平安银行	供应链金融 2.0	推出"供应链金融 2.0"，涵盖了预付线上融资、存货线上融资、线上反向保理、电子仓单质押线上融资、核心企业协同、增值信息服务、公司金卫士等 7 大产品与服务，在线整合与衔接各方流程，共享银行、核心企业与上下游企业，以及物流伙伴之间的分散信息。
民生银行	"商贷通"网上申贷	在全国所有分行实现"商贷通"网上申贷服务，中小企业客户可以通过网上银行办理委托放款、借款确认、还款等业务。
华夏银行	网络自助贷	针对特定的客户按规定进行授信，通过网络平台动态监控资金用途，客户可通过网络平台实现随借随还、自助发放与归还的可循环使用的人民币贷款。
宁波银行	宁行 E 家人	推出"宁行 E 家人"中小企业金融商务网络社区，企业通过"E 家人"申请的贷款，可在 3 天内获得银行人员回复；当小企业在融资、国际业务、理财产品等方面遇到困惑时，可直接在"E 家人"上联系各类银行业务专家，解决问题。
渣打银行	S2B 公司客户网上交易平台	电子银行—Straight2Bank 提供双语账户报告、支付命令功能、自动账户汇总，具有高科技安全措施。

资料来源：各银行官方网站；史建平：《中国中小企业金融服务发展报告（2013）》，北京，中国金融出版社，2013。

以中国工商银行的"网贷通"为例。这一产品实质是工商银行与小企业客户一次性签订循环贷款借款合同，在合同规定的有效期内，小微企业可通过网上银行自助进行提款和还款申请，贷款最高额度可达3 000万元，最长可在两年内循环使用。企业有闲置资金时就用来还贷，需要资金时就自主提款，资金几乎是实时到账，突破了传统借贷的时间和空间的限制。同时，对比银行的传统贷款，这种企业可自主根据销售淡旺季等自身情况随借随还的形式可在很大程度上降低企业的融资成本。

表16-3 工商银行"网贷通"与一般企业贷款的特征对比

对比项目		网贷通	一般企业贷款
准入条件	担保方式	房地产抵押、低风险质押、信用	抵质押、信用、担保、保证等
期限	最长期限	合同最长1年，单笔贷款最长1年	一般1年，最长3年，超过1年期必须采用整贷零偿还款方式
	贷款期限	7天至1年，合同有效期内自主确定，期限灵活	贷款时确定期限
额度	额度	3 000万元以内，合同金额内自主确定，额度灵活	3 000万元以内，贷款时确定金额
费用	利息	根据实际贷款金额、期限计息，降低成本	根据贷款总额、期限计息
提款还款	提款还款方式	循环，随借随还	非循环，一次性发放，还后不贷
	使用渠道	网络，自助，随时随地，高效便捷	客户经理，银行网点
	受理时间	全天候（银行业务批处理、系统升级等时段除外）	工作时间
	处理时效	实时	视银行内部效率
规模控制	规模保障	承诺类网贷通将保障提款	没有规模时暂停放款

资料来源：工商银行官方网站。

　　与工商银行等大型银行相比，股份制银行在小微金融方面一直更加活跃。其中，民生银行可谓典型代表。民生银行于 2009 年就提出"做民营企业的银行、小微企业的银行、高端客户的银行"的战略定位，决定每年新增贷款的 50% 投入小微企业，并以小微金融为零售业务核心，加速推动业务结构转型。将小微企业从"公司银行客户或零售银行客户"这种传统的二元化业务结构脱离出来作为一个独立的金融服务对象，民生银行走在了同业前列。从 2008 年起，截至 2013 年 6 月，累计发放小微企业贷款 9 500 亿元，服务小微企业客户 140 万户，平均每家小微企业客户贷款每年不到 17 万元。通过五六年的积累，并借助互联网技术，民生银行开发了一系列服务小微企业的金融产品和服务。

　　例如，小微企业中有不少从事批发贸易，它们在支付结算方面有着很大需求，去银行网点支付结算不但效率低下，时间成本也高。对此，民生银行推出"乐收银"产品，该产品将 POS 机和第三方电话支付终端产品的优势相结合，并且汇集了刷卡付款、转账和查询等小微企业最常用的功能，从而有效提高了结算效率，也很大程度上为小微企业带去了便利，如不用去网点排队等。再如，由于小微企业主的私人账户、家人账户、公司账户等银行账户往往都是由其本人管理，账户间容易混淆，管理成本也较高。为此，民生的手机银行开发了"公私账户集中管理"的模式，让小微企业主可以同时方便快捷地管理各类账户，通过到柜台授权后，所有账户都可以在小微手机银行中进行管理。此外，为提高小微金融服务的惠及面，民生银行先后采取了一系列举措：2010 年，对小微企业的服务渠道加以整合，并开通"4008695568"小微金融服务专线；组织各分支机构"下基层"，着力推广小微手机银行、乐收银、跨行通等小微企业重点产品；运用推介会、座谈会等方式在小微企业中宣传民生电子银行等。

　　最后，值得指出的是，民生银行小微金融服务之所以能开展得"如火如荼"，与以下三大举措密不可分：第一，事业部改革。民生银行 2007 年起启动事业部制改革，把高风险的公司业务统一至总行；分行通过转型主做小微业务；支行不再从事公司业务，并向"小微业务为主的专业支行、传统的零售银行和社区银行"三大方向发展。第二，建立小微领域的专业支行。如海洋水产专业支行、纺织服装专业支行、休闲鞋服专业支行、石材专业支行和茶叶专业支行。第三，成立小微企业城市商业合作社。此举在于让原本分散的小微企业通过一定的模式组织起来，使之作为一个小微企业群体与银行开展业务，进而实现小微贷款的批量销售，减少人工成本和降低信贷风险。

16.3.2　商业银行提升小微金融服务的应对策略

面对互联网金融的汹涌来袭，商业银行应积极应对，借力互联网，全面提升小微金融服务水平。

1. 强化小微金融服务理念

当前我国银行业的内外部经营环境发生了重大变化，**小微金融不仅是银行业调整业务结构和客户结构的"蓝海"，也是银行业承担社会责任的重要体现。**商业银行应从全行战略高度出发，树立服务小微企业意识，提升小微金融服务水平，群策群力解决小微企业融资难问题。特别地，面对互联网金融的冲击，学习与借鉴互联网思维，真正实现从"以我为主"向"以客户为中心"转变，充分考虑小微企业的特点与需求，不断创新，推出符合小微企业发展需求的产品和服务。

2. 加大互联网金融产品创新力度

深入研究和认真学习互联网金融，取其所长，弃其所短，融合传统的信贷业务与网络技术，研发和推出贴合小微企业需求、操作界面友好、处理流程高效的网络金融产品，着力开发以小额、信用、灵活为主要特征的网络产品，如可通过网上银行自助申请、自主提款和还款的产品，小微企业可根据销售淡旺季等情况随借随还的产品，适合小微企业的短期融资和扩大再生产的中长期融资等不同需求的专属信贷产品等。此外，依托小微企业与上下游客户交易形成的供应链，开办保理、商品融资、订单融资等相关业务线产品。

3. 打造线上线下一体化服务模式

在渠道方面，着力开发网上银行、手机银行、移动终端、自助终端等线上服务渠道，特别是手机银行和移动终端；在营销方面，大力使用微博、微信、公司网站、电子邮件、网络广告平台等互联网平台，通过推介会、客户座谈等方式在小微企业中宣传本行的电子银行服务；在产品处理方面，缩减人工服务量，实现产品的自动化和智能化，拓展产品的服务范围，实现金融产品和非金融产品一体化管理。

4. 构建基于大数据的信用体系和风控机制

依托科技手段和互联网，充分利用大数据构建小微企业的信用体系和风控机制。一方面，除了采集账号、金额变动情况、存款情况、贷款情况、违约情况等结构化数据，加强对小微企业客户在互联网、社交网、电子商务活动等各类形式中频频出现的文档、文本、图像、音频、视频等非结构化数据的采集和管理。通过网上平台把小微企业编织在同一张社会关系网中，把他们相互之间的生产贸易往来、企业信用、个人信用、社会关系等数据进行添加和整理。另一方面，借鉴和学习阿里、宜信等互联网企业经验，完善小微企业客户的资信档案建设，构建基于计算机管理系统的信用管理评分模型；实时更新小微企业的信用记录，动态监控小微企业的信用状况变化，以便准确评价客户信用状况和防范风险。

5. 开展与互联网企业通力合作

商业银行应与互联网企业展开密切合作，充分发挥各自的优势，服务小微金融。一方面，建立与互联网企业的信息共享机制。互联网企业在小企业、普通网民方面有优势，商业银行在大中型企业有优势，两者可以一定程度上进行信息共享，优势互补。此外，商业银行可借鉴学习互联网企业在数据挖掘、信息处理等方面的技术优势。另一方面，商业银行可联合阿里、宜信、P2P 公司等互联网企业，以及担保、租赁、基金、证券等金融服务商，实现与小微客户群的联动和融合，进而实现自身发展的转型升级。

总结本章，我们发现，互联网金融与小微金融服务有着天生的契合性。**互联网的开放性、共享性和平民化有助于更多的小微金融需求者获得服务；互联网交易成本小、效率高、信息不对称程度低的特性很好地适应了小微客户的小额、短期、高频的融资需求。互联网容易聚合大数据并利于挖掘、有效控制风险的特性，有利于小微金融实现"无抵押、无担保"的便利模式和较好地控制违约风险。**互联网企业在小微金融领域的快速拓展，以及民生银行在小微金融服务方面的大胆尝试，都为商业银行大范围推广小微金融服务提供了借鉴作用。**只要树立服务实体经济、帮助小微企业发展的金融服务理念，加快小微产品创新、整合小微服务渠道、建立基于大数据的小微风控技术，商业银行完全可以大力拓展小微金融，支持实体经济发展。**

17 二十一世纪的金融谁唱主角？

按照颠覆论者的逻辑，互联网金融的最终发展将彻底颠覆商业银行的中介地位，到那个时候，商业银行将不复存在。那么在未来，纵使商业银行不断学习、创新、变革、转型，是否还是如颠覆论者的推断，会消失于历史的长河中？随着互联网与金融的深入融合，商业银行的演变将沿着怎样的发展路径？如果商业银行依然存在，它还能干些什么？未来的银行服务将是怎样的呢？

17.1 未来商业银行依然存在

随着各种新型通信和电子设备不断融入社会经济的各个层次，人们在不断地提出一个问题：未来，商业银行在互联网时代的作用是否还像当今的时代一样不可或缺、举足轻重？如果我们把这一问题放到"商业银行的信息化"这样一个更加宏观的时间跨度上进行审视，也许就能得到比较清晰的答案。

从新兴技术对银行发展的影响来看，商业银行从来没有停止过对新技术的利用和创新。回顾银行信息化的发展历程，我们不难发现，从电报的发明到互联网的创建；从磁性卡介质的发明到 NFC 技术的普及；从大型服务器的发明到桌面电脑、平板电脑、移动终端的不断演进，商业银行自始自终都扮演着新技术的开创者、使用者和推进者的角色。从 19 世纪中叶以来，一项又一项的新技术被银行所吸纳，并成为银行服务模式中的组成部分。几乎每出现一项具有历史意义的新技术新发明，都会被银行快速吸收和消化，进而成为银行服务的一部分。一百多年来，银行的经营模式、管理模式、服务渠道、用户获得服务的方法，都因为新技术的引进而发生了翻天覆地的变化，而商业银行并没有因为新技术的出现而被颠覆，反而在不断的变化和演进中变得越来越强大，越来越高效。过去的十几年中，互联网技术的大量使用，已经让商业银行跨入了信息化银行发展的快速轨道；展望未来，大数据、云计算等新技术也必将被商业银行体系所吸收，并改变商业银行的产品形态、组织体系、服务方式等，让商业银行体系变得更高效、更有活力。

从银行的发展历史来看，自从世界上第一家商业银行诞生以来，商业银行已经走过了几百年的发展历程，在这个过程中，尽管全球经济经历了货币体系的演进、多次的经济危机或金融危机，但是商业银行作为促进资金和资源的合理匹配、推动社会资源优化配置的角色并没有被削弱，反而显得愈发重要。即便是谢平教授论文中所描述的互联网金融未来模式中，替代商业银行、券商等金融机构的"互联网"也并不是一个虚无的存在，也需要专门的机构面向客户提供服务。例如，融合搜索引擎、社交网络等信息源，提供精准风险定价服务的专门机构以及在线匹配资金供需双方以实现直接融资的专业化匹配平台等，而拥有深厚金融服务积淀的商业银行，显然拥有更多的业务和服务优势来开展相关业务。

从目前业务的发展来看，互联网企业跨界金融，无论从业务覆盖范围还是业务总量上，与商业银行相比还有相当的差距。同时，未来互联网企业很有可能借助第三方支付、网络小贷等目前已经相对成熟的业务经验，进入更多的商业银行业务，而随着互联网企业介入银行业务的深度与广度的不断扩展，互联网企业的商业银行属性将越来越明显。当互联网企业的银行业务成为企业的主要盈利业务时，这家企业事实上已经成为了商业银行——这就不是互联网颠覆商业银行，而是互联网融入银行、拥抱银行、成为银行了。

由此可见，互联网企业似乎并不可能完成"颠覆商业银行"的重任，而且还正在通过跨界开展金融业务，寻求成为实质上的商业银行。商业银行几百年来经历各种经济危机和技术革命而变得更加先进和高效的事实，让我们有理由相信，正在发生的新一轮技术革命，其技术成果也将会被商业银行体系所引入和消化，辅助商业银行成为更加强大的金融组织。展望未来，即便是在互联网金融模式的理想情景之下，商业银行也会凭借雄厚的业务积累和先进的技术支撑，成为新型金融形态的中坚力量。

17.2　未来商业银行的金融职能演变

在现代经济活动中，商业银行的职能包括信用中介、支付中介、金融服务、信用创造等职能。通过这些职能，商业银行在国民经济活动中发挥着促进资金和资源的合理匹配、推动社会资源优化配置等重要作用。我们不妨分别展望一下这几项基本职能未来可能发生的演进。

（1）**信用中介**。信用中介是商业银行最基本的职能，它利用风控技术和资金配置技巧，将短期资金转化为长期资金，将闲散货币转化为资本；使社会资金在时间和空间上得到充分利用，因而在国民经济中发挥着不可替代的重要作用。在社会与经济高度信息化的未来，这一职能的实现方式、实施效率、成本、精度等可能会发生变化，但是其核心不会发生改变。由于资金的期限错配关系到整个金融体系的稳健，因此严格的准入和监管将不断与时俱进，为社会的金融安全保驾护航。

（2）**支付中介**。商业银行支付中介这一职能，通过借助各种信用流通工具，为客户办理结算、收付、兑换和存款转移等业务来实现。这一职能对于社会而言，可以显著节约流通费用，提高经济主体的运行效率的同时降低运营成本。目前，以第三方支付机构为代表的非银行支付机构已经在小额支付领域获得了一定的市场和相对竞争优势。未来市场中，承担支付中介职能的除了商业银行，还会有非银行机构的加入，而支付承付金额的大小，依旧与支付机构的信用直接相关。在大额支付方面，商业银行具有比较明显的优势，而小额支付的长尾特性则有可能为第三方支付机构提供在支付业务数量甚至支付总额方面赶超的机会。二者谁能成为主流，除了机构本身的信用，就要看谁能提供更加快捷、高效、安全的支付结算服务了。

（3）**信用创造**。商业银行信用创造的过程，就是通过创造存款货币等流通工具和支付手段吸收存款、发放贷款，从而增加银行的资金来源、扩大社会货币供应量的过程。商业银行信用创造基于三点，一是存款，二是贷款，三是结算；而互联网金融的发展使得传统银行的信用创造职能被不断弱化。例如，第三方支付在结算环节、第三方资管和P2P网络贷款和众筹平台在存款环节，都使得货币流出银行体系，而虚拟信用卡更是具备了这三点。随着信息技术、监管水平的逐步提升及市场化改革的推进，未来互联网企业有可能会深度参与信用创造，出现商业银行、中央银行、互联网企业共同创造信用货币的局面。但同时，商业银行也将全面开展互联网金融新业态，例如在监管允许的前提下，不排除商业银行开展类似P2P业务的可能。届时，商业银行凭借强大的资本、信用和技术积淀，相关业务范围和规模将超越现有的网络借贷平台。因此，虽然互联网企业也具有信用创造的功能，但毫无疑问，商业银行仍处于信用创造的主导地位，因为银行运行的核心就在于通过获得基础货币来创造信用。

（4）**金融服务**。此处的金融服务，是指商业银行利用业务开展过程中所获得的大量信息，借助先进的信息处理技术，为客户提供财务咨询、融资代理、信托租赁、代收代付等各种金融服务。相关业务国内商业银行已经开展多年，并逐渐成为中间业务收入的重要来源。国际上，金融服务业务的经营能力也已经成为衡量商业银行整体实力的重要指标。未来，商业银行将凭借全面的金融产品线及其业务信息，利用雄厚的 IT 基础和数据分析、处理能力，为客户提供更加富有价值和个性化的金融服务。另一方面，目前互联网平台借助电商平台以及第三方支付平台积累了社会经济活动的大量数据，已经可以为客户提供一些简单的金融服务。将来，这一趋势将日趋明显。

从更长远来看，随着世界经济形势的跌宕起伏、电子商务的快速发展，监管措施的日益严格，商业银行必须通过功能转变尽快适应，方能在不断变化的全新金融环境中获得成长和发展。例如，在信用中介职能的实现过程中，完成风险定价从"经验为中心"向"数据工程 + 经验"的转变；在支付中介职能的实现过程中，完成由"支付服务"向"商务服务 + 支付服务"的转变；在信用创造职能的实现过程中，完成从"抵押为主"向"信用 + 抵押"的转变以及从"线下为主"到"线上批量 + 线下"的转变；在金融服务职能的实现过程中，完成由"增长驱动型"向"利润驱动型"的转变。

由上面的分析可见，在信息技术充分发展的未来，商业银行的金融职能将会向更加高效、更加贴近用户、贴近市场的方向发展。未来金融市场上，提供银行服务的机构，可以分为两大类，一类是当今的互联网企业，长期从事支付结算、网络借贷等银行业务后，通过并购商业银行或申请银行牌照，成为真正意义上的商业银行；另一类是传统的商业银行，不断提升自身的信息化水平，更新自己的产品与服务，发展成为新技术条件下的商业银行。可以想象，上述两类商业银行机构，谁能更好地利用互联网信息技术，完美金融功能，丰富金融产品，凝聚客户的同时创造企业价值，谁就能够获得更加持久和稳定的发展。

17.3　未来商业银行的平台生态功能演进

在未来的互联网金融时代，我们可以从第14章提及的"平台生态系统"的视角，对商业银行的功能演变进行研究、展望。我们认为，未来商业银行（尤其是指大型银行集团）的功能演化，将经历三个阶段：

第一阶段，资金流中心。此时的商业银行，主要承担支付中介、信用中介和信贷中介等资金融通的功能，跟当前商业银行的金融中介作用并无二致。围绕商业银行搭建的平台生态系统更多的是把银行线下功能网络化、平台化、一体化了。商业银行将通过综合化、国际化以及并购、合作等多种方式，建构全功能金融服务平台。**平台生态系统的成员从商业银行扩张到更多金融机构，如证券、保险、基金、信托等，提供的仍是金融产品和服务**。平台之上的第三方机构以及大中小企业、商务机构，与商业银行是合作的关系，是平台的服务对象，属于平台外围成员。

我们认为，在这个阶段，随着互联网对企业内部信息传导机制的进一步改进、组织结构的优化和管理能力的提升，企业边界将大幅扩展。而随着金融监管能力的提升、监管机构一体化和混业经营限制的逐步放开，国内大型商业银行将初步完成综合化、国际化的转型过程，组建成涵盖银行、证券、保险、基金、信托等现有金融业务类型的大型金融集团。此时，**金融机构之间的界限将变得模糊，作为资金流中心的平台生态系统的演进模式主要是传统金融的整合与融合，扩张路径将以强强联合为主**。

第二阶段，资金流＋信息流中心。此时的商业银行，其平台生态系统将进一步扩展，其成员除大中型金融机构外，还加入了很多三四线城市商业银行、信用社、社区银行、民营银行、小贷公司等小微金融机构和第三方支付、第三方资管、P2P、众筹融资平台等非金融机构（或金融业的服务机构）。随着大数据时代的真正到来，商业银行凭借多年的数据积累、挖掘技术和风控、科技水平提升，除了直接提供金融服务之外，还根据客户偏好的挖掘、主动推送金融产品信息和理财方案，增加客户黏性；同时，还为平台成员提供客户征信记录查询、信用评分等金融信息服务，成为规则的制定者。例如，商业银行向小微金融机构以及各类第三方资管、信贷等非金融机构提供客户财富信息、金融需求分析报告、金融解决方案、个人信用与企业的信用评估报告等；还为无 IT 能力的小微金融机构提供 IT 解决方案、输出云计算能力。此外，平台将信息流与资金流加以匹配和管控，在加强平台系统性风险监管的同时，为平台成员提供风险提示和防控建议。

在这个阶段，商业银行的部分职能将演化为一个类似于云计算服务提供商的信息服务机构。按照信用学派的观点，银行的重要功能就是判定谁可能违约、违约的概率如何、怎样定价才能在保证利润的前提下覆盖可能出现的违约风险。而随着移动互联网、大数据和云计算技术的普及，银行在风险评估和风险定价方面所需的信息获取成本将大幅降低。同时，这一成本还具有随着客户数量大幅增加而显著降低的长尾特性。从这个角度来看，信息技术将成为商业银行的业务中枢。在并不遥远的将来，以"信息"作为服务内容和产品表现形式的业务将逐渐出现并为客户所接受，信息业务在商业银行中的地位将逐渐与货币业务趋近，成为商业银行的核心业务之一。再进一步展望，随着传统货币业务利润率逐渐趋于行业平均利润，拥有更多附加值和利润率的信息业务将有可能进一步取代货币业务，成为商业银行的主营业务。此时，**金融机构与 IT 企业之间的界限将逐步模糊，商业银行除了承担资金中介职能之外，还发挥着信息中介的作用。作为资金流中心和信息流中心的银行平台生态系统，其演进模式将是金融机构与为金融业服务的非金融机构（如各类互联网金融新业态）之间的组合、配合，扩张路径以大中小微金融服务机构的联合为主。**

第三阶段，资金流 + 信息流 + 物流中心。随着资金中介、信息中介功能的进一步拓展、融合，商业银行的服务边界将逐步延伸到物流，即一方面，利用自建的物流体系为平台生态系统之上商贸企业提供物流服务；另一方面，借助前两个阶段搭建的大数据云计算平台的信息聚合优势，吸引市场上众多物流的企业将其信息接入，从而最终实现对资金流、信息流、物流"三流合一"的综合处理。就像目前的阿里巴巴集团从商贸跨越金融一样，商业银行的金融边界将逐步模糊，金融与产业、商业之间的融合将更加紧密，市场信息的不对称将得到很大程度上的化解。

在这个阶段，商业银行将完成一个重要的跨越。之前的两个阶段，商业银行的发展路径是"从线下到网上"，即将线下金融服务、线下评估咨询服务搬上互联网，而这个阶段的发展路径则是"从网上到线下"，即将平台之上商贸企业的部分货物的流通将由线下网点来完成。当然，银行网点不可能承载所有的货物流转，大宗商品、生产资料，肯定是由专业的物流网络来完成，它们将通过接入商业银行的大数据平台，获得更多的信息，提高自身的物流配送效率。银行网点服务的对象更多的是采购中小件物品的个人客户、重点客户。

银行平台物流中心的建设，主要基于我们对未来银行网点转型的预测。我们认为，互联网时代，随着柜面业务电子化、金融服务自助化的不断提高，银行网点势必面临功能转型：一部分网点向社区银行转型，主要通过利用自助设备、手机银行、网上银行等"自金融"满足客户的业务需求，并借助先进的技术手段实现标准化运营，通过客户行为的数据挖掘，为80%的普通客户定制产品套餐和提供可调整、可组合的模块化服务；另一部分网点向财富中心、私人银行转变，主要是为20%的高净值客户提供个性化、专业化、管家式的高私密性定制化服务。同时，网点转型还将适应银行平台功能的演化。未来，无论是怎样的网点，客户都可以自助或在客户经理的指导下，通过移动终端或网络平台，获取网购、理财、融资、信贷等多维服务，享受一站式"金融＋购物"的便利。而客户的购物，特别是具有较高私密性、高价值的商品，则可能由银行网点来承担部分物流服务。

我们以两个案例来展示银行网点未来的物流职能。

案例一：用户在一号店买下一箱尿不湿，从银行卡内给一号店划账500元，要求送到某社区的银行网点。银行确认卡内扣除500元，并给用户发一个确认这笔消费的二维码。用户下班后，在社区银行设立在地下车库的自助提货柜出示二维码，银行扫码确认收货人，交付货品。

案例二：私人银行用户在保利拍卖会上拍得价值2 000万元的名画一幅，通过银行支付系统确认交易完成后，由银行运钞车级的安全物流体系运送到客户家中；如果客户需要，银行物流体系可为客户提供金库级别安全性的私密存管服务。

此时，**商业银行作为资金流、信息流、物流"三流合一"的综合平台，其演进模式将是金融与商务的深度融合，提供的是真正意义的线上线下一体化的服务**。或许到那个时候，商业银行，我们也不敢肯定它还叫不叫银行，但它必然是消费者"身边的、可信赖的"服务机构。

17.4　未来的银行服务将是怎样？

经过上述演进之后，商业银行未来的形象会是怎样的？商业银行的服务又会产生怎样的变化呢？

如同过去几十年内计算机技术与互联网技术给商业银行所带来的改变一样，以移动互联网为标志的通信技术、以大数据云计算为标志的数据处理技术以及以谷歌眼镜、智能手表为代表的可穿戴计算技术等一系列新兴的科技成果，将在未来的一段时间内，重新塑造商业银行的产品、渠道、服务与客户体验。商业银行的产品和服务将由目前的一系列金融产品转型为一系列"金融产品＋数据模型"，不但可以为客户提供各种金融工具，还将为客户提供个性化的金融工具应用方案，满足客户"赚钱"、"省钱"、"用钱"等一系列金融需求；客户越来越多的个人业务将通过手机等移动终端，甚至可穿戴设备在线自助完成；商业银行网点的职能将大大改变，很多业务将被普及（例如成为多方商务会谈金融保障一站式解决场所、开展客户高净值物品保管与托运业务等）；客户的日常支付将变得更加便捷与安全，现钞与卡介质的使用率也将大大降低——总而言之，商业银行将更加全面、深入地融入客户的金融、商务乃至日常生活。

我们不妨将目光聚集到若干年以后，透过居住在北京的两位主人公——中关村一家企业的财务总监"王总"和上地软件园的一位程序员"小李"一天的生活，去感受一下未来商业银行的产品与服务。

1. 自动随身的金融信息助理

起床洗漱时，王总腕部的健康—金融一体化手环——银行贴身助手就已经开始工作了。借助骨感耳机，银行贴身助手开始自动播报昨夜王总睡眠期间美国和拉美地区债市、股市、期货市场的表现以及王总睡觉前设定的投资组合盈亏情况以及自己公司的原料贷款申请进度等信息，并同时通过内无线通信与镜子全息投影进行连接，将风险点和盈利相关的重要指标，投影到镜子上。

与此同时，小李则通过骨感麦克风与自然语音识别系统，唤醒了自己贴身助手，要求查看自己的银行理财投资的收益和风险情况，贴身助手则通过骨感耳机和眼镜投影——作了答复。

2. 可靠的商品专属递送

王总享用早餐时，远在广州的弟弟打来了全息视频通话，说北京拍卖行的专家当天下午要鉴定家里的一幅祖传书法，而这幅书法正存放在广州的银行保险柜里，需要快速安全地运送到北京。兄弟二人随即通过各自的银行贴身助手提交贵重物品速递业务申请，要求银行在下午 3 点之前将广州保险柜中的书法速递至中关村支行的保险柜中。经过短暂的身份认证和后台处理之后，业务申请就已办妥，取货秘钥同时发送给了王总的贴身助手。

这时，正在晨跑的小李通过贴身助手网购水果。通过指尖的滑动和点击，小李很快选定了水果和重量，并通过声音识别和手势密码识别完成了支付，贴身助手几乎同时收到了取货秘钥，并提示新鲜的水果会在下午 5 点到 5 点半之间送到小李家附近的社区银行，晚上小李回家路过网点时会提醒他取货。

3. 随时随心的个人投资决策

在上班的路上，贴身助手向王总开始了例行的收益播报，并将根据银行大数据分析得到的几组推荐的后续操作策略和预测曲线展示在了王总的眼镜镜片上。通过简单的手指点击和滑动，王总做好了亚欧市场的选择。此时此刻，正在轨道交通上的小李也利用类似的方式，完成了自己当天的股票、纸黄金、公募基金产品的配置。

4. 以客户为中心的线上/线下联动

午饭时，王总通过贴身助手连接了中关村支行商务中心主机，预约了当天下午两个不同装修风格的私密会谈室，下午 3 点拍卖行专家的书法鉴定安排在了中式风格的会谈室，4 点与合作方代表张总的 B 项目商洽安排在了简约风格的会谈室。中心主机确认后，贴身助手立即将行车导航信息发送给了合作方代表张总。

小李则根据前一天的预约，利用午休时间来到了软件园附近的银行网点，在客户经理的热情接待下，通过智能终端机，在 10 分钟内完成了购房及装修贷款的申请和审核工作。

5. 称心如意的生活助手

午饭后，贴身助手提醒王总，下周一全天安排了项目会议，但当天也是王总太太的生日，因此，贴身助手建议提前购买礼物，并由客户经理龚盈盈在下周一亲自送到王总太太公司，给她一份惊喜。王总接受了建议，授权贴身助手分析了自己太太最近一周在社交平台上的图片分享，发现其中有好几张流行款风衣的照片，于是从本地商场和外地电商的数据库中筛选了合适的产品，并使用通过声音识别和手势密码识别完成了快速支付。

与此同时，返回公司的小李则通过贴身助手，在银行的合作商户中选择了一家中餐厅，预约了晚上大学同学聚会的餐厅。

6. 安全稳妥的私人"管家"

下午 2 点 45 分，王总来到了中关村支行。经过手势密码验证，王总进入了网点大厅，客户经理龚盈盈已经在门口等候了。龚盈盈轻车熟路地引导李总前往保险室，并在路上展开柔性屏幕的移动终端，让王总选定了下周一送给王太太的郁金香花型和风衣的包装纸花色。

在王总在保险室门前进行了虹膜、指纹、掌纹和声音四重验证，进入了保险室，然后使用随身助手早上收到的开箱密钥，打开了保险箱，取出了书法。在两名保安的护送下来到了会谈室，在那里与专家完成鉴定之后，王总又在保安的护送下，将书法送回了保险箱。

7. 一站式的"商务 + 金融"服务

下午 4 点，王总如约在会谈室见到了合作方代表张总，对 B 项目的最后几项事宜进行了商讨。最后的商议阶段，项目的资金缺口成了双方的共同困难。王总请客户经理龚盈盈参与讨论，龚盈盈在桌上的触摸屏上快速了解了项目细节，针对王总的跨境货款回收问题，提出了"双保理 + 货运期间短期信用贷款"的解决方案；对于张总的原料款紧急融资问题，基于张总企业的信用评级和贷款的紧需程度，推荐了一家与银行有长期合作关系的 P2P 平台。经过两位老总的仔细研讨，最终认可了龚盈盈的建议，旋即通过各自的贴身助手在合同自助打印机前仔细推敲、修订了系统自动生成的合同，并在最终打印出的合同文本上签字确认。

8. 便捷安全的线下支付

晚饭后，小李和同学们只需用手指轻轻触碰一下桌角标有银行 Logo 的指纹传感器，就完成了餐费的信用 AA 付款。在回家的路上，贴身助手提示道："李先生，您今天的餐费已经通过您的信用账户支付，按照您过去的信用支付习惯，我们将在下月 20 日完成账单清算，当日恰有一笔我行理财产品到期，我行将自动从中扣款为您偿还，并将余额继续投给我行理财产品。另外，距离您的住处还有

1.2 公里，不要忘了到我行的网点使用手势密码或指纹提取您的水果哦！"

此时，王总已经洗漱完毕准备休息，在客厅的玻璃幕墙上，贴身助手展示出了根据银行大数据模型推算出的、当晚的美国和拉美的几项备选投资策略，王总选择了比较稳健的一款方案，安然入睡了。

展望未来，我们的预测是，商业银行将依然存在，并通过不断提升自身的信息化水平，更新自己的产品与服务，发展成为新技术条件下的新型商业银行，继续处于金融的中心位置，为国民经济和社会发展贡献力量。未来，商业银行虽在，但其内涵已有改变，日益呈现出"商业＋银行"的特征。商业银行的职能，除了信用中介、支付中介、信用创造、金融服务等传统功能借助信息技术进一步丰富、亲民之外，以"信息"作为服务内容和产品表现形式的业务将逐渐与货币业务趋近，成为商业银行的核心业务之一。而且，一批大型商业银行将逐步通过互联网金融平台生态系统的打造，建设成为集"资金流中心、信息流中心和物流中心"为一体的新型金融（企业）集团，成为未来人类社会发展的重要支柱。

与此同时，当今一些大型互联网企业在长期从事第三方支付、网络借贷、投资理财等金融业务后，通过并购商业银行或申请银行牌照，将成为真正意义上的商业银行；并也有可能沿着从信息流中心向物流中心、资金流中心逐步过渡的反向发展路径，成长为同样的新型企业（金融）集团。

我们可以进一步大胆想象，上述两类集团，谁能更好地解决社会资源配置和服务实体经济的问题，谁能在资金的时空匹配和风险控制方面更胜一筹，谁能真正做到从客户需求出发，持久地为客户创造价值，谁就能成为 21 世纪金融舞台的主角。事实上，在大家纷纷争先恐后地抢植互联网基因的 21 世纪，难道还有恐龙生存的土壤吗？

参考文献

【1】杨凯生：《关于互联网金融的几点看法》，载《第一财经日报》，2013-10-10。

【2】杨凯生：《互联网金融能颠覆传统银行吗？》，载《中关村》，2013（11）。

【3】冯娟娟：《互联网金融背景下商业银行竞争策略研究》，载《现代金融》，2013（4）。

【4】黄旭、兰秋颖、谢尔曼：《互联网金融发展解析及竞争推演》，载《金融论坛》，2013（12）。

【5】霍学文：《发展互联网金融，提升金融核心竞争力》，载《互联网金融》，2013（1）。

【6】颜阳：《互联网金融是运营的长久之计》，载《新金融世界》，2013(5)。

【7】谢平、邹传伟：《互联网金融模式研究》，载《金融研究》，2012（12）。.

【8】谢平、邹传伟、刘海二：《互联网金融模式研究》，北京，中国金融四十人论坛，2012。

【9】斯蒂格利茨：《信息经济学：基本原理》，北京，中国金融出版社，2009。

【10】杨中华、孟俊莲：《吴晓求直批金融垄断》，载《华夏时报》，2012-11-01。

【11】谢尔曼、黄旭：《商业银行再造互联网金融》，载《中国金融》，2013（24）。

【12】刘士余：《秉承包容与创新的理念，正确处理互联网金融发展与监管的关系》，载《清华金融详论》，2014（2）。

【13】姜奇平：《把握支付的基因变异——解析互联网金融的 DNA》，载《互联网周刊》，2013（9）。

【14】杨秋意：《新媒体时代新闻传播格局变异》，载《中国新闻网》，2013-06-24。

【15】《2013 年中国互联网金融大事》，载《新华网》，2013-12-27。

【16】江南愤青（陈宇）：《红岭创投的亿元众筹不是非法集资是什么》，2014-03-28。

【17】智慧：《金融"野心家"马云》，载《英大金融》，2013（7）。

【18】王硕、兰婷：《论第三方支付的发展及其对商业银行业务发展的影响》，载《南方金融》，2012（9）。

【19】王雅娟：《去银行化的互联网理财竞争图式》，载《上海证券报》，2014-02-11。

【20】赵明超：《基金营销需要学习余额宝》，载《上海证券报》，2013-07-10。

【21】李宝富:《P2P 高收益宣传暗藏风险》,载《中国证券报》,2013-12-14。

【22】CFCA:《2013 中国电子银行调查报告》,2013(12)。

【23】贞元(系作者网名):《详解阿里金融十年发展路线》,载虎嗅网,2013-03-29。

【24】Bigbrotherliu(系作者网名):《阿里系并购之路的缘起:给 VC 与创业者带来了什么》,载虎嗅网,2013-06-26。

【25】易欢欢:《寻找产业互联网的 BAT》,载《宏源证券研究所报告》,2014(3)。

【26】徐维强:《平安进军第三方支付“三马”角力互联网金融》,载《上海证券报》,2013-06-18。

【27】顾浩、胡乃静、董建寅:《银行计算机系统》,北京,清华大学出版社,2006。

【28】陈远年、詹向阳、樊志刚:中国银行业协会研究委员会 2013 年度重点课题《网络金融发展趋势及商业银行对策研究》,2013。

【29】陈志武:《金融的逻辑》,北京,国际文化出版公司,2009。

【30】克莱顿·克里斯坦森,迈克尔·雷纳:《创新者的解答》,北京,中信出版社,2010。

【31】汤浔芳:《互联网巨头挺进银行的逻辑》,载《互联网金融》,2013(3)。

【32】黄隽、李慧、徐俊杰:《美国银行业市场结构分析》,载《国际金融研究》,2010(7)。

【33】诸悦:《美国互联网金融先驱的“倒掉”》,载《小康·财智》,2013(9)。

【34】钱敏伟:《美国版“余额宝”的十年兴衰》,载《中国证券报》,2013-07-03。

【35】张芬、吴江:《国外互联网金融的监管经验及对我国的启示》,载《金融与经济》,2013(11)。

【36】迟有雷、李意安:《联姻 eBay 平安银行杀入平台金融》,载《经济观察报》,2013-08-27。

【37】郁方:《中国银行业垄断机制形成的约束因素分析》,载《广东社会科学》,2009(3)。

【38】许建文:《从中美金融环境之不同,看互联网金融的切入点》,载虎嗅网,2013-07-24。

【39】巴曙松、杨彪:《第三方支付国际监管研究及借鉴》,载《财政研究》,2012(4)。

【40】沈霞:《P2P 网络贷款的法律风险探究》,华东政法大学硕士论文,2012。

【41】陈敏轩、李钧：《美国 P2P 行业的发展和新监管挑战》，载《金融发展评论》，2013（3）。

【42】张晓朴：《互联网金融监管十二原则》，载《第一财经日报》，2014-01-20。

【43】谢平尹龙：《网络经济下的金融理论与金融治理》，载《经济研究》，2001（4）。

【44】韦夏怡、张莫：《P2P 坏账传闻引发市场担忧》，载《经济参考报》，2014-04-10。

【45】易会满：《提升银行应对利率市场化的能力》，载《中国金融》，2013（21）。

【46】沈冰、龙瑜丹：《如何防范互联网金融风险》，载《光明日报》，2014-04-05。

【47】牛锡明：《互联网金融颠覆传统》，载《新浪财经》，2013-02-24。

【48】王霄、丁蕊：《金融中国梦——银行未来之路（交行篇）》，载《新浪财经》，2013-07-03。

【49】牛锡明：《商业银行需应对好经济下行利率市场化和互联网金融三大挑战》，载《21 世纪经济报道》，2013-07-20。

【50】江南愤青：《互联网金融，风险控制是关键》，载《互联网 P2P 金融评论》，2013-05-21。

【51】杨再平：《互联网金融的基因结合与风险管控》，载《金融时报》，2014-02-11。

【52】dvdv(系作者网名)：《反大数据，可能是银行们应对互联网金融的攻略》，载虎嗅网，2013-08-26。

【53】阙方平：《大数据时代银行业十大转型趋向》，载《银行家》，2013（11）。

【54】王思聪：《互联网企业办银行不拼利差 金融营销可凭流量变现》，载《21 世纪经济报道》，2013-09-23。

【55】姜欣欣：《中国金融的深度变革与互联网金融》，载《金融时报》，2014-02-24。

【56】鲍清：《"顶层设计"透露深化金融改革明确意图》，载《金融时报》，2013-07-02。

【57】杨珅：《银行经营需要借鉴互联网精髓》，载《新浪财经》，2014-03-28。

【58】中国人民银行：《2013 年第二季度中国货币政策执行报告》，中国人民银行官方网站，2013。

【59】中国社会科学院、宜信公司与《哈佛商业评论》杂志共同撰写：《2014 中国普惠金融实践报告》，2013。

【60】史建平：《中国中小企业金融服务发展报告（2013）》，北京，中国金融出版

社，2013。

【61】Roach, Stephen S., 1991. Services under Siege: the Restructuring Imperative [J]. Harvard Business Review 392: 82−92.

【62】Oliner & Sichel, 1994. Computers and output growth revisited [J]. Brooking Papers on Economic Activity 2: 273−317.

【63】Jorgenson & Stiroh, 1995. Computers and Growth [J]. Economics of Innovation and New Technology, Vol. 3, 109−115.

【64】K. J. Arrow, G. Debreu, 1954. Existence of an Equilibrium for a Competitive Economy [J]. Econometrica, 22(3):265−290.

【65】J. E. Stiglitz, B. Greenwald, 2003. Towards a New Paradigm in Monetary Economics [M]. Cambridge University Press. New York, USA.

【66】Hayek,F.A.,1945.The Use of Knowledge in Society [J]. American Economic Review, XXXV: 519−530.

【67】Grossman, S., J. E. Stiglitz, 1976. Information and Competitive Price Systems [J]. American Economic Review, LXVI: 246−253.

【68】Grossman, S., J. E. Stiglitz, 1980. On the Impossibility of Informaitionally Efficient Markets [J]. American Economic Review, LXX: 393−408.

【69】Radner, Roy and J. E. Stiglitz, 1984. A Non−Convexity in the Value of Information [M]. Bayesian Models I Economic Theory: Studies in Bayesian Econometrics, Vol.5. New York: Elsevier Science.

【70】Jorgenson, D. W., 2001. Information Technology and the US Economy [J]. American Economic Review, 91(1): 1−32.

【71】Oliner, Sichel, Doms and Dunn, 2004. How Fast Do Personal Computers Depreciate? Concepts and New Estimates [J]. NBER Working Paper.

【72】Jorgenson & Stiroh, 2000. Raising the Speed Limit: US Economic Growth in the Information Age [J]. Brookings Papers on Economic Activity，31(1): 125−236.

【73】Repkine, A., 2008.ICT Penetration and Aggregate Production Efficiency: Empirical Evidence for a Cross Section of Fifty Countries[J]. Journal of Applied Economic Sciences 3: 65−72.

【74】Claessens S., Glaessner T., Klingebiel D.,2002.Electronic Finance: Reshaping the Financial Landscape Around the World[J].Journal of Financial Services Research,22（1-2）:29-61.

【75】Setsuya S.John H., 2001, "Electronic Finance: An Overview of the Issues" Bank for International Settlements, 7, pp.1-12.

【76】Schmid B., Stanoevska-Slabeva K., Tschammer V., Heng M. S. H., 2002, "Implications of E-Commerce for Banking and Finance", Schmid B., Stanoevska-Slabeva K., Tschammer V., Towards the E-Society. Springer US, pp.317-327.

【77】Prof. Dr. Cecchini P., Dr. Heinemann F., Dr. Jopp M., Schüler M., 2003, "Integration of the European Market for E-Finance— Evidence From Online Brokerage", Prof. Dr. Cecchini P., Dr. Heinemann F., Dr. Jopp M., The Incomplete European Market for Financial Services. Physica-Verlag HD, pp.155-177.

【78】Fight A., 2004, "The World of E-Finance" John Wiley & Sons Ltd., pp.163-175.

【79】Rabontu C. I.,2009.Electronic Banking Services in Economy Based On Knowledge[J].Annals - Economy Series,(1):49-68.

【80】Petter G.,Geoff D.,2009.A Review of Organised Crime in Electronic Finance[J]. International Journal of Electronic Finance,3(1):46-63.

【81】Chen L., Derek W., Kevin C., Jonathan D.,2010.Mobile Development Environments for Electronic Finance[J].International Journal of Electronic Finance,4(2):99-119.

【82】Bojan D., Mutu S., Paun D.,2010.Electronic Banking - Advantages for Financial Services Delivery[J].Annals of Faculty of Economics,1(2):672-677.

【83】Narayanasamy K., Rasiah D., Tan T. M.,2011.The Adoption and Concerns of E-Finance in Malaysia[J].Electronic Commerce Research,11(4):383-400.

【84】Vennila A.,2011.E-Finance in the Mobile World[J].IJCA Proceedings on Third Annual Global Business, IT and Management for Economic Development Conference (BITMED),BITMED(1).

【85】Muritala T. A.,Taiwo A. S.,2012.Perceived Attributes of Factors Influencing Consumers' Engagement with Electronic Banking[J].Acta Universitatis Danubius. OEconomica, 4(4):102-116.

后记

　　面对互联网金融的热潮一浪高过一浪，我们觉得很有必要进行一些冷静的思考。于是，我们撰写了这本书。本书主要的内容来源于中国工商银行城市金融研究所、中国工商银行博士后科研工作站的一系列关于互联网金融的研究成果，既包括外部发表的文章，也有内部研究报告。这些研究成果得益于近年来我们持续不断地对第三方支付及发展至今的互联网金融的跟踪观察和研究分析。同时，我们还借助互联网的力量，使用了大量的互联网工具——百度搜索、微信朋友圈、微信订阅号，搜索、学习、参考、引用了很多研究机构、知名教授、业界专家、网络名人、微信达人以及百度百科、维基百科的资料、数据、文字和观点，尤其是很多的案例、图片，几乎直接来自互联网。

　　互联网已经深入到社会经济生活的方方面面，影响到了每一个人，包括我们这些乐于苦读、善于静坐、难出书斋的研究人员、博士后人员。我们推出这本书的目的不是要反对互联网企业和互联网金融，更不是要反对某些人。我们只是希望通过引证、思考、对比，把当前的一个热点问题，一个炒得有点狂热的问题加以辨析，溯清根源，还原真相，以一个比较独特的视角——资金的时空匹配理论去分析未来互联网金融中的两大主体——商业银行与互联网企业的竞争和前景，并从大风控、大数据、大平台等方面去思索、推断商业银行未来的竞争战略和功能演变。

　　信息时代，伴随着互联网尤其是移动互联网的广泛应用，互联网和在互联网上传输、处理的数据，将如同经济运行的空气和水一样，整个社会的任何一家商业机构都无法脱离它而存在、发展，商业银行也不能例外。可是，如果以互联网企业的锐意开拓、快速创新作为衬托，就断言商业银行是顽固保守、不思进取，这一观点我们也并不认同。实际上，商业银行一直在行动。对于新技术的应用，商业银行，尤其是大型商业银行，一直乐于加以研究和吸纳，从不吝惜人力和资金，而且也确实为银行的进一步发展起到了积极的推动作用。回顾过去，商业银行始终站在中国社会电子化、信息化的最前沿，就是最近一次的大数据浪潮，也是如此。但同时我们也必须清醒地认识到，相对互联网企业一切"以客户为中心"的经营理念，以及相互协作、客户参与、共同分享、亲密友善、平等开放和全面惠及的互联网思维，我国商业银行确实还有许多需要改进的地方。

未来的社会，将会怎样演变？我们不敢妄加猜测，但互联网对生产、消费、交换等社会大生产的促动已经全面展开。就互联网金融而言，去中心化、碎片化、场景化的金融消费模式和迭代化、平台化、混业化的金融生产模式正在深入演进。商业银行唯有适应社会变革、重塑商业精神、做好渠道整合和产品创新，才能真正顺应互联网金融的大潮。

本书由中国工商银行城市金融研究所副所长樊志刚率黄旭、胡婕、谢尔曼、杨飞、王雅娟、熊园、杨晓龙等多位研究人员共同撰写。其中谢尔曼利用其专业特长为本书做了大量的前期资料收集、分析和技术支持等基础性工作。此外，书中的文字采用了李卢霞、施丹、韩斯玥、贺本岚等工商银行博士后的相关研究报告的一些内容。

因为著者水平有限，尤其是全面把握金融与技术两方面专业知识的能力有限，再加上互联网金融的快速演变，书中所思所述必然会有很多漏误之处。我们的目的仅是想努力秉承独立、客观的研究精神，剖析互联网金融的相关问题，并给出商业银行的应对策略。如若文章不够全面、不够完美、不够公正，不符合您的阅读习惯和专业要求，也请原谅，因为这也是我们学习的互联网产品的迭代开发模式——先把产品推向市场，有问题我们再改正、完善。

衷心希望本书能够激发读者对相关问题的思考和研究兴趣，共同关注中国银行业的转型和中国互联网金融的发展。欢迎大家踊跃拍砖，更欢迎大家点赞、分享、抢沙发！

著者

2014 年 4 月